技工院校电子商务专业教材
中等职业学校电子商务专业教材

电子商务客户服务

杜小祥　主编

中国劳动社会保障出版社

内容简介

本教材以电子商务客户服务工作流程为主线，全面系统地介绍了电子商务客户服务各环节的工作要求和工作方法，内容涵盖网店客服概述、网店客服岗前准备、客户售前服务、客户售后服务、客户关系维护，以及直播电商客服和智能客服等新型客户服务模式等。教材注重理论与实践相结合，通过大量的实践案例解读，帮助学生更好地理解和掌握所学知识。同时，每个任务都配有相应的思考与练习题，引导学生巩固所学内容，培养独立思考和解决问题的能力，筑牢职业发展的根基。

本教材由杜小祥主编，盘笑莲、杜鹃任副主编，向文燕、杨家栋参编。

图书在版编目（CIP）数据

电子商务客户服务 / 杜小祥主编. -- 北京：中国劳动社会保障出版社，2025. --（技工院校电子商务专业教材）（中等职业学校电子商务专业教材）. -- ISBN 978-7-5167-6821-1

Ⅰ. F713.36

中国国家版本馆 CIP 数据核字第 20257GL924 号

中国劳动社会保障出版社出版发行

（北京市惠新东街 1 号　邮政编码：100029）

*

河北宝昌佳彩印刷有限公司印刷装订　　新华书店经销

787 毫米 ×1092 毫米　16 开本　17 印张　322 千字

2025 年 3 月第 1 版　　2025 年 3 月第 1 次印刷

定价：39.00 元

营销中心电话：400-606-6496

出版社网址：https://www.class.com.cn

https://jg.class.com.cn

前言

目前，电子商务已成为国家产业结构优化升级、转变区域经济发展方式的战略重点，企业对电子商务专业人才的需求日益旺盛。为了培养更加符合电子商务技术领域和职业岗位（群）任职要求的中等技术应用型人才，我们组建了一支由多所中等职业学校电子商务专业带头人、专职教师及企业专家组成的编写团队，开发了这套电子商务专业教材。教材主要具有以下几点特色。

第一，满足中等职业学校教学所需。结合国家职业标准、企业需求及教学实际，构建了一个涵盖电子商务、跨境电子商务、移动商务、网络营销与直播电商的完整教材体系，包括《电子商务基础》《电子商务法律法规》等专业基础课教材，《电子商务网页设计》《电子商务数据采集与处理》《短视频制作》等技术与服务类专业核心课教材，《网店运营实务》《跨境电子商务基础与实务》《电商直播》《网店推广》等运营与推广类专业核心课教材，《电子商务会计》《电子商务物流》《电子商务文案写作》等专业拓展课教材及配套习题册等，体系完整，覆盖面广，能够满足中等职业学校教学所需。

第二，契合企业岗位任职要求。中职电子商务专业毕业生主要面向网商、跨境电商和服务电商企业，使用计算机、网络、通信等现代信息技术从事商务活动。因此，教材紧跟企业岗位任职要求，以从零起点培养学生的职业能力为原则，根据国家职业标准中的技能要求和相关知识要求设计教材内容，突出企业需求，彰显中职电子商务教材特色。

第三，符合学生认知规律。教材以中等职业学校教学模式为指引，采用“项目—学习任务”式编写形式，通过丰富的案例分析、知识拓展和课堂思考，激发学生的学习兴趣，让学生在实践中学习，在任务中成长。另外，教材的设计也充分考虑了学生的认知规律，尽可能多地以图表代替大段冗长的文字叙述，降低学习难度；采用双色或四色印刷，以提高教材的表现力。

第四，教学资源配套丰富。我们遵循有效性原则，根据教材内容和教学实际，开发相对应的微课、视频、图片资源库等数字化配套产品，以便于教师拓展教学和学生自主学习。电子课件及习题册答案可登录技工教育网（https://jg.class.com.cn）查询下载，数字化配套产品扫描书中二维码即可在线观看或收听。

本套教材的编写工作得到了有关学校的大力支持，教材的编审人员做了大量的工作，在此，我们表示衷心的感谢！同时，恳切希望广大读者对教材提出宝贵的意见和建议。

人力资源社会保障部教材办公室

目 录

项目一　网店客服概述

项目二　网店客服岗前准备

项目三　客户售前服务

项目四　客户售后服务

项目五　客户关系维护

项目六　新型客户服务

项目一
网店客服概述

项目概述

电商客服在电子商务企业经营中扮演着至关重要的角色。他们不仅是企业与客户沟通的桥梁，更是企业形象和口碑的塑造者。优秀的电商客服人员能够提供专业、周到的服务，快速地解决客户的问题和疑虑，提升客户满意度，增强客户对企业的信任和忠诚度。同时，客服人员还能通过与客户的交流，收集客户的反馈和建议，为企业改进产品和服务提供有力的支持。在竞争激烈的电商市场中，优秀的电商客服是电商企业取得竞争优势的关键因素。

通过本项目的学习，我们将深入了解网店客服工作的重要性、网店客服的分类及主要工作内容，了解从事网店客服工作所必须具备的职业素质。此外，我们还将对不同电商平台客服的差异性进行分析，帮助大家全面认识网店客服这一职业。

任务1　网店客服认知

学习目标

● 知识目标

1. 理解网店客服的概念

2. 了解网店客服工作的重要性

能力目标

1. 能正确认识电子商务的发展前景
2. 能描述网店客服与传统实体店客服的差异

相关知识

一、我国高速发展的电子商务市场

依托互联网的开放环境，电子商务正以前所未有的速度推动着商业的革新与发展。它打破了销售的地理限制，使商品和服务能够更快速、更广泛地触达全球消费者，为商业活动开辟了新的发展空间。消费者也不再局限于传统实体店的购物方式，开始享受电子商务带来的便利。电子商务不仅改变了消费者的购物习惯，也正在改变着人们的生活方式。

目前，我国已经成为全球最大的电子商务市场。根据中国互联网络信息中心发布的第 55 次《中国互联网络发展状况统计报告》显示，截至 2024 年 12 月，我国网民规模达 11.08 亿人，较 2023 年 12 月增长 1 608 万人，互联网普及率达 78.6%，较 2023 年 12 月提升 1.1%，如图 1-1-1 所示。

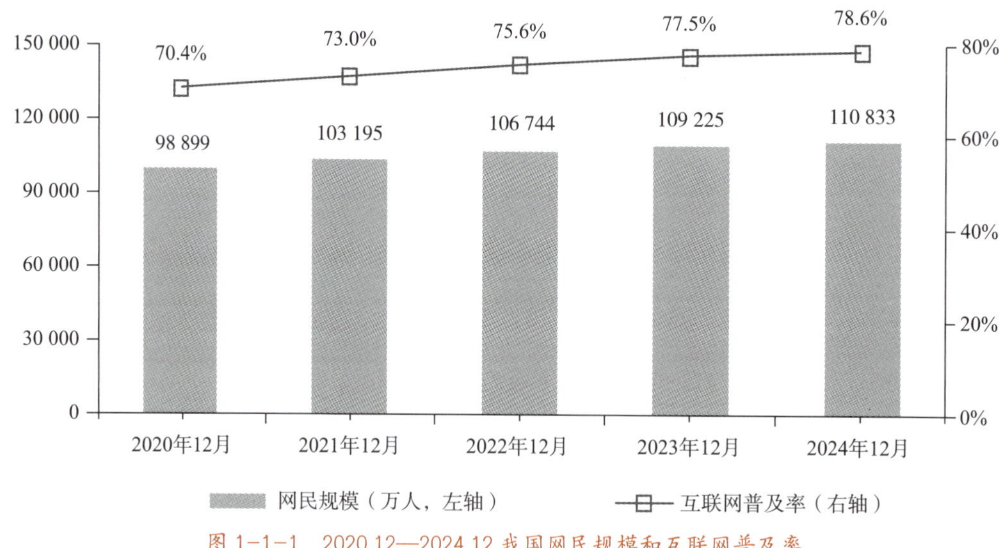

图 1-1-1　2020.12—2024.12 我国网民规模和互联网普及率

截至 2024 年 12 月，我国手机网民规模达 11.05 亿人，较 2023 年 12 月增长 1 403 万人，网民中使用手机上网的比例达到 99.7%，如图 1-1-2 所示。

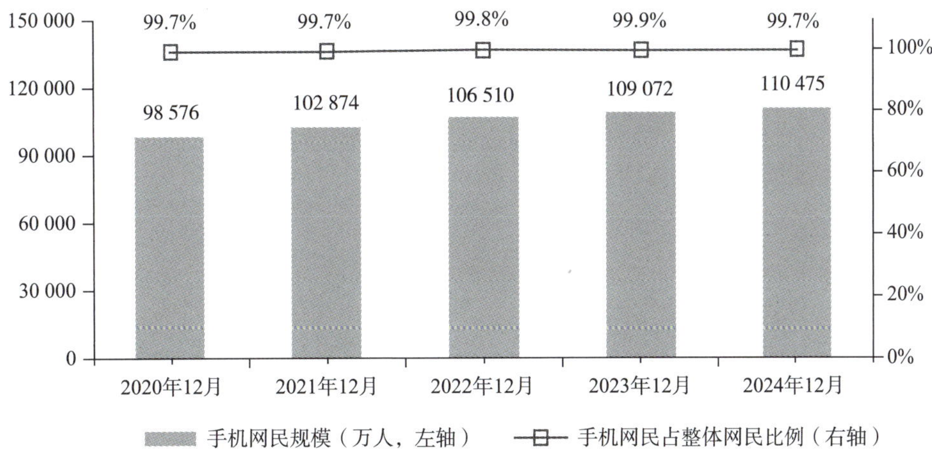

图 1-1-2　2020.12—2024.12 我国手机网民规模及其占整体网民比例

截至 2024 年 12 月，我国网络购物用户规模达 9.74 亿人，较 2023 年 12 月增长 5 947 万人，占整体网民数量的 87.9%，如图 1-1-3 所示。

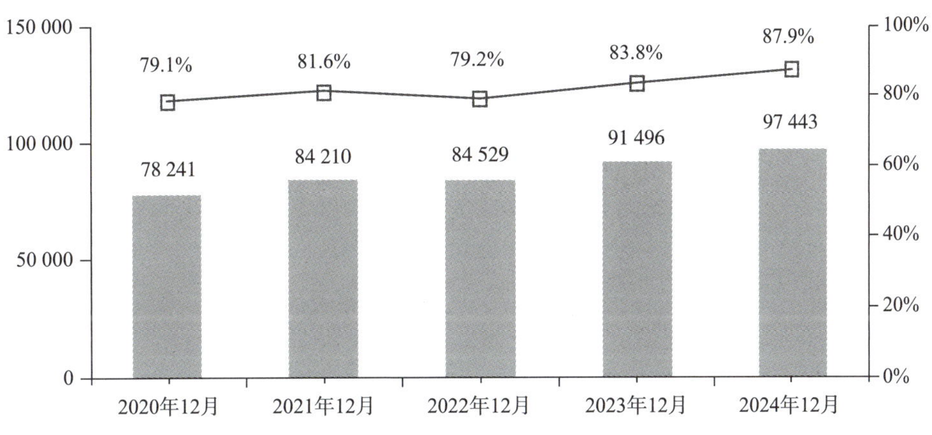

图 1-1-3　2020.12—2024.12 我国网络购物用户规模及其占整体网民比例

截至 2024 年 12 月，网络支付用户规模达 10.29 亿人，网上零售额、移动支付普及率稳居全球第一。我国网络购物行业正持续健康地发展，进一步发挥着稳增长、促消费的作用。

二、认识网店客服

1. 网店客服的定义

网店客服，全称为网店客户服务，是指在网店这一新型商业模式中，充分利用以网上即时通信软件（如千牛、苏宁云信、京东咚咚等）为主的各种通信工具，为客户提供产品介绍、问题解答和售后服务等相关服务。通常也把网店中专门从事客户服务工作的人员也称为网店客服。网店客服人员是客户与电子商务企业之间的主要沟通桥梁。

2. 网店客服与传统实体店客服的差异

与传统实体店的导购服务人员一样，电子商务环境下的客户服务人员依然担当着接待客户、销售商品、解决客户疑惑等职责。但是，由于两者在工作环境与服务媒介方面的差异，决定了网店客服人员与传统实体店的导购人员在服务形式、服务对象、工作内容方面又存在一定的差异。

（1）服务形式上的差异

传统实体店的导购人员与网店客服人员在接待客户时存在显著差异。在传统实体店中，导购人员与客户是面对面进行交流，这种直接互动的方式让导购人员能够迅速捕捉客户的真实需求。除语言交流之外，还可以通过表情、肢体语言等非语言形式辅助交流，从而更容易与客户建立信任和亲近感，如图 1-1-4 所示。

图 1-1-4　实体店导购情景

相比之下，网店客服人员主要通过互联网平台与客户沟通，只能借助文字和图片等形式进行交流，如图 1-1-5 所示。这种沟通方式缺乏面对面的直接互动，使得客户会有距离感，容易产生疑虑。

（2）对服务对象了解程度的差异

传统实体店的导购人员与网店客服人员在对服务对象的了解程度方面也存在明显不同。

当客户进入实体店时，导购人员能够直观地获取客户的多种信息，包括性别、年龄、身材、气质等。通过直接与客户进行交流，导购人员还可以进一步了解客户的需求和喜好，从而提供更有针对性的服务，促使交易顺利完成。

相比之下，网店客服人员主要通过各种聊天软件与客户进行沟通，由于只能通过文字或图片等形式获取客户的基本信息，如性别、年龄、身高、体重等，对于客户没有透露的信息则无法获取。此外，这种沟通方式往往需要较长的时间，网店客服需要通过良好的服务态度和专业的岗位技能才能获取客户的信任。

（3）工作内容的差异

由于工作环境、工作形式等方面的差异，实体店导购人员与网店客服人员在工作内容上存在较大的差异，尤其是在工作重点和工作流程方面。

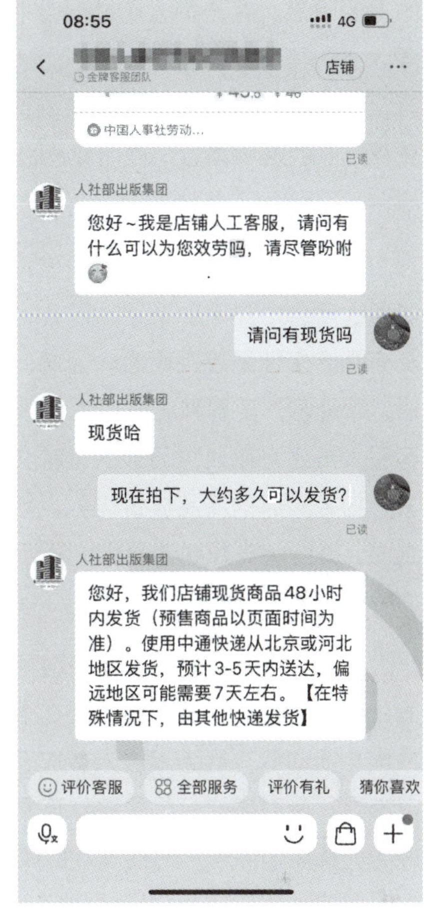

图 1-1-5　网店客服服务场景

传统实体店导购的主要工作包括：展现实体店的形象，提升品牌知名度；做好货品陈列工作，保持货品摆放整齐、有序，并维护店面清洁；利用各种销售技巧，积极向顾客推荐商品，增加营业额；及时填写销售记录表并向主管汇报等。

而网店客服根据工作内容的不同，可以分为售前和售后客服。其主要工作包括解答客户问题、产品推荐、价格商议、促成订单以及售后服务等几个方面。

三、网店客服工作的重要性

在网店经营中，客服是唯一能够跟客户直接沟通的岗位。融合了情感的客服沟通，会给客户带来更好的购物体验。客服人员在网店团队中占有举足轻重的位置。随着电子商务的发展，客户除了要求商品性价比高、质量有保障外，对于服务的要求也越来越高。网店客服工作的重要性主要体现在以下几个方面。

1. 提升客户购物体验

客户在进入网店前就已经萌生了购买商品的意愿，而网店客服服务水平一定程度上将加强或减弱客户的购买欲望，也就是说，客户的购物体验已成为决定其购买行为的重要因素。客户希望通过电商平台获取的不仅是超值的商品，还包括令人满意的服务。一个具有专业知识和良好沟通技巧的客服人员，可以为客户提供更恰当的购物建议，更完善地解答客户的疑问，更快速地对客户的售后问题给予反馈和处理，使客户获得良好的购物体验，进而建立良好的客户关系，促进复购。

2. 塑造店铺形象

网店是一种基于互联网的虚拟店铺。客户进入网店后无法接触到真实的商品，只能通过网店中显示的文字、图片、短视频等形式来了解商品。这可能导致客户对网店及商品产生怀疑或距离感。因此，客服人员需要通过良好的服务态度和细致耐心的沟通，帮助客户了解网店的相关信息，从而在客户心中逐渐树立良好的网店形象。同时，客服人员还可以通过巧妙的语言文字来传递品牌信息，帮助客户了解网店的定位和形象。如果网店的商品质量优异，性价比高，且客服人员服务态度好，当客户有相关需求时，就会首先想到该网店，从而达到品牌宣传的目的。

3. 提高店铺转化率

成交量是衡量网店在某段时间内交易数量的指标。网店的成交量越大，说明网店的生意越好，竞争力越强。现在很多客户在购买商品前会向商家咨询有关商品的信息或优惠活动等。网店客服人员应及时回复客户的疑问，让客户了解所需信息，从而促成交易。有时客户只是想确认商品是否与描述相符，这时如果能得到在线客服的优质服务，就能消除客户的疑虑，促成交易。

影响网店成交量的因素很多，其中客服服务质量是一个重要的因素。客户的成交方式一般分为两种：一种是客户通过浏览商品描述详情页面后直接下单，这种方式称为静默转化；另一种是客户在咨询客服后再下单，这种方式称为咨询转化。一旦客户产生咨询需求，就意味着他们已经有了购买的欲望，但还有一些疑虑，希望通过客服的帮助来解决。若解答满意，90% 以上的客户会选择下单。一个具有专业知识和良好的销售技巧的客服人员，可以帮助犹豫不决的客户选择合适的商品，促成客户的购买行为，从而提高成交转化率。

4. 提高客户回头率

当客户在客服人员良好的服务下完成交易后，他们不仅认可了商家的服务态度，也对其商品质量和物流情况等有了切实的认识。当客户需要再次购买相关商品时，就会倾向于选择自己熟悉的网店，从而提高了商品的复购率。

5. 网店客服对经营风险的影响

在网上开店，竞争很激烈，由于价格差别不大，彼此的竞争就体现在商品品质与服务水平上。在经营过程中，网店可能会遇到退换货、退款、交易纠纷、客户投诉、差评等风险。这就要求客服人员对网店商品足够熟悉，能够精准推荐，这样可以有效控制退换货、退款等情况的发生，并尽量避免触犯平台规则，以免遭到平台的处罚。

6. 网店客服对网店服务数据的影响

电商平台对网店的服务质量有一系列的评分标准。如果网店评分不符合标准，将影响网店商品在搜索结果中的排名和网店参加活动的资质。因此，网店要确保自己的服务评分达到或超过行业平均水平。

天猫店铺首页会显示网店综合评分，如图 1-1-6 所示。客户可以通过网店的综合评分判断该网店的经营状况和服务指标。同时，平台也会在后台数据中考核网店的综合评分，判断该网店是否受广大客户喜爱，是否值得把网店推荐给更多的客户。

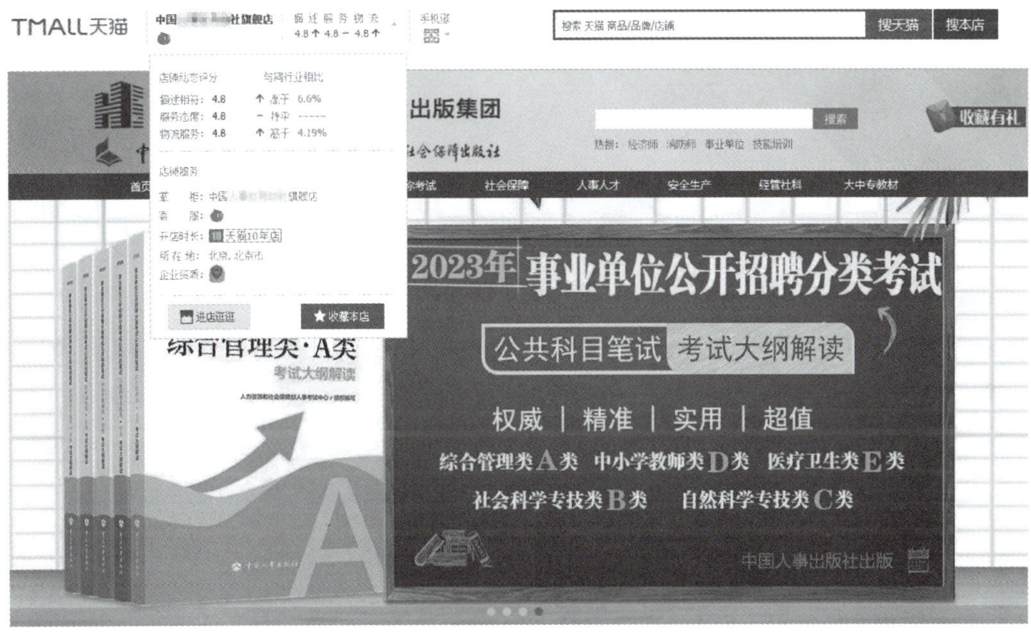

图 1-1-6　天猫某网店综合评分

任务实施

登录淘宝网，以客户的身份与多家不同信用等级店铺的客服人员进行在线沟通，体会网店客服的重要性。

● 步骤 1　打开浏览器，在地址栏中输入淘宝网址（https://www.taobao.com/），跳转至淘宝网页面，如图 1-1-7 所示。

图 1-1-7　淘宝网首页

● 步骤 2　在搜索框中输入“番石榴”，单击“搜索”按钮，如图 1-1-8 所示，出现各种番石榴的搜索结果。

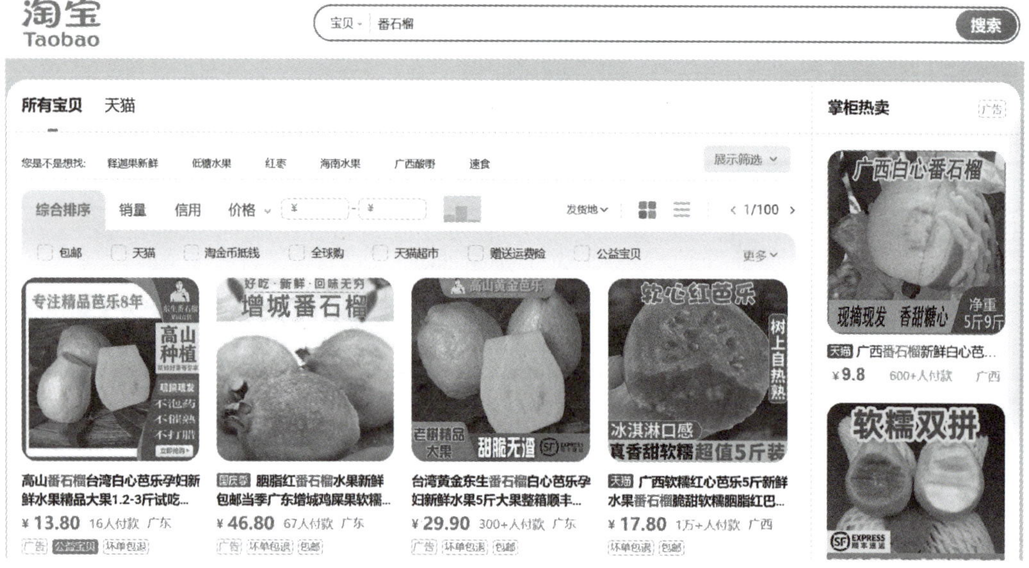

图 1-1-8　淘宝搜索页面

● 步骤 3　点击你感兴趣的商品页面，尝试与客服进行沟通。打开商品页面，找到联系客户的按钮，尝试就商品的价格、产地、质量、促销活动等信息进行咨询。再重复前述操作，多找几家店铺，体验其客服服务。图 1-1-9 所示为天猫某旗舰店的商品详情页面，图 1-1-10 所示为某淘宝店铺的商品详情页面。

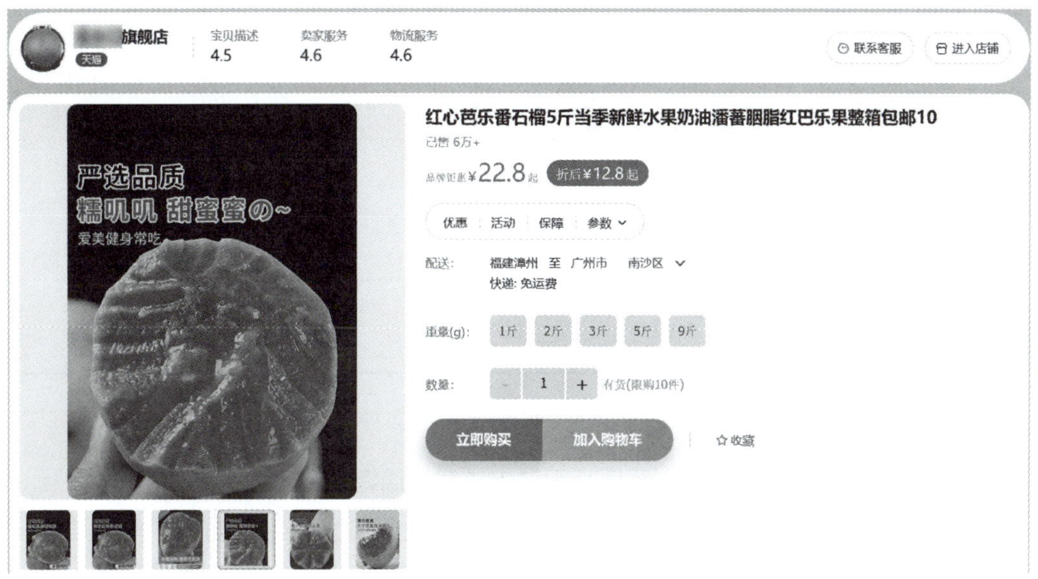

图 1-1-9　天猫某旗舰店的商品详情页面

图 1-1-10　某淘宝店铺的商品详情页面

● 步骤 4　总结客服的工作。

通过仔细观察，我们会发现，规模较大的店铺（如天猫商城的店铺、淘宝的皇冠店铺等），其客服体系较为完善，岗位分工较细，常划分为售前、售后等部门；而一些规模较小的、信用较低的店铺，客服和店主往往是同一个人。

通过与多位客服的沟通，你会发现不同店铺的客服水平不尽相同，请将你了解的客服工作情况填在表 1-1-1 中。

表 1-1-1　客服工作情况记录表

序号	店铺名称	信用等级	响应时间	交流内容	服务态度	客服的作用和重要性
1						
2						
3						
4						
5						

思考与练习

1. 网店客服与传统实体店客服有哪些区别?
2. 网店客服工作对网店运营的重要性体现在哪些方面?
3. 小王是一家销售家居用品网店的客服主管。最近，他发现网店的客户投诉率在上升，商品退换货率也不断增加。经过调查，他发现主要原因是客户在购买过程中对商品信息了解不足，收到的商品与期望不符，以及客户在购买后遇到问题时得不到及时的反馈。面对这些问题，请你思考并回答以下问题:

（1）分析网店客户投诉率上升、退换货率增加的原因，思考网店客服工作对网店运营风险的影响。

（2）举例说明，小王应当采取哪些措施来改进网店客服工作，改善客户体验，从而降低投诉率和退换货率。

任务 2　网店客服的岗位职责

学习目标

知识目标

1. 熟悉网店客服的分类与职责
2. 了解不同电商客服的差异性

3. 了解跨境电商平台及其客服的特点

能力目标

1. 能描述售前、售后客服的主要工作内容
2. 能描述不同电商客服的差异
3. 能通过相关渠道了解网店客服的需求现状

相关知识

随着电子商务的快速发展，电商客服的工作性质和工作内容也发生了巨大的转变：从传统的被动信息传递，逐渐转向积极主动地开展在线社交活动，维护客户关系，并以多种方式进行推广营销。

一、网店客服的分类与主要工作内容

在购物过程中，网店客服人员服务客户，完成商品的整个交易过程。在一些大型网店，客服岗位分工明确，客服人员各司其职，如售前客服、售后客服、投诉处理客服、技术客服、CRM 专员等；而在一些小型网店，客服人员往往需要全面处理各个环节的问题。下面就售前客服和售后客服的工作内容与工作职责分别进行介绍。

1. 售前客服

售前客服是网店客服流程的初始阶段，主要承担客户接待与咨询等工作。售前客服的工作内容主要包括售前准备、接待客户、推荐产品、解决异议、下单指引、欢送客户，以及订单确认及核实、打单发货、物流跟踪等。

（1）售前准备

在售前准备阶段，客服人员需要完成以下三项工作：

1）学习沟通技巧，熟悉商品信息

熟悉商品信息并具备基本的沟通技巧是对网店客服人员的基本要求。特别是在网店上架新品之前，售前客服人员需要全面了解商品的专业知识，包括商品质量、性能、使用寿命、安全性、尺寸规格以及使用注意事项等。此外，还应了解商品的周边知识，如商品的附加值和附加信息等。同时，熟悉同类商品的信息也是必要的。只有拥有充分的知识储备，售前客服才能迅速为客户提供准确的商品信息，及时回应客户提出的各种问题。

2）熟悉沟通工具，了解活动信息

在售前阶段，客服人员不仅要熟悉相关商品信息，还要掌握店铺当前的活动信息，

了解活动的运作方式，并向客户详细介绍，以激发客户的购买兴趣。此外，客服人员还应熟练掌握基本的沟通工具。例如，淘宝平台中常用的沟通工具是“千牛工作台”。为了更好地服务客户，客服人员需要熟练掌握千牛工作台的基本操作，如快捷回复、自动回复的设置方法，以及聊天时间排序、客户分组的设置技巧等。通过千牛工作台，客服人员可以同时接待多个客户，提高了工作效率。千牛工作台自动回复设置页面如图 1-2-1 所示。

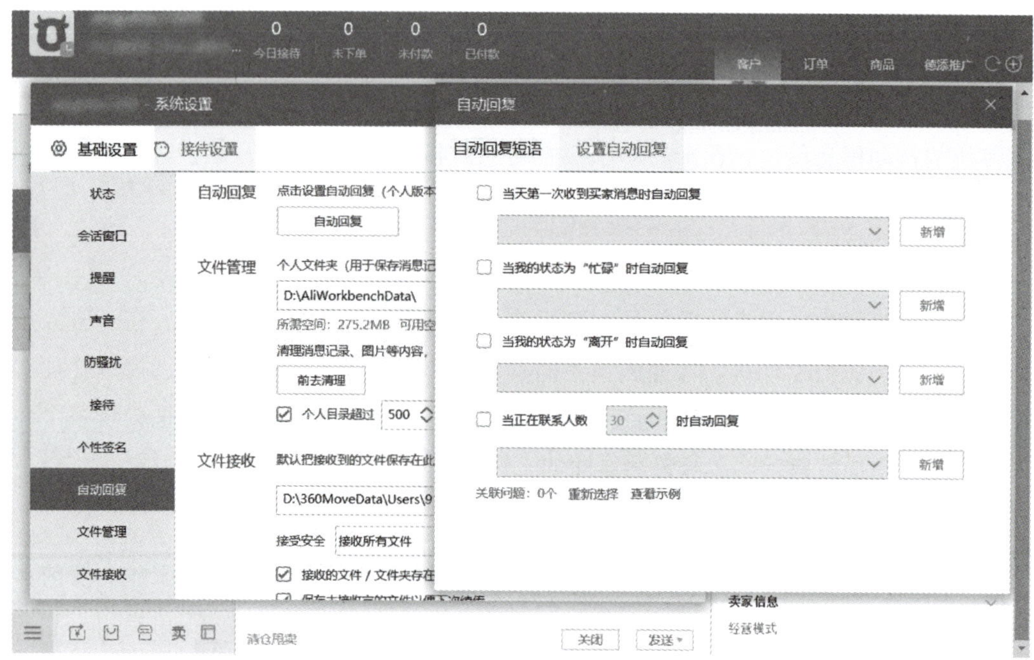

图 1-2-1　千牛工作台自动回复设置页面

3）了解平台规则与注意事项

网购平台都有自己运行的规则。客服人员需要先了解这些规则，以免触犯规则而受到处罚。同时，作为一个专业的客服人员，需要注意言辞的恰当性，明确什么可以说，什么不可以说，做到心里有数。只有充分了解这些细节，才能在合规的情况下促成更多的订单。苏宁云台规则中心如图 1-2-2 所示。

（2）接待客户

售前客服人员应做好随时接待客户咨询的准备，并始终保有热情、耐心和周到的服务态度。对于客户的问询，客服人员要及时回应，避免客户等待过久。回答问题时，要注意使用亲切的语气词以营造轻松的氛围，同时为客户提供专业、真诚的服务。售前客服人员最先与客户接触，应熟练掌握并运用接待客户的方法。

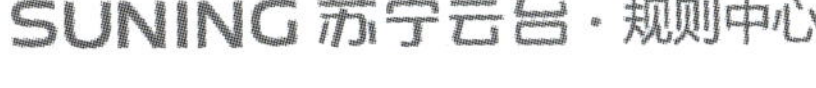

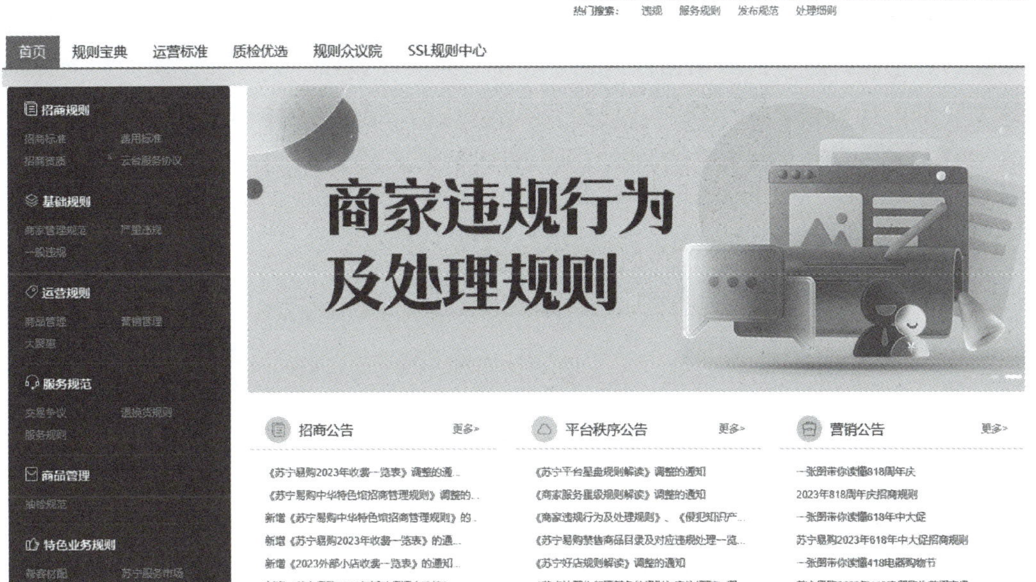

图 1-2-2 苏宁云台规则中心（https://rule.suning.com/）

（3）推荐产品

当客户咨询相关商品时，客服人员要主动了解客户的实际需求，专业、耐心地解答客户的疑问。同时，结合商品的质量、卖点和优势等，向客户展示商品的独特之处，以激发客户的购买欲望。在适当的时候，可以推荐与当前商品相关的其他商品，实现关联销售。

（4）解决异议

面对客户的疑难问题，客服人员应运用专业的销售策略进行处理，并始终保持耐心和友好的态度。这些问题可能涉及商品的材质、尺寸、规格等，或者发货时间和快递时效，抑或提交订单、优惠券的使用、购买运费险等操作问题，又或品牌售后服务和商品售后保障等。客服人员应能迅速解答这些问题，并确保客户满意。

（5）下单指引

当客户在店铺中成功下单后，客服人员应仔细核对订单信息，并向客户确认订单。这不仅体现了服务的专业性，还展现了热情和周到的服务态度。最终确保客户订单信息准确无误，为客户提供无忧的购物体验。

（6）欢送客户

在客户完成购物后，客服人员应向其表达感谢，通过亲切的话语和良好的服务态度给客户留下良好的印象，以增加客户复购的可能性。

（7）订单确认及核实

在客户下单后，客服人员要在第一时间与客户确认订单并核实信息，保证客户填写的信息正确，减少订单出错的概率。如果客服人员发货之后才发现客户姓名、地址或联系电话有误，应尽快与快递公司沟通修改，保证货物能及时送达客户手中。图 1-2-3 所示为客服人员与客户确认收货地址的对话场景。

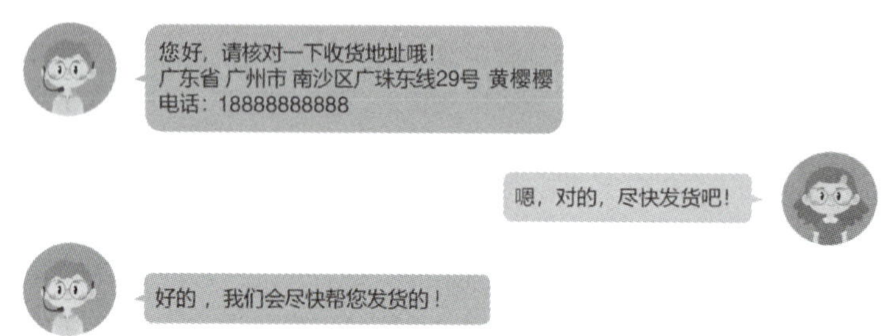

图 1-2-3　客服人员与客户确认收货地址的对话场景

（8）打单发货

订单核对无误后，客服人员应尽快安排仓库为客户发货，保证产品能及时送达客户手中。同时，还要细心核对客户信息与快递信息，特别是客户添加的备注信息一定不要遗漏，更不要出现发错货的情况。图 1-2-4 所示就是客户向客服人员提出要求发特定快递的对话场景。

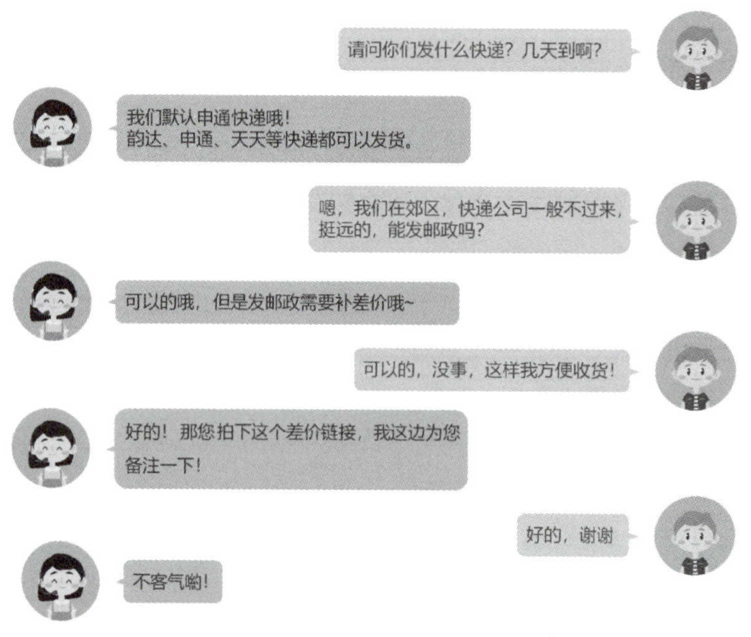

图 1-2-4　客户向客服人员提出要求发特定快递的对话场景

图中，客户由于无法接收店铺默认的快递而要求改发其他快递。对于客户这一特别要求，客服人员一定要仔细核实。如果客服人员未能仔细核对，发成了默认快递，一定会导致客户失望和不满。因此，这个阶段的工作要求客服人员一定要细心、认真。

（9）物流跟踪

商品发货后，客服人员需要实时跟踪商品的物流状态。如果发生意外事件导致客户收货时间延迟，客服人员一定要事先与客户沟通，解释情况并请求他们的谅解，同时与快递公司联系，尽快解决问题，确保客户能顺利收到商品。快递公司物流跟踪信息如图 1-2-5 所示。

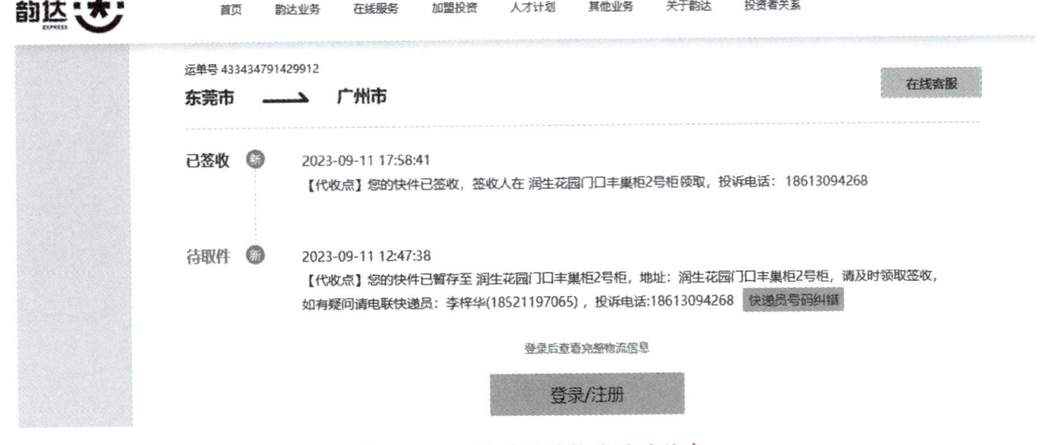

图 1-2-5　快递公司物流跟踪信息

当物流信息显示客户已经顺利收货后，若客户迟迟没有确认收货，客服人员可以适当地提醒客户，但提醒时态度不能生硬，否则，易引起客户不满，甚至导致中差评或投诉等问题。

此外，为了确保工作的连续性和准确性，客服人员之间一定要做好工作交接，以防止订单错乱的情况发生，减少工作失误，并降低沟通成本。

2. 售后客服

客户收到商品后，并不意味着客户服务就结束了，售后服务的质量是衡量网店服务质量的重要因素。良好的售后服务不仅可以提升店铺形象，还能留住更多老客户。在商家出售商品后的固定质保期内发生的所有问题都属于售后服务的范畴。售后客服人员的工作内容主要包括处理客户反馈的问题、退换货、投诉处理和进行客户回访等。售后客服的主要工作内容如图 1-2-6 所示。

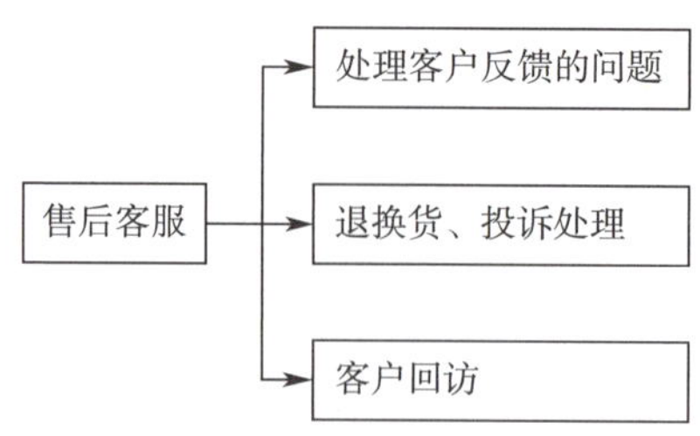

图 1-2-6 售后客服的主要工作内容

（1）处理客户反馈的问题

客户收到货后，如果使用过程中出现问题，客户一般会返回店铺，向网店客服人员反馈，或是直接在评论中进行描述。若客户直接向客服人员进行反馈，客服人员一定要认真对待。应先安抚客户的情绪，再根据实际情况进行处理，此时要尽量优先考虑客户的利益。图 1-2-7 所示为客户反馈商品质量有问题的对话场景。

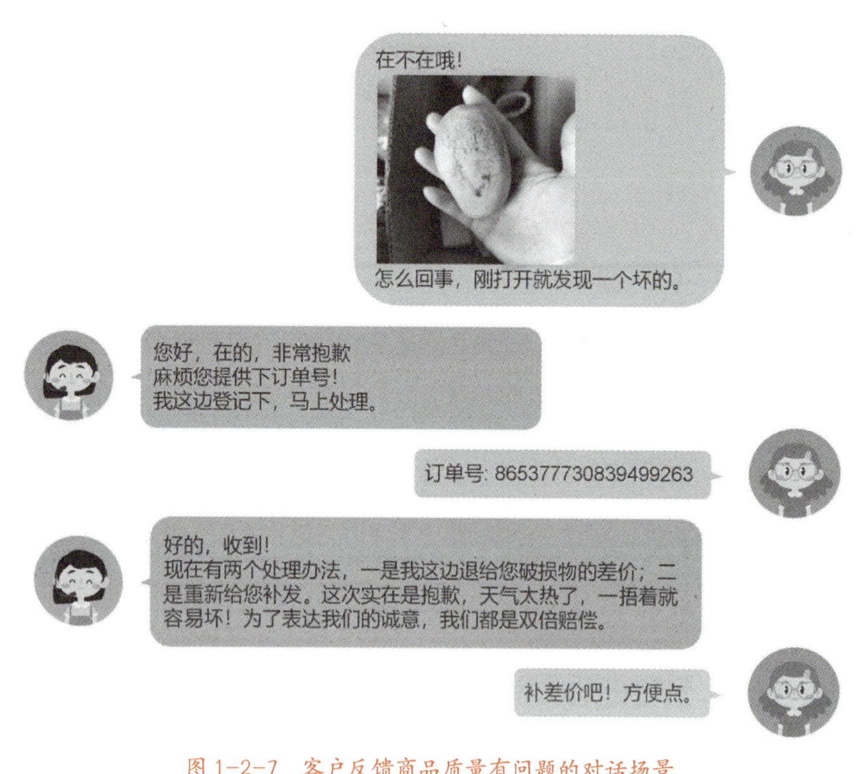

图 1-2-7 客户反馈商品质量有问题的对话场景

若客户在评价中给出了中差评，并在评论中斥责店铺，客服人员一定要在第一时间联系客户，了解问题所在，尽最大可能给客户一个满意的答复，解决客户的问题，并引导客户修改中差评，或把中差评的负面影响降到最低。

（2）退换货、投诉处理

当客户提出退换货请求时，客服人员首先需要了解客户退换货的原因。若是商家责任（如商品质量或物流问题），客服人员应及时同意客户的退换货请求，并详细告知客户退换货的流程和注意事项，帮助客户快速处理问题，保证客户利益不受损害。退货对话场景如图 1-2-8 所示。

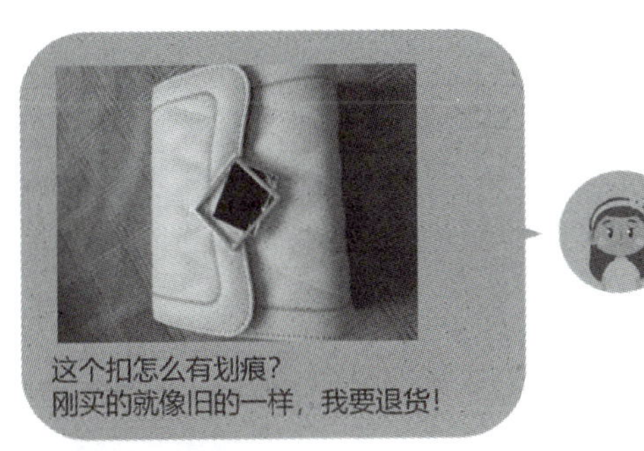

图 1-2-8　退货对话场景

若客户投诉店铺，商家应首先进行自我反思，分析商品被投诉的原因。若是店铺自身的原因，商家应承担后果并向客户道歉；若是客户无理取闹，则商家应根据电商平台规则和流程，采取必要措施来保护自己的正当权益。

（3）客户回访

售后工作还有一个重要的内容就是进行客户回访。通过客户回访可以增加客户的黏性，加深客户对店铺的印象。客服人员可以通过短信、邮箱、旺旺等交流工具进行回访。回访时切忌做毫无技巧的推销。值得推荐的做法是：客服人员可以告知客户店铺的最新活动，激发客户主动购物的兴趣，或邀请客户参加店铺的商品质量调查，让客户感受到自身的重要性。

二、不同电商客服的差异性

电子商务分为多种模式，其中 B2C 和 C2C 为典型的电子商务模式。B2C 模式为“商对客”模式，天猫、京东和苏宁易购等都采用 B2C 模式；而 C2C 模式为“客对客”模式，以微商为代表。

不同的电商平台具有不同的定位，其运营模式、主要业务对象也各有不同。

不同的电商平台类型，其电商客服的服务内容存在一定的差异性。例如，淘宝、天猫店铺的客服通常只负责处理本店铺的商品问题，他们的工作范围比较小，但专业性较强。而京东商城的“自营”模式，决定了其自营商品种类繁多，因此，京东客服需要处理的问题范围更广，但是他们不可能对每种商品都了如指掌，只能先专注于更广泛的服务领域。不同类型电商平台的客服差异见表 1-2-1。

表 1-2-1　不同类型电商平台的客服差异

类型	工作内容	优点	缺点
淘宝 / 天猫等店铺客服	售前答疑、销售商品，售后解决问题	店铺商品有限，所以客服人员对商品十分了解，能为客户解决更多关于商品的问题	店铺不会设置太多客服岗位，所以一旦访问的客户多了，客服人员就容易手忙脚乱、顾此失彼
平台自营电商客服	售前答疑，售后联系厂商	客户大多自主购物，客服人员的工作量小，工作内容简单，很多时候客服人员只是联络客户和厂商的枢纽	工作重复，对客户的一些商品问题不能进行解答，流程烦琐，容易给客户造成疲劳
微商客服	同淘宝 / 天猫等店铺客服	同淘宝 / 天猫等店铺客服	同淘宝 / 天猫等店铺客服

三、跨境电商平台及跨境电商客服的特点

跨境电商是新兴的电商形式，近年来发展势头迅猛。随着电商市场和物流业的飞速发展，越来越多的购物者不再满足于单纯的境内购物。全球经典品牌、海外直购的购买模式以及全球化的服务对象，使跨境电商的前景更加广阔。

1. 跨境电商平台类型及特点

跨境电商业务的开展主要依赖于跨境电商平台。目前，较为突出的跨境电商平台包括全球速卖通、亚马逊、eBay、Wish 四大平台，它们的特点见表 1-2-2。

表 1-2-2　四大跨境电商平台的特点

类型	说明	特点
全球速卖通	近年来发展迅猛，成为全球最活跃、商品品类最丰富的平台之一。市场主要侧重于俄罗斯和巴西等新兴市场	①价格敏感，低价策略明显 ②操作界面简单整洁，容易上手 ③有培训系统，跨境电商新人可快速入门
亚马逊	是美国最大的网络电子商务公司，现在已成为全球商品品种最多的网上零售商	①对于卖家、商品品质和品牌等要求较高 ②开店手续复杂，审核制度严格 ③一台计算机只能登录一个账号 ④需要一张美国的银行卡

续表

类型	说明	特点
eBay	类似于淘宝店铺，核心市场在美国和欧洲，交易规则偏向客户	①开店门槛较低，手续比较多 ②免费开店，商品上架收费 ③审核周期长 ④商家被投诉的后果严重，可能导致封店
Wish	基于App的跨境平台，主要靠价廉物美吸引客户。平台97%的订单量来自移动端	①业务主要为私人定制模式 ②基于移动平台，发展潜力大

其中，全球速卖通是跨境电商平台的优秀代表，它成立于2010年，是阿里巴巴旗下唯一面向全球市场打造的在线交易平台，被广大卖家称为“国际版淘宝”，其首页如图1-2-9所示。全球速卖通现已成为全球第三大英文在线购物网站，它致力于帮助中小企业接触终端批发零售商，实现小批量多批次快速销售，拓展利润空间。

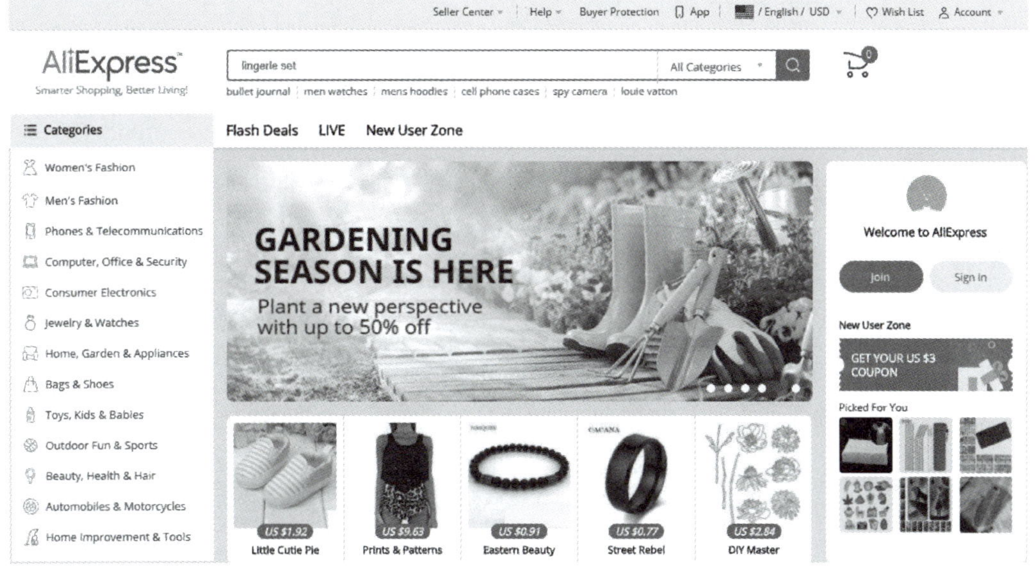

图1-2-9　全球速卖通首页（www.aliexpress.com）

2. 跨境电商客服的特点

跨境电商客服和普通电商客服相比，虽然工作内容相似，但其入职的门槛更高，对客服人员的要求也更为严格。客服人员不仅要了解销售知识，还要掌握重要的外贸专业知识，如报关、国际物流信息查询等，同时具备熟练的英语读写能力。跨境电商客服的特点如下：

（1）身份多样化

身份多样化意味着跨境电商客服既是专业的外贸人员，又是电商的销售和服务人员。作为外贸人员，客服应掌握外贸行业和专业知识，如支付、物流、关税和退税等；作为销售人员，客服应能通过交流分析客户、与客户谈判，为不同类型的零售和批发客户提供对应的服务；作为服务人员，客服应能真诚地服务于每一位客户。

（2）能力多样化

作为跨境电商客服，要求其具备一定的语言能力和理解能力。

1）语言能力

这里的语言能力不仅包含掌握的语言种类，也包含语言的沟通能力。在跨境电商平台中，英语能力尤为重要，无论是和客户交流还是处理订单纠纷，都要通过英语帮助客服迅速解决问题。当然，掌握了英语还不够，还要能够用英语流畅地沟通，以促进销售业绩。

2）理解能力

客服人员应具备一定的理解能力，不仅能理解客户的需求及其提出的问题，还能很好地理解并运用跨境电商平台的规章制度。只有对平台的交易流程、每个环节的制度都非常熟悉，才能更好地服务于客户。

任务实施

登录招聘网，了解网店客服岗位要求从业人员应具备的基本素质和知识技能要求。

● 步骤 1　以前程无忧招聘网为例，注册前程无忧招聘网个人账号并登录该网站。打开浏览器，在地址栏中输入网址（https://www.51job.com/），在前程无忧招聘网首页搜索栏输入关键词“网店客服”，搜索网店客服岗位信息，如图 1-2-10 所示。

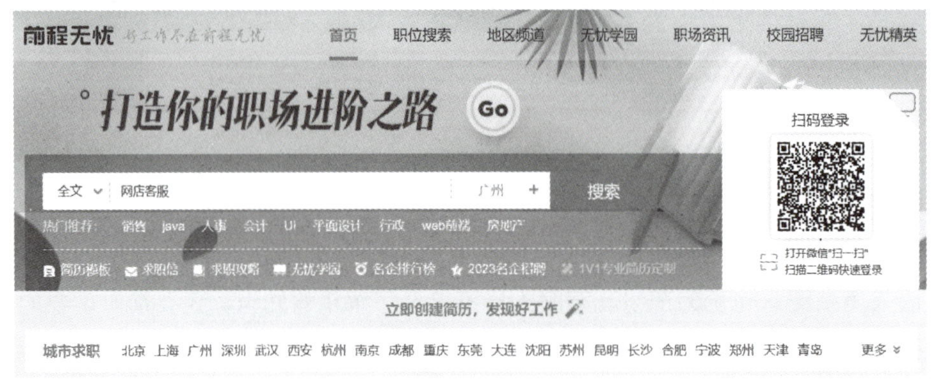

图 1-2-10　搜索网店客服岗位信息

● 步骤 2　对搜索结果进行筛选，如图 1-2-11 所示。

图 1-2-11　搜索结果页面

● 步骤 3　在搜索结果中单击任意职位，进入岗位信息页面，浏览相关企业网店客服岗位的工作内容和任职要求，如图 1-2-12 所示。

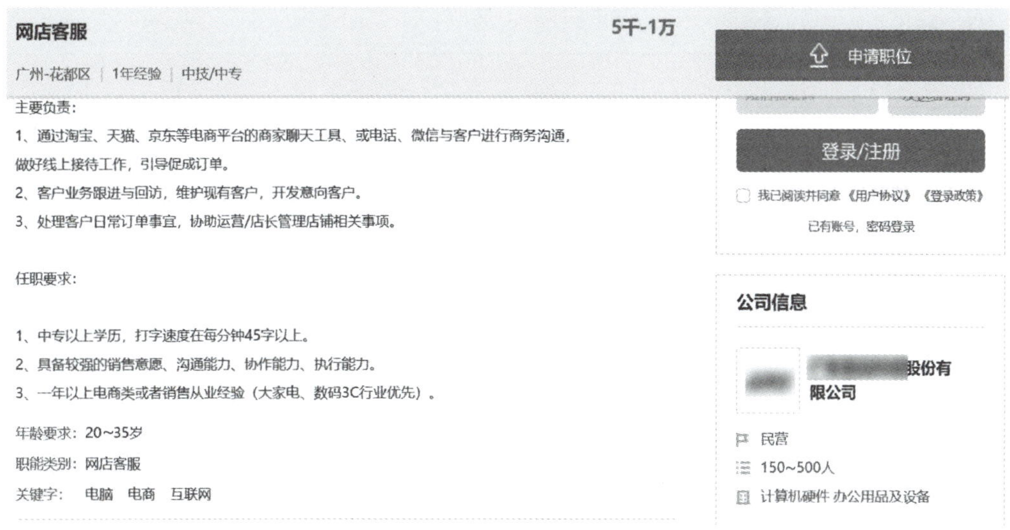

图 1-2-12　岗位信息页面

● 步骤 4 通过对多个企业网店客服岗位招聘信息的浏览，分析网店客服岗位要求从业人员应具备的知识和技能，填写在表 1-2-3 中。

表 1-2-3 网店客服岗位要求从业人员应具备的知识和技能

序号	企业名称	主要职责	需要具备的知识	需要具备的技能
1				
2				
3				
4				
5				

● 步骤 5 对照网店客服岗位要求从业人员应具备的知识和技能，进行全面的自我分析，并将分析结果填写在表 1-2-4 中。

表 1-2-4 个人基本素质分析表

岗位素质	自己的优点	自己的缺点	提升方法
运用办公软件的能力			
应变能力			
表达能力			
沟通能力			
推广与协调能力			
性格开朗			
学习能力			
抗压能力			
团队合作能力			

思考与练习

1. 网店售前客服与售后客服的工作内容分别有哪些?
2. 简述跨境电商客服与普通电商客服的差异。
3. 通过调研，简述网店客服的需求现状。
4. 要胜任网店客服岗位，应具备怎样的条件?

任务 3　网店客服的职业素养

学习目标

知识目标

1. 理解网店客服应该具备的心理素质与职业素养
2. 了解网店客服的工作准则

能力目标

1. 能安装与使用千牛即时通信工具
2. 培养良好的心态和自我调节能力
3. 培养工作规范化意识和高效的执行力

相关知识

随着数字技术和商业模式的不断创新，社会对电子商务新型人才的需求持续增长，同时也对电子商务从业人员的职业素养和专业水平提出了更高的要求。那么，一个合格的网店客户服务人员应该具备哪些素质和能力呢?

一、稳定的心理素质

稳定的心理素质对于客服人员来说至关重要，它决定了客服人员能否在工作中持续发挥正常。

1. 抗压能力

无论是售前客服还是售后客服，都需要具备强大的抗压能力来应对工作中出现的各种问题。作为直接面对客户的服务岗位，售前客服要应对大量的订单压力，每日都会接待性格各异的客户，尤其是在电商平台大促期间，工作压力更是成倍增加。而售后客服则需要处理各种棘手的售后问题，并时常面临客户的不理解和责备，同样承受着巨大的压力。因此，客服人员在上岗前必须做好充分的心理准备，学会及时调整心态，保持冷静和专注。

2. 应变能力

虽然订单处理是流程化的工作，但是面对不同个性的客户和各种特殊问题，客服人员需要具备良好的应变能力，既要遵循电商平台规则和店铺规定，还要灵活应对，满足消费者的各种需求。因此，客服人员需要不断锻炼自己的应变能力，提升沟通技巧。

3. 情感饱满

作为服务行业的从业者，网店客服需要为客户提供饱满、热情的服务，包括在后续服务中依然保持贴心的服务。然而，持续的情感投入可能会导致客服人员产生疲惫感，影响他们的服务状态。为了避免出现这种情况，商家需要关注客服人员的心理状态，帮助他们克服倦怠感，保持初心，为客户提供高质量的服务。

4. 永不言败

无论是售前客服的询单未转化，还是售后客服的满意度降低，面对挫折，客服人员都要及时调整心态，不断总结经验教训，做到不将积压的负面情绪带到下一位客户面前。一个优秀的客服人员会在失败中寻找突破口，找出商品或服务中存在的不足并反馈给相关部门，不断优化商品，完善运营和服务流程，以提升整个店铺的转化率和客户满意度。

二、良好的职业素养

1. 耐心与宽容

网上在线服务客户需要客服人员拥有足够的耐心。有些客户咨询的问题比较多、比较具体，这是因为客户有疑虑或者比较细心。这时，就需要客服人员耐心地解答，以打消客户的疑虑，满足客户的需求。即使遇到蛮横的客户，也要控制好自己的情绪，秉持客户第一的理念，宽容对待。

2. 爱岗敬业

一个优秀的网店客服人员应当对所从事的客户服务岗位充满热情，忠诚于这项事业，兢兢业业地做好每件事。敬业精神体现在客服人员在专业能力和工作态度上追求高标准。客服人员应养成“今日事今日毕”的良好工作习惯，严格遵循工作流程，避免因个人失误导致重复劳动，影响同事的工作。同时，客服应不断学习和自我完善，在工作中展现出以结果为导向的职业素养。

3. 热情主动

客服人员应具备热情主动的服务态度，充满激情，让每位客户感受到你的真诚，在接受你的同时接受你推荐的商品。

4. 态度谦和

网店客服切忌居高临下、出言不逊，采用礼貌的态度、谦和的语气更容易与客户建立良好的沟通。谦和的服务态度是赢得客户满意度的重要保证。

5. 诚实守信

在日常工作中，很多客服人员都感觉与客户沟通困难。因为在网购中，客户接触不到商品，只能靠客服人员的解答来了解更多关于商品的信息。如果客服人员不能诚实地回答客户的提问，那么一旦被客户发现，不仅会失去这一笔生意，还可能失去更多的生意机会，这不利于店铺的发展。因此，客服人员一定要做到言出必行，对能做到的可以承诺，做不到的也要坦言，不要轻易地给客户承诺。诚实守信是客服人员最基本的职业素养。

6. 勇于承担责任

客服人员因为自己的原因造成工作失误，应勇于承担责任，不能推诿，更不能转嫁给客户。责任感是客服人员生存和发展的基础。

7. 团队精神和集体荣誉感

团队精神、团队协作、集体荣誉感都是企业最为推崇的价值观念，客服人员要有主人翁意识，积极融入团队，提高团队协作能力。

在决策之前，应积极发表自己的意见，充分参与讨论。决策之后，无论个人是否持有异议，必须在言行上绝对配合与支持。如果暂时没有完全理解，可以保留个人意见，但必须服从组织的统一安排。

要积极主动分享业务知识和经验，与同事相互学习，主动给予别人力所能及的帮助，善于利用团队的力量来解决问题。在工作中，要善于与不同类型的同事合作，坚持对事不对人的原则，不把个人喜好带入工作中，处理问题客观公正，充分体现顾全大局的胸襟。

三、遵守网店客服工作准则

除了具备一定的职业素质，客服人员还应严格遵守工作准则，包括保守店铺秘密、及时反馈问题、热情周到地接待客户等。刚入职时，客服人员应当接受关于工作准则的培训与教育，确保他们将这些行为规范和工作准则融入自己的日常工作中，并逐渐形成自身的工作习惯。客服工作基本准则包括以下几方面内容：

（1）严格保守店铺秘密，不得泄露任何保密信息。违者按店铺相关条例处罚，情节严重者将交由公安部门处理。

（2）及时反馈意见。在与客户沟通中，如遇到客户提出意见或想法，客服人员应及时反馈给主管领导。

（3）快速反应。与客户交流时，客服人员应做到反应迅速、训练有素。例如，客户首次到访时，客服人员应在 10 秒内打招呼；打字速度要快且准确；每次回答客户问题时，让客户等待时间不能超过 30 秒；如果回答的内容多，应分次提供信息。

（4）做好营销活动的准备工作。在参加营销活动的商品更新、上架前，客服主管应培训所有客服人员，确保他们了解活动的政策和商品信息。

（5）热情接待客户。在接待过程中使用文明用语，礼貌待人，树立店铺正面形象。若客服人员因服务问题被投诉的次数超过限制，店铺将根据情况作出处罚。

（6）热情亲切。客服人员应自然、真诚地与客户交流，用语要规范，称呼要亲昵，回答要亲切、有礼貌，让客户感受到舒适和热情。

（7）专业销售。用专业知识和技能解答客户疑问，树立自己的专业形象。

（8）主动推荐和关联销售。积极向客户推荐店铺主推和热销的商品，提供关联推荐，以提升客单价。

（9）建立信任关系。通过交谈找到与客户的共同话题，提供恰当建议，建立销售信任关系。

（10）坚持写工作日记。客服人员应养成写工作日记的习惯，记录每天工作中遇到的问题，并进行总结，下班前交给客服组长。

（11）一带一的培训。新员工入职后，由部门主管安排老员工对新员工进行一对一的上岗培训，表现优异的新员工可以提前转正。

总之，遵守工作准则并养成良好的工作习惯，对于实现客服工作的标准化、规范化至关重要。这将提升店铺的整体服务质量和经营水平，确保客服工作平稳有序进行，即使面临客服人员离职或转岗，标准化的工作流程也能最大限度地降低人员变动对服务质量的影响。

任务实施

千牛工作台是淘宝网上进行即时通信的官方软件。买卖双方可以通过它实现在线交流，保存的聊天记录还可作为日后解决交易纠纷的证明，从而降低了双方的交易风险。下面就千牛工作台的下载、安装和设置操作进行介绍。

一、千牛工作台的下载、安装与登录

1. 下载千牛工作台

- 步骤 1　打开淘宝网首页，单击右上角“千牛卖家中心”按钮，如图 1-3-1 所

示，进入“千牛工作台”登录页面。

图 1-3-1　淘宝网首页

● 步骤 2　在“千牛工作台”登录页面中，单击页面右上角的“关于千牛”按钮，如图 1-3-2 所示。

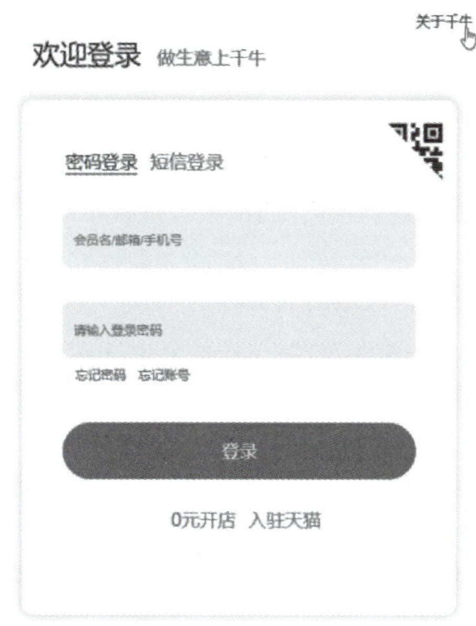

图 1-3-2　千牛工作台登录页面

● 步骤 3　在打开的千牛工作台首页中，单击上方“下载千牛”超链接，如图 1-3-3 所示。

图 1-3-3　千牛工作台首页

● 步骤 4　在“下载千牛”页面中，根据计算机操作系统选择相应的版本，单击“立即下载 64 位”按钮，开始下载千牛工作台，如图 1-3-4 所示。

图 1-3-4　下载千牛工作台

2. 千牛工作台的安装

● 步骤 1　打开保存在本地计算机中的千牛工作台安装程序，弹出“千牛—卖家工作台”对话框，单击“立即安装”按钮，如图 1-3-5 所示。

图 1-3-5　安装千牛工作台

● 步骤 2 开始安装千牛工作台，稍作等待后安装完成，如图 1-3-6 所示。单击“立即使用”按钮，即可打开千牛工作台的登录页面。

图 1-3-6 完成千牛工作台安装

3. 千牛工作台的登录

双击计算机桌面“千牛工作台”快捷方式，打开其登录页面，输入淘宝账号与密码，单击“登录”按钮，如图 1-3-7 所示。

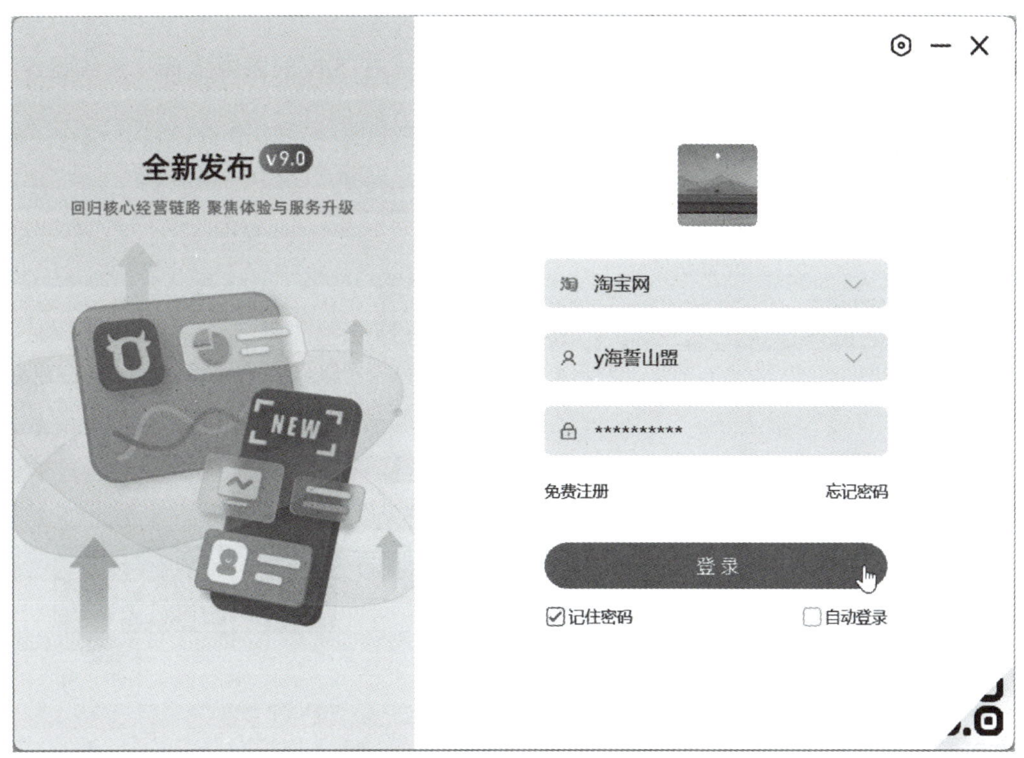

图 1-3-7 千牛工作台登录页面

登录后的千牛工作台页面如图 1-3-8 所示。

图 1-3-8　千牛工作台页面

二、千牛工作台的设置

单击“千牛工作台”页面右上角的图标按钮⊙，在下拉列表中选择“系统设置”选项，如图 1-3-9 所示。

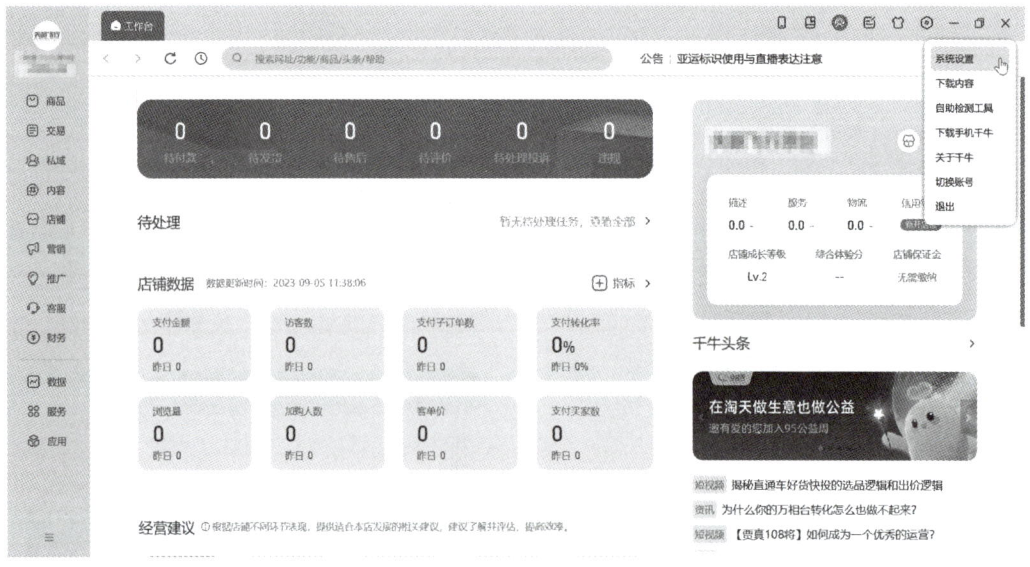

图 1-3-9　选择“系统设置”选项

1. 通用设置

● 步骤 1　打开“系统设置”页面，选择左侧“通用”选项，根据店铺实际情况，设置“账号身份”“界面语言”“任务栏”“消息中心提醒”等，如图 1-3-10 所示。

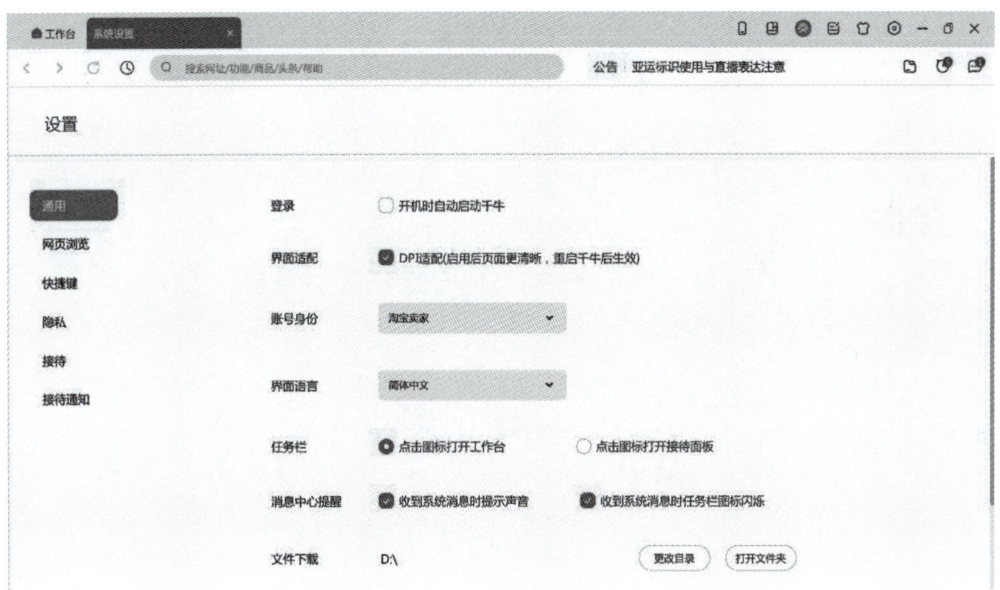

图 1-3-10　通用设置

● 步骤 2　单击“文件下载”栏中“更改目录”按钮，将下载的文件转移到内存较多的本地磁盘中，以防磁盘爆满，导致文件不能及时下载，如图 1-3-11 所示。

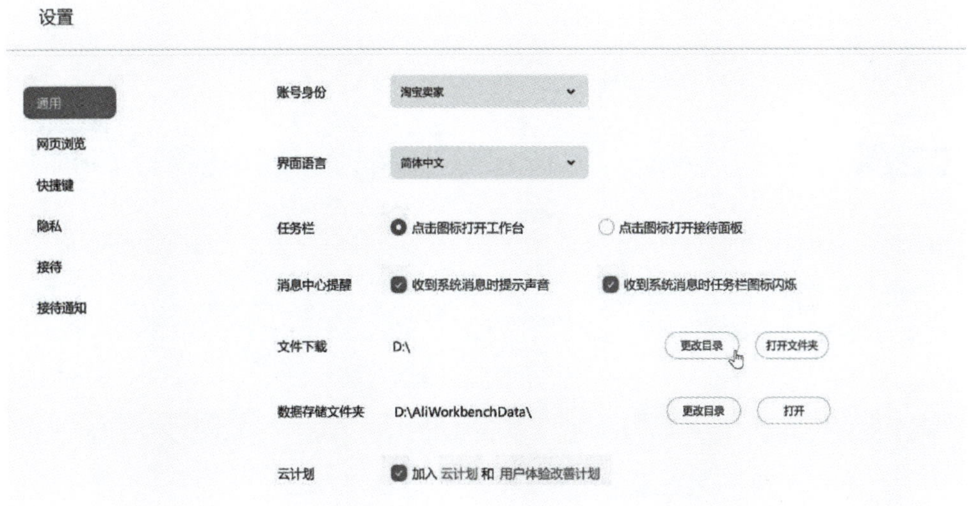

图 1-3-11　更改文件下载地址

2. 快捷键设置

● 步骤 1 在“系统设置”页面中，选择左侧“快捷键”选项，勾选“会话窗口发送消息”栏中“Ctrl+Enter”单选框，如图 1-3-12 所示。

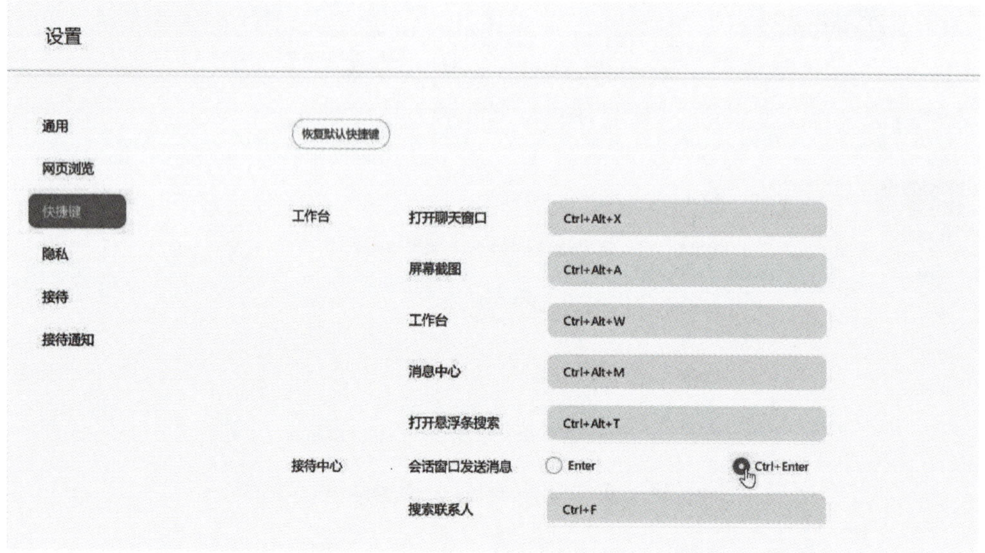

图 1-3-12 设置“会话窗口发送消息”快捷键

● 步骤 2 根据店铺实际情况，设置“工作台”“接待中心”“接待中心应用”中的快捷键内容。图 1-3-13 显示了“工作台”与“接待中心”部分快捷键的设置。

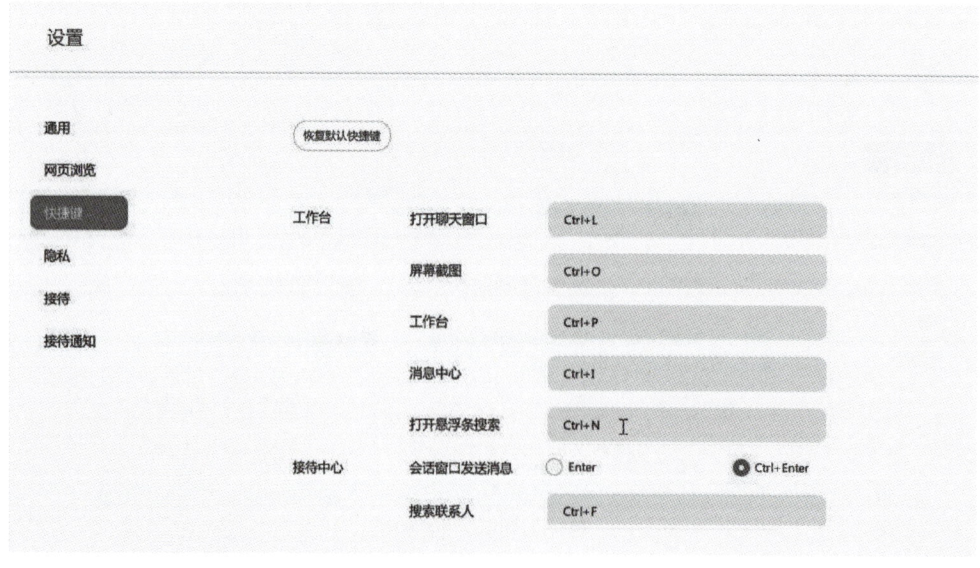

图 1-3-13 “工作台”与“接待中心”部分快捷键的设置

● 步骤 3　若不小心将快捷键设置错误，单击上方“恢复默认快捷键”按钮，即可恢复初始快捷键，如图 1-3-14 所示。

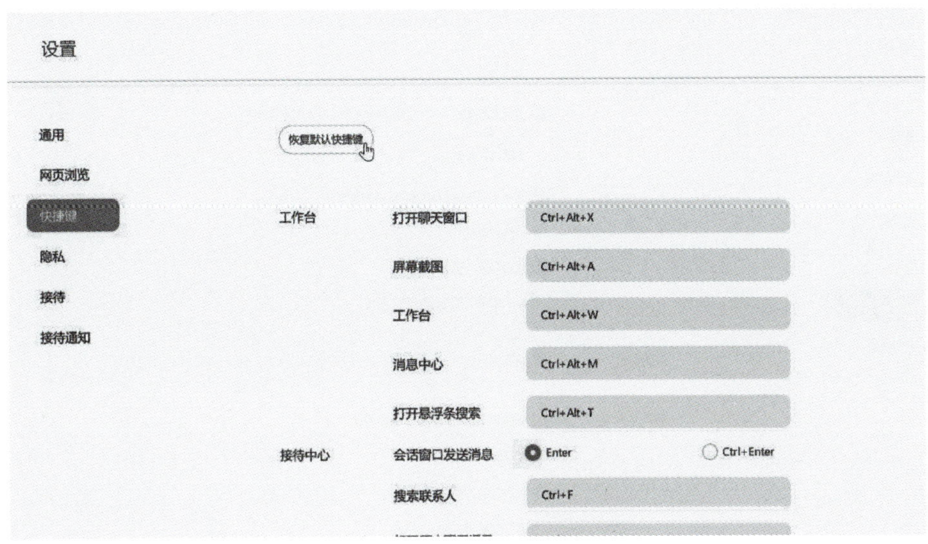

图 1-3-14　恢复默认快捷键

3. 接待设置

● 步骤 1　在“系统设置”页面中，选择左侧“接待”选项，根据店铺实际情况，设置“会话窗口”“显示字体”“接待”“快捷短语”“防骚扰”等内容。图 1-3-15 所示为“会话窗口”接待内容的设置。

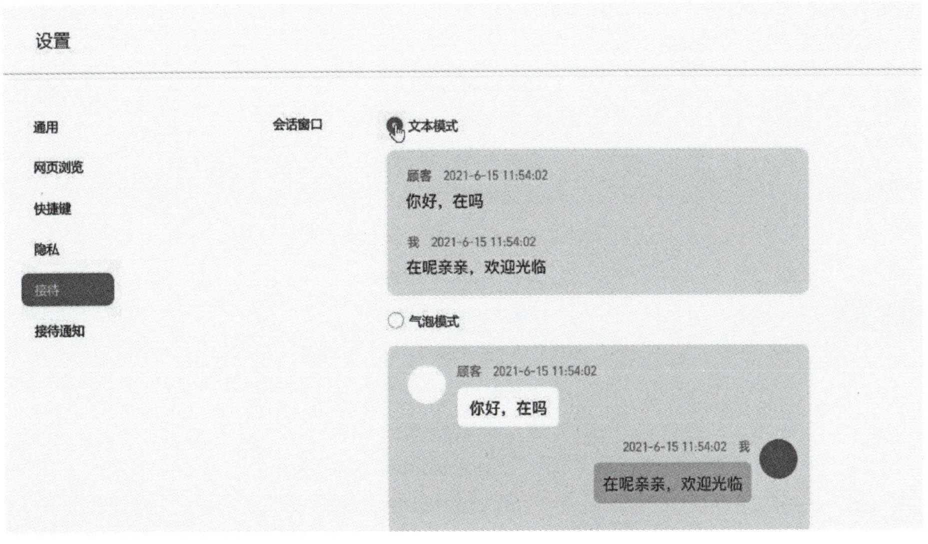

图 1-3-15　“会话窗口”接待内容设置

● 步骤 2 勾选下方“快捷短语”栏中“输入时自动联想快捷短语”单选框，如图 1-3-16 所示。

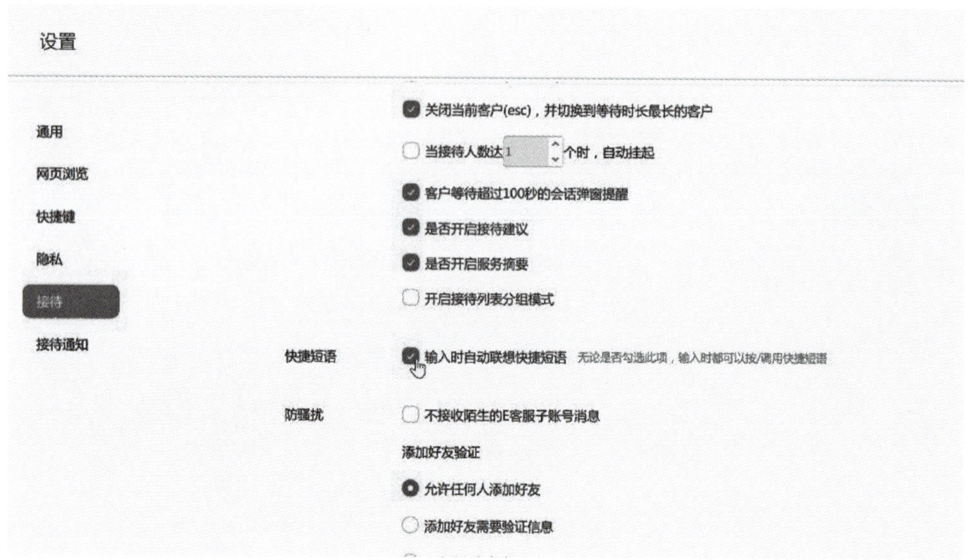

图 1-3-16 设置快捷短语

4. 接待通知设置

● 步骤 1 在“系统设置”页面中，选择左侧“接待通知”选项，勾选“首次单聊会话消息提醒”栏中“右下角闪烁，并弹出窗口”单选框，如图 1-3-17 所示。

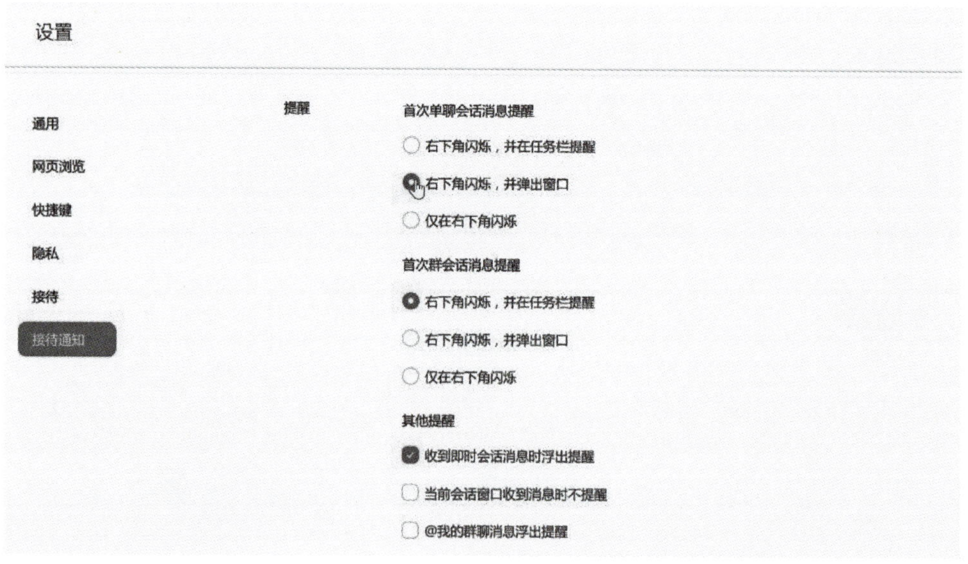

图 1-3-17 “接待通知”提醒设置

● 步骤 2　在下方“星标含义编辑”栏中，根据店铺实际情况编辑星标。例如，绿色星标为“已购 2 次”，表明该客户在本店购买了两次商品，如图 1-3-18 所示。当店铺有促销活动时，可提前通知该客户，以提高店铺成交转化率。

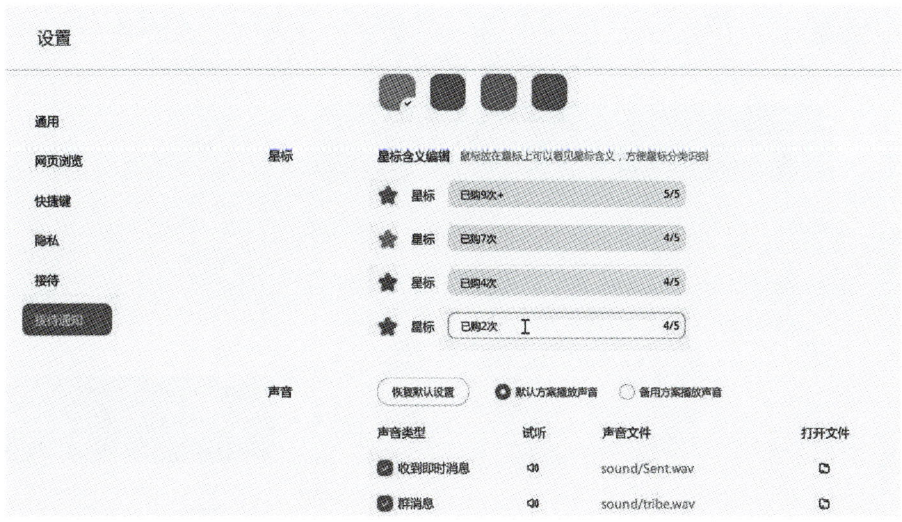

图 1-3-18　编辑星标

● 步骤 3　在下方“声音”栏中，根据店铺实际情况，可以对消息的提示声音类型进行设置。单击“打开文件”按钮，弹出“打开”窗口，即可重新选择自己喜欢的提示音，如图 1-3-19 所示。

图 1-3-19　设置消息的提示声音类型

三、快捷回复设置

在千牛工作台页面中，单击右上角的“接待中心”图标按钮，如图 1-3-20 所示，打开“接待中心”页面。

图 1-3-20　单击“接待中心”图标按钮

1. 设置快捷短语

- 步骤 1 在“接待中心”页面，单击“快捷短语”图标按钮，如图 1-3-21 所示。

图 1-3-21　单击“快捷短语”图标按钮

● 步骤 2　在弹出的“快捷短语”对话框中，单击“新增”按钮，如图 1-3-22 所示。

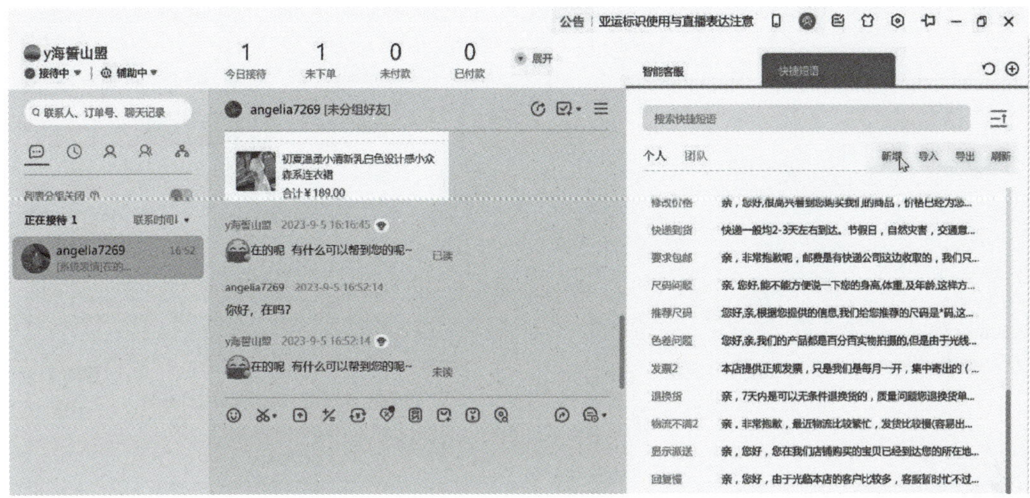

图 1-3-22　单击“新增”按钮

● 步骤 3　在弹出的“新增快捷短语”对话框中，在“请输入快捷短语内容”文本框中输入内容，根据快捷短语的内容，设置“快捷编码”和“选择分组”，完成后单击“确定”按钮，如图 1-3-23 所示。

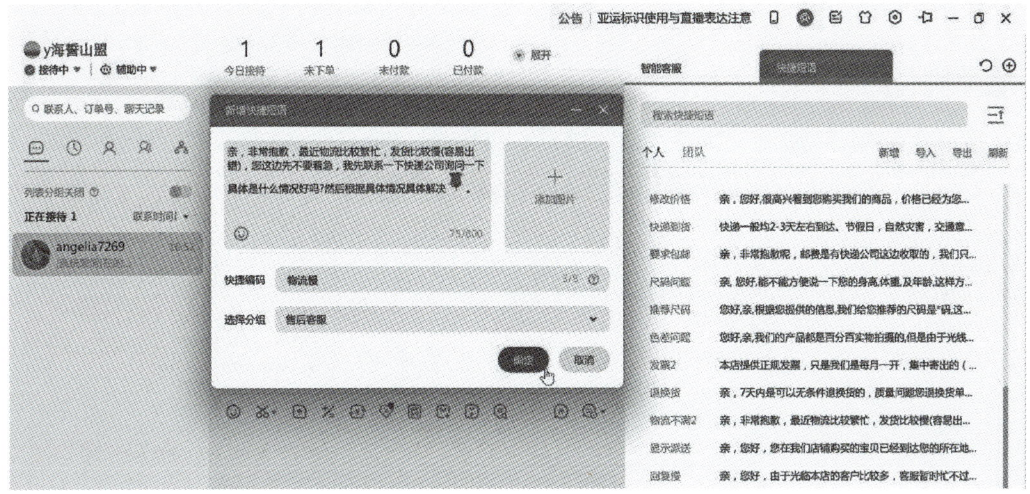

图 1-3-23　设置快捷短语

2. 修改快捷短语

● 步骤 1 若想修改快捷短语，将鼠标移至该短语右侧，单击“修改”图标按钮，如图 1-3-24 所示。

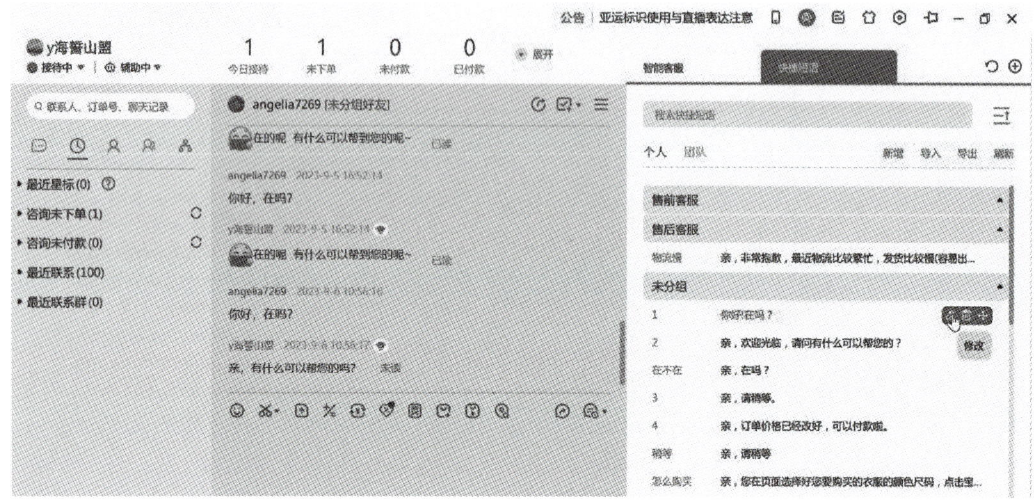

图 1-3-24 单击“修改”图标按钮

● 步骤 2 在弹出的“新增快捷短语”对话框中，对该短语进行修改，完成后单击“确定”按钮，即修改成功，如图 1-3-25 所示。

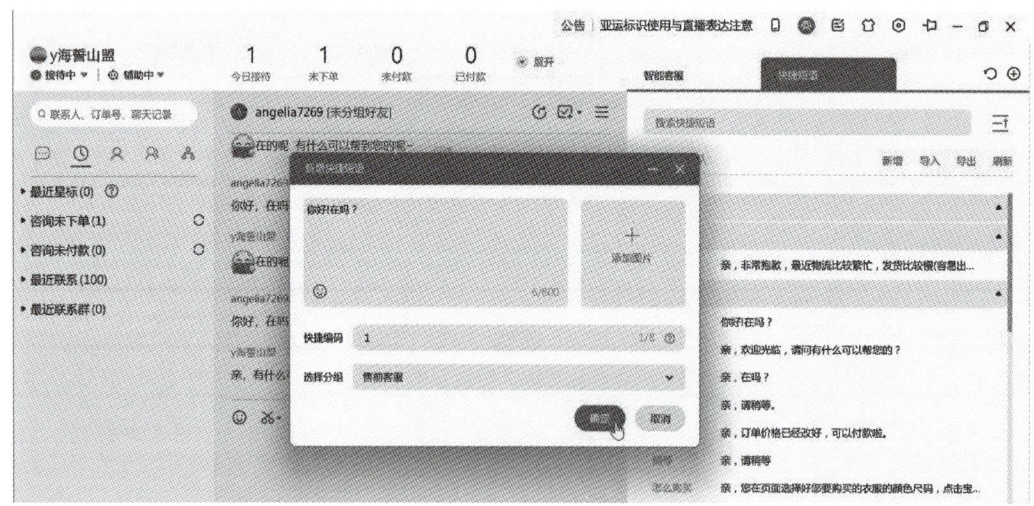

图 1-3-25 修改快捷短语

● 步骤 3 若该快捷短语使用率低，也可将其删除。将鼠标移至该短语右侧，单击“删除”图标按钮，即可删除成功，如图 1-3-26 所示。

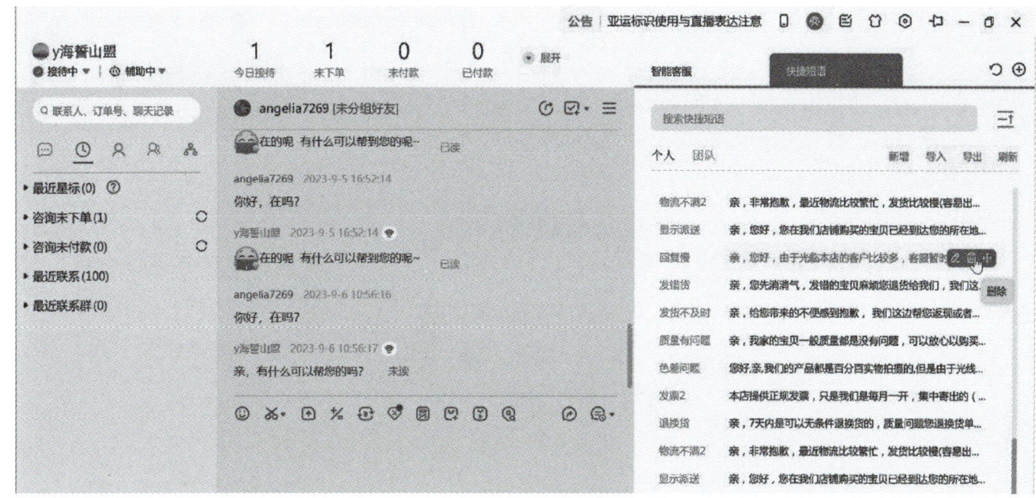

图 1-3-26　删除快捷短语

● 步骤 4　若想将使用率高的快捷短语移至前面，可将鼠标移至该短语右侧，按住“移动”图标按钮✥，将该短语拖曳至上方位置即可，如图 1-3-27 所示。

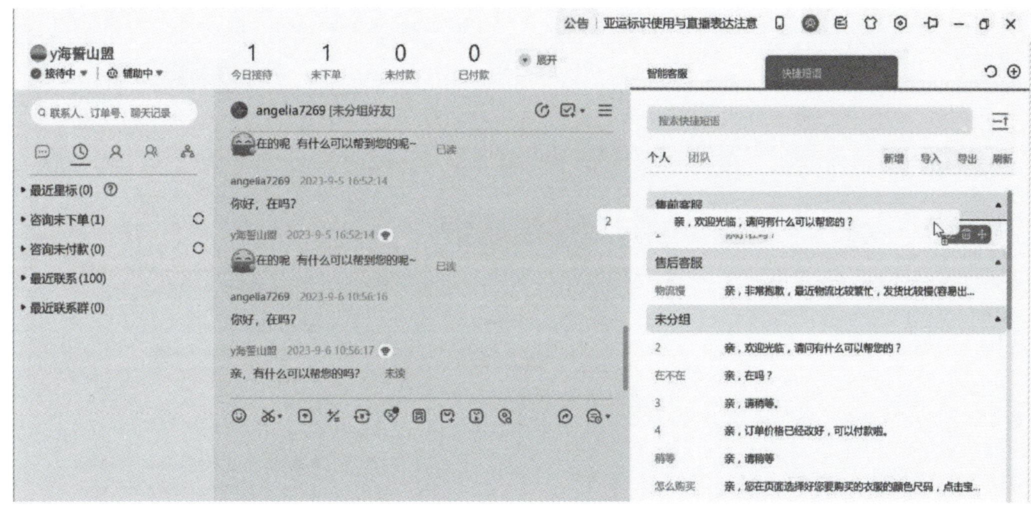

图 1-3-27　移动快捷短语

3. 批量导入导出快捷短语

● 步骤 1　在“接待中心”页面，单击“导入”按钮，弹出“导入快捷短语”对话框，如图 1-3-28 所示。

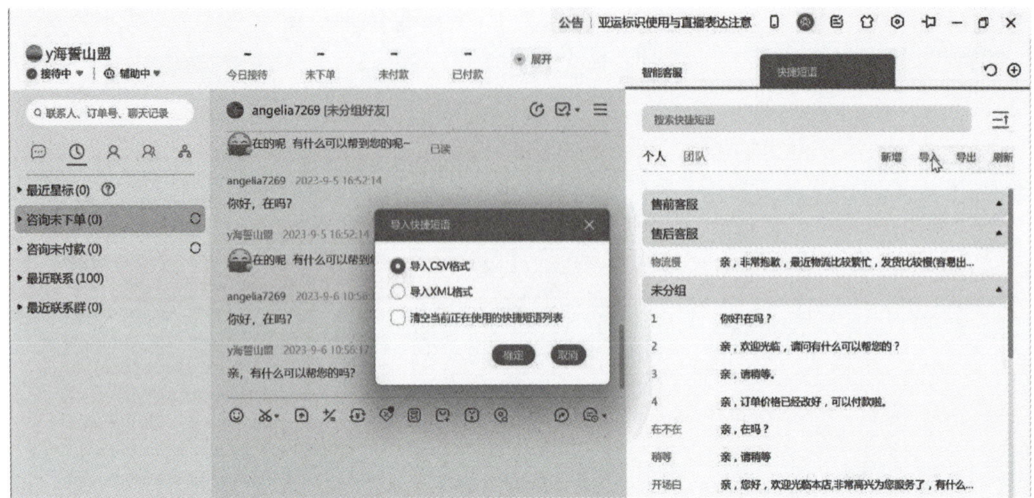

图 1-3-28 “导入快捷短语”对话框

● 步骤 2 根据店铺实际情况，勾选需导入文件的格式，然后单击“确定”按钮，如图 1-3-29 所示。

图 1-3-29 勾选需导入文件的格式

● 步骤 3 在打开的“导入快捷短语”窗口中，选择需导入的文件，单击“打开”按钮，如图 1-3-30 所示。

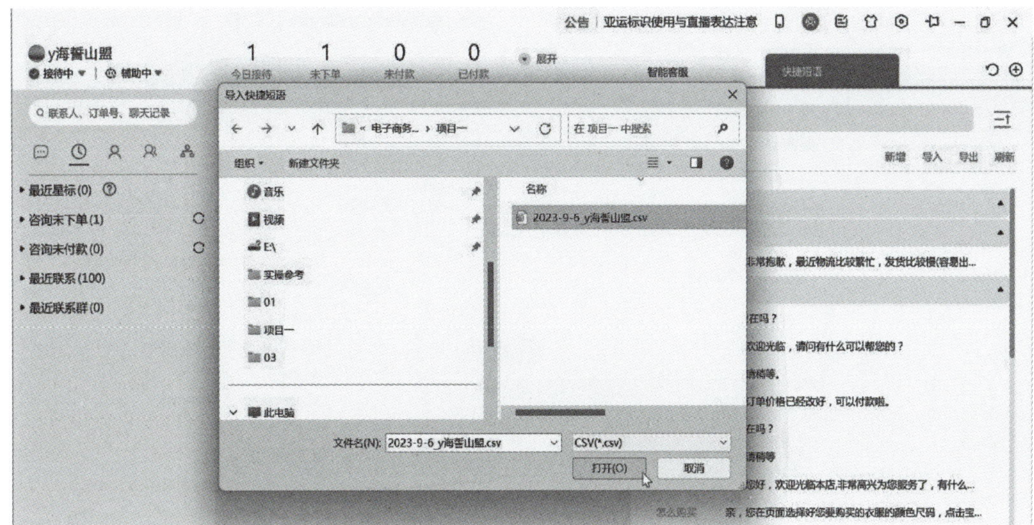

图 1-3-30　选择需导入的文件

成功导入快捷短语如图 1-3-31 所示。

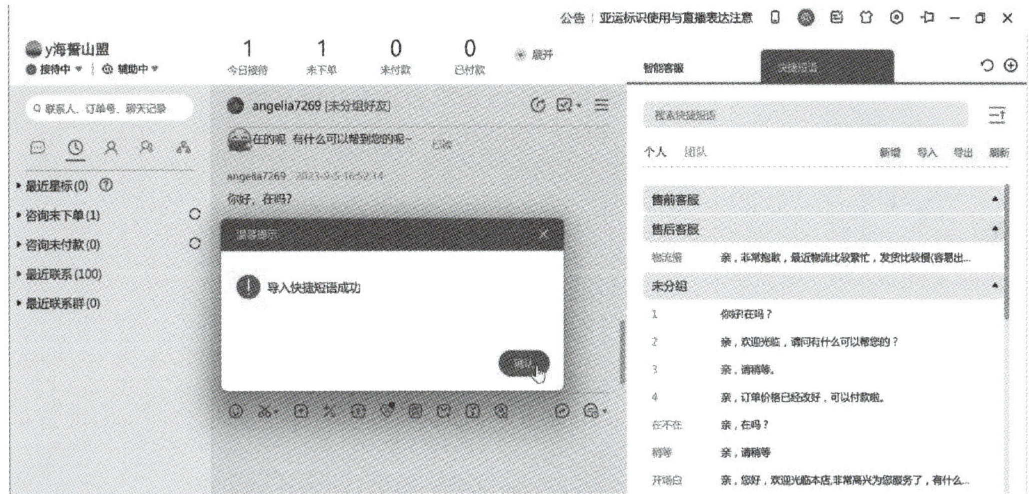

图 1-3-31　成功导入快捷短语

● 步骤 4　按照导入快捷短语类似的操作步骤对快捷短语进行导出，如图 1-3-32 所示。

图 1-3-32　成功导出快捷短语

思考与练习

1. 简述网店客服需要具备的心理素质。
2. 简述网店客服的工作准则。

项目二
网店客服岗前准备

项目概述

为了有效地与客户进行售前和售后沟通，网店客服人员需要掌握一系列的知识和技能。他们不仅需要深入了解商品的专业知识，还应熟悉网店运营的平台规则，并了解网购客户的消费心理。这些知识和技能可以使客服人员在与客户交流时能巧妙地解答疑惑，从而给客户留下良好的印象。通过有效的沟通，客服人员能促进客户下单，提升客户满意度，为店铺带来更多销售额。

本项目将解析客服工作中必需的网店运营规则、商品知识以及客户心理等知识，全面提升网店客服人员岗位技能，为客服人员上岗打下坚实基础。

任务1　平台规则知识

知识目标

1. 掌握各电商平台规则入口路径
2. 掌握各电商平台运营规则

能力目标

1. 能描述各电商平台网店运营规则总则
2. 能在各电子商务平台规则框架下做好客服工作

为了维护电商平台公平、诚信的交易秩序，保障商家和消费者的权益，电商平台制定了一系列运营规则，要求所有商家严格遵守。一旦商家违反平台规则，将受到平台的处罚，进而影响商家的正常运营。因此，客服人员在客户服务过程中应学习平台规则及店铺所属行业的规则。只有熟练掌握这些规则，客服人员才能有效规避风险，提供更优质的服务。

一、常见平台规则

平台规则发挥着规范平台用户行为、维护买卖双方合法权益的作用。例如，在京东开放平台总规则概述中明确指出：“为促进平等、开放、透明的平台生态的搭建，根据《京东用户注册协议》《‘京东 JD.COM’开放平台服务协议》等服务 / 合作协议，制定本规则。”因此，遵守平台规则是每一个商家的基本义务。

下面是一些常见电商平台的有关平台规则的网页情况。

京东平台规则（https://rule.jd.com/rule/index.action）页面如图 2-1-1 所示。

图 2-1-1 京东平台规则页面

淘宝网平台规则（https://rule.taobao.com/ ）页面如图 2-1-2 所示。

图 2-1-2　淘宝网平台规则页面

天猫平台规则（https://guize.tmall.com/ ）页面如图 2-1-3 所示。

图 2-1-3　天猫平台规则页面

支付宝服务大厅（https://cshall.alipay.com/hall/index.htm）页面如图 2-1-4 所示。

各平台规则中心和服务大厅都具有搜索功能。在输入关键词后，会根据关键词显示相关的答案。这个功能很实用。

二、网店运营规则

网店运营规则涵盖交易规则、信用评价规则、知识产权保护规则、消费者权益保护规则、商业秘密保护规则、信息安全保障规则、违法违规行为处理规则和超时规则

等多个方面。这些规则不仅规定了网店经营的基本条件，而且对网店客服人员的行为进行了规范，是确保网店顺利运营的根本保障。下面就以淘宝规则为例进行介绍。

图 2-1-4　支付宝服务大厅页面

1. 商品如实描述

“商品如实描述”是商家必须遵守的基本义务。它要求商家对所售商品质量承担保证责任，即在商品描述页面、网店页面、阿里旺旺等所有淘宝提供的渠道中，必须对商品的基本属性、成色、瑕疵等必要信息进行真实、完整的描述。商家应保证其销售的商品在合理期限内能够正常使用，不存在任何危及人身财产安全的风险，符合商品或其包装上注明的标准，具备商品应有的使用性能等。

按照该规则的要求，客服人员与客户用旺旺进行沟通时，一定要准确地说明商品的基本属性、成色和瑕疵等内容。例如，向客户描述羊毛衫时，不应使用“100% 纯羊毛”“含羊毛 99.9%”等可能引起误解的表述，以避免客户收到商品后因不符合期望而投诉商家违反商品如实描述的规则。

2. 评价规则

为促进买卖双方基于真实的交易作出公正、客观的评价，并为其他客户的购物决策和卖家店铺经营提供参考，淘宝网根据《淘宝平台服务协议》《淘宝规则》等相关协议和规则，制定了评价规则。

（1）交易评价

淘宝网上的买卖双方有权在支付宝交易成功后的15天内进行相互评价。交易评价分为“店铺评分”和“信用评价”。

店铺评分：成功交易后，买家可以针对宝贝与描述相符、卖家的服务态度、物流服务的质量三方面作出评价。每一项评分均为动态指标，是过去6个月内所有评分的算术平均值。某天猫店铺半年内动态评分如图2-1-5所示。

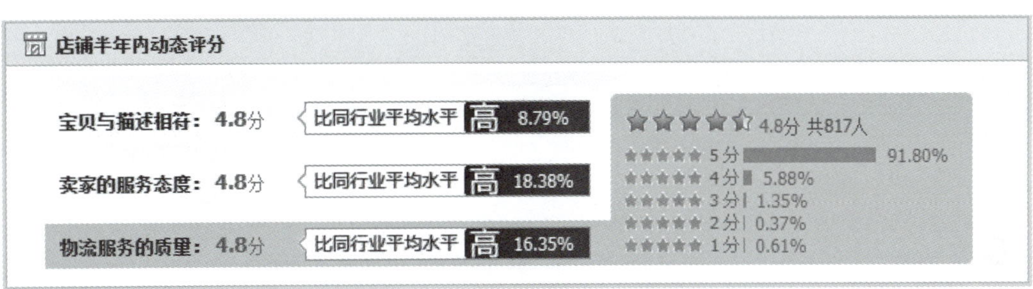

图2-1-5 某天猫店铺半年内动态评分

店铺评分一旦提交，立即生效，且不可修改。若买家只对部分指标进行评分后就确认提交，则视为已完成对店铺的评分，无法再进行修改和再次评分。店铺评分的计分规则如下。

1）每个自然月中，相同买家和卖家之间若产生多笔成功交易，且完成店铺评分的，则卖家的店铺评分有效计分次数不超过3次（以支付宝系统显示的交易创建的时间计算），超出计分规则范围的评分将不计算在内。

2）店铺评分生效后，宝贝与描述相符、卖家的服务态度两项指标的评分将计入卖家的店铺评分中，而物流服务的质量评分不计入卖家的店铺评分中，但会影响物流平台的评价。

3）店铺评分的有效评分期一般为交易成功后的15天。

信用评价：淘宝网会员成功完成每一笔交易后，均有权对交易对方进行信用评价。信用评价包括信用积分和评论内容。信用积分分为“好评”“中评”“差评”3种，分别对应不同的积分（“好评”加1分、“中评”不计分、“差评”扣1分）。评论内容包括文字评论、图片评论、短视频评论，如图2-1-6所示。

信用评价的计分规则如下：

1）相同买家和卖家在任意14天内（以支付宝系统显示的交易创建的时间计算）就同一商品的多笔交易，多个好评只加1分，多个差评只减1分。

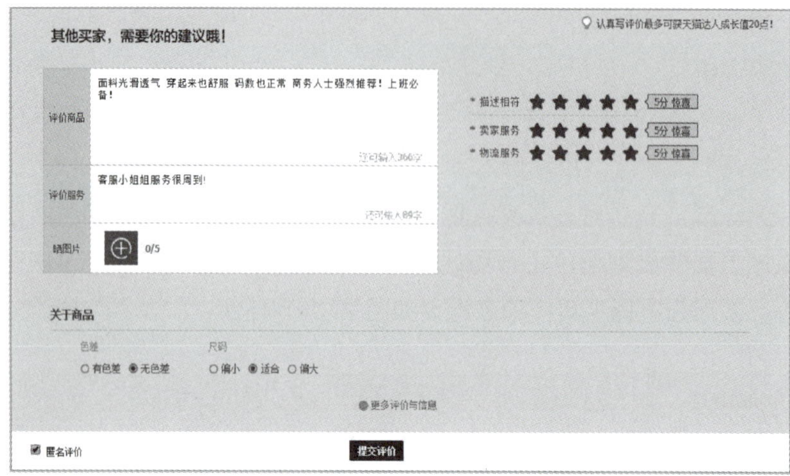

a）PC 端评价页面

b）移动端评价页面

图 2-1-6　PC 端评价页面和移动端评价页面

2）每个自然月中，相同买家和卖家之间的评价计分不得超过 6 分（以支付宝系统显示的交易创建时间计算）。超出计分规则范围的评分将不计算在内。

3）交易成功之日起 180 天（含）内，买家可追加评论，追加评论的内容不得修改，也不影响卖家的信用积分。

在下列情况下，买家和卖家可进行评价修改。

1）被评价方可在评价方作出评论或者追评后的 30 天内作出解释。

2）评价方在作出中、差评后的 30 天内，对信用评价可以进行一次修改或删除。超过 30 天后，评价不得修改。

（2）评价处理

为确保评价体系的公正性、客观性和真实性，淘宝网会对破坏信用评价体系、侵犯消费者知情权的行为，如违规交易评价、恶意评价、不当评价、异常评价等，予以坚决打击。

1）淘宝网有权删除由违规交易产生的评价，这些违规行为包括但不限于淘宝规则中规定的发布违禁信息、骗取他人财物、虚假交易等。

2）如果发现客户或同行竞争者等评价方以给予中评、差评或负面评论等方式谋取额外财物或其他不当利益的恶意评价行为，淘宝网或被评价方有权删除该违规评价。

3）淘宝网有权删除或屏蔽包含不当内容的评价，例如辱骂、泄露信息、污言秽语、广告信息、无实际意义信息、色情低俗内容以及其他违反公序良俗的信息。

4）淘宝网对排查到的异常评价将采取不计分、屏蔽或删除等处理。

5）针对上述违规行为，淘宝网不仅会对评价本身作相应处理，还会根据情况对评价方采取身份验证、屏蔽评论内容、删除评价、限制评价权限、限制客户行为等处理措施。

6）评价一旦被删除，淘宝网不会对剩余的评价重新计算积分。

7）被评价方若对评价有异议，需要在评价方作出评价的 30 天内提出投诉；超出规定时间投诉的，将不予受理。

3. 违规行为处理规则

作为网店客服人员，了解平台的违规行为处理规则至关重要。这不仅能够提升客服人员的专业能力，还有助于客服人员快速识别并处理客户反馈的各种问题。

（1）严重违规行为的处理

淘宝网对严重违规行为会视其情节轻重采取不同的处理方式。

会员严重违规扣分（除出售假冒商品外）累计达 12 分的，给予屏蔽店铺、限制发布商品、限制创建店铺、限制发送站内信、限制社区功能及公示警告 7 天的处理；累计达 24 分的，给予屏蔽店铺、下架店铺内所有商品、限制发布商品、限制创建店铺、限制发送站内信、限制社区功能及公示警告 14 天的处理；累计达 36 分的，给予关闭店铺、限制发送站内信、限制社区功能及公示警告 21 天的处理；累计达 48 分的，给予查封账户的处理。

（2）违规行为的投诉处理时间

对违规行为的投诉，除滥发信息、虚假交易、不当注册、发布违禁信息、侵犯知识产权、盗用他人账户、泄露他人信息可随时提交投诉外，其余情形需在规定时间内进行投诉，超出规定时间投诉的，将不予受理。

1）延迟发货的投诉时间为交易关闭后 15 天内。

2）竞拍不买的投诉时间为客户拍下后 15 天内。

3）与描述不符、骗取他人财物的投诉时间为交易成功后 15 天内。

4）恶意评价的投诉时间为评价生效后 15 天内。

（3）违规行为扣分标准

针对不同的违规行为，淘宝网有不同的扣分标准。例如，假冒商品的行为扣 12～48 分，盗用他人账户的行为扣 48 分，违背承诺的行为扣 3～6 分，竞拍不买的行为扣 12 分，恶意骚扰的行为扣 12～48 分。

（4）违规扣分处理

淘宝网每年 12 月 31 日 24 时会对累计的违规扣分进行清零。但是，若当年累计扣分≥ 24 分，则该年不进行清零，以 24 分计入次年；若次年累计扣分≤ 48 分，则于该年 12 月 31 日 24 时清零。若扣分≥ 48 分的，将被查封账户。

4. 超时规定

淘宝网的超时可以分为普通交易超时、特殊交易超时、退款超时、特殊退款超时和售后超时五种。在不同类型的超时情形下，淘宝网制定了相应的规范，对交易双方进行约束。

（1）普通交易超时

普通交易是指买家按照淘宝正常的购物流程，找到想要的商品，下单付款，等待卖家发货，最终买家收货确认的交易。在此过程中，淘宝网对买家和卖家的交易时间都有严格的规定，见表 2-1-1。

表 2-1-1　淘宝网普通交易超时规则

交易状态	超时规则
等待买家付款	买家自下单商品之时起 24 小时内未付款的，交易自动关闭
买家已付款、等待卖家发货	自买家付款之时起 365 天内，若卖家未点击“发货”，交易自动关闭。买家自付款之时起即可申请退款
卖家已发货、等待买家确认收货	自卖家在淘宝网确认发货之时起，若买家未在以下时限内确认收货且未申请退款，淘宝网将通知支付宝打款给卖家：①自动发货商品：1 天内；②虚拟商品：3 天内；③快递、EMS 及不需要物流的商品：10 天内；④平邮商品：30 天内

（2）特殊交易超时

特殊交易是指聚划算、淘宝天天特卖、淘金币全额兑换商品等特殊的交易类型。针对这些特殊交易，在等待买家付款的交易状态下，淘宝网对交易超时的规定见表 2-1-2。

表 2-1-2　淘宝网特殊交易超时规则

交易 / 商品类型	超时规则
聚划算或淘宝天天特卖	买家自拍下商品之时起 30 分钟内未付款的，交易自动关闭
淘金币全额兑换商品	买家自拍下商品之时起 30 分钟内未付款的，交易自动关闭

（3）退款超时

在淘宝网上，卖家已发货且买家已经收到货，但由于某种原因，买家发起了退货退款申请，如果卖家退款时间超时，可按表 2-1-3 所示退款超时规则进行协商处理。

表 2-1-3　淘宝网通用退款超时规则

退款状态	超时规则
退款申请达成，等待买家退货	买家未在 7 天内进行退货的，退款流程关闭，交易正常进行
买家已退货，等待卖家确认	买家通过快递退货 10 天内、平邮退货 30 天内，卖家未确认收货的，默认卖家收到退货且无异议，卖家需按退款申请中的约定直接退款给客户
卖家不同意退款申请，等待买家修改	卖家拒绝退款的，买家有权修改退款申请，要求淘宝介入或确认收货。买家在卖家拒绝退款后 7 天内未操作的，退款流程关闭，交易正常进行

（4）特殊退款超时

特殊退款主要是针对 7 天无理由退换货商品。买家已经收到货，但发起了退货退款申请，若买家选择退货原因为“7 天无理由退换货”，那么在等待卖家确认时，可能会出现以下两种超时情况：

第一种，卖家在本退款申请提交之日起 72 小时内未响应，则默认达成退款申请，进入退货退款程序。

第二种，若买家后续修改退款申请，将退款原因改为“其他”，卖家超时时间将以修改退款申请成功的时间为起点，往后推迟 5 天（非 7 天无理由退换货的商品，买家修改退款原因不影响超时时间）。

一般情况下，物流运输的时间不会超过淘宝默认的自动发货时间（10 天）。但在某

些特殊节日，如“双十一”“双十二”等大型全网促销活动时，物流运输压力大，如果买家在淘宝自动收货时间前未收到货物，客服人员应主动申请延迟买家的收货时间，并通过千牛或短信等通信工具告知买家，避免买家因未收到货物、自动确认收货而引发投诉。

（5）售后超时

交易成功后，如果买家发起退款、退货或换货等售后申请，淘宝网对应的售后超时规则见表 2-1-4。

表 2-1-4 淘宝网售后超时规则

售后状态	售后类型	超时规则
等待卖家处理售后申请	仅退款	卖家自本售后申请提交之日起，实物商品 5 天、虚拟商品 3 天内不响应售后申请的，默认接受售后申请，按售后申请中的约定自动退款给买家
等待卖家处理售后申请	退货退款	卖家自本售后申请提交之日起 5 天内不响应售后申请的，默认接受售后申请，按售后申请中的约定自动完成整个售后流程，卖家退款给买家
卖家不同意申请，等待买家修改售后申请	退货退款	买家自本售后申请被拒绝之日起 7 天内，未再次修改售后申请或未申请淘宝介入的，默认撤销售后申请，撤销后无法再次申请
售后申请达成，等待买家退货	退货退款	买家在 7 天内未填写物流信息退货的，售后流程关闭
买家已退货，等待卖家确认	退货退款	买家通过快递或平邮退货 10 天内，卖家未确认收货的，默认卖家收到退货且无疑义，按售后申请中的约定直接退款给买家
卖家不同意申请，等待买家修改售后申请	换货维修	买家自本售后申请被拒绝之日起 7 天内，未再次修改售后申请或未申请淘宝介入，默认撤销售后申请，撤销后无法再次申请
售后申请达成	换货维修	买家自卖家同意售后申请之日起 10 天内，未与卖家协商换货维修事宜或未申请淘宝介入的，默认撤销售后申请，撤销后无法再次申请

任务实施

一、查阅网店平台规则

以淘宝网为例，查阅淘宝网平台规则。

● 步骤 1　打开并登录淘宝网，将鼠标移动至右下角，单击“淘宝规则”超链接，如图 2-1-7 所示。

图 2-1-7　淘宝网首页

● 步骤 2　打开“规则解读”页面，选择“首页”选项卡，如图 2-1-8 所示。

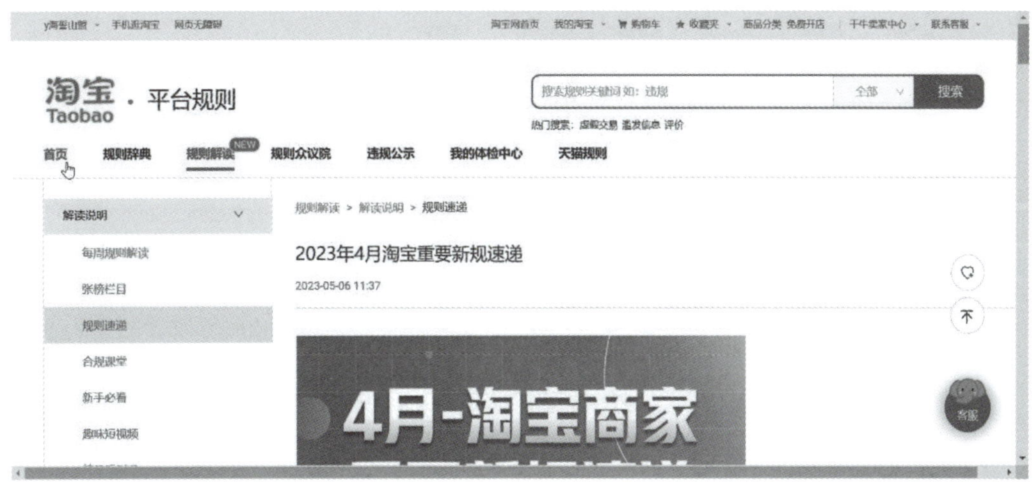

图 2-1-8　淘宝规则页面

● 步骤 3　跳转至首页页面，在搜索栏中输入“虚假交易”，单击“搜索”按钮，如图 2-1-9 所示。

图 2-1-9　搜索平台规则

● 步骤 4　跳转至“规则辞典”页面，单击“淘宝网关于虚假交易实施细则”超链接，即可查阅《淘宝网关于虚假交易实施细则》有关内容，如图 2-1-10 所示。

图 2-1-10　淘宝网关于虚假交易实施细则

二、网店平台规则的运用

以 5~6 名学生为一组，分组讨论以下问题。

（1）在天猫商城、京东商城开店，需要具备哪些资质？

（2）销售假冒伪劣产品会给店铺带来怎样的经营风险？

（3）可以通过哪些渠道学习电商平台规则知识？

各小组可任意选择演示文稿、展板、海报、视频等形式，向全班展示、汇报学习成果。

思考与练习

1. 在淘宝网平台规则中，商品如实描述的要求是什么？举例说明网店客服人员在日常工作中应如何遵循该规则。
2. 简述淘宝网交易评价规则的主要内容。
3. 简述普通交易超时与特殊交易超时的主要区别，并说明如何应用这些规则。

任务 2　商品知识

学习目标

- 知识目标

  1. 掌握商品的相关基础知识
  2. 了解商品周边的相关知识

- 能力目标

  1. 能挖掘商品的相关卖点
  2. 能制作商品手册模板

相关知识

客服人员需要对店铺的商品进行系统的学习。无论是上岗前、商品上新前还是促销活动前，都要求客服人员更新商品知识，不断提高对商品的熟悉度。这不仅关系到客服人员是否能向客户准确地推荐商品，还关系到他们是否能有效地进行关联销售，以及是否能解决客户在商品使用、保养、维护等方面遇到的问题。

一、对商品基础知识的了解

商品知识涵盖商品外观、商品基本属性（包括规格、成分、含量、配件等）、商品安装及使用方法、商品保养与维护、商品卖点、可关联销售的其他商品及其相关性知

识、竞品对比等多方面。

1. 商品外观

商品外观会直接影响客户对商品的第一印象。客服人员应认真观察商品，熟悉其显著的外观特点，并能进行准确的描述。以某汉服产品（见图 2-2-1）为例，当客户询问裙子上的图案是印花还是刺绣时，客服人员应能给予明确的答复，不能用“不清楚”或“不了解”等回复来搪塞消费者。

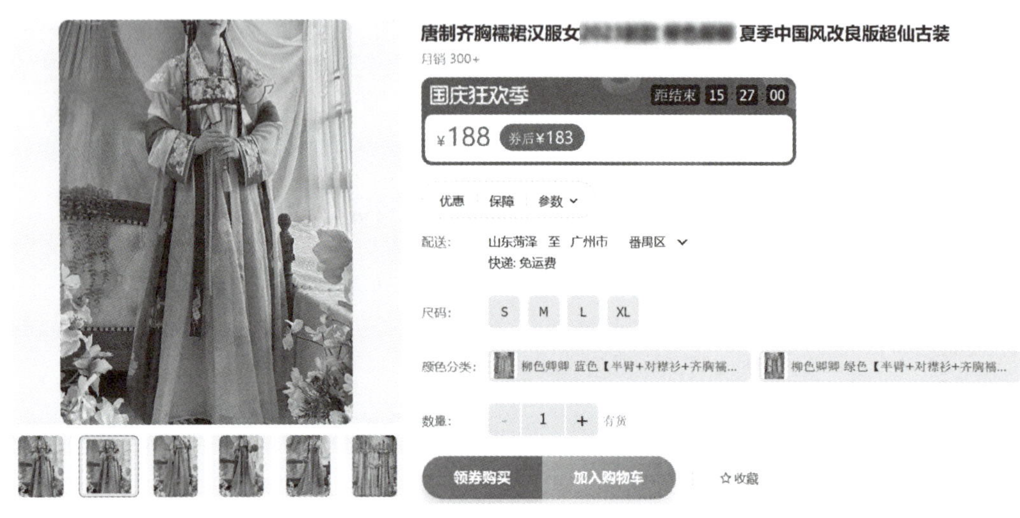

图 2-2-1　某汉服天猫店产品详情页

2. 商品基本属性

商品基本属性主要包括商品的规格、成分及含量等。这是客服人员必须掌握的商品知识，尤其是非标类商品。例如，化妆品的成分和含量的标注和说明对客户进行选择至关重要。又如，对服装面料材质的准确描述，能增强客户对客服人员专业性的认可，进而增强对商品和店铺的信任。图 2-2-2 显示了客服人员回复客户对商品基本属性的咨询场景。

3. 商品保养与维护

客服人员应在客户购买商品时提供商品的保养知识并进行维护指导，以确保客户对商品进行正确的养护，从而延长商品的使用寿命。在商品详情页中通常会包含商品洗涤和存储方法等信息，客服人员应熟悉这些知识，并在交易过程中主动提示客户。商品详情页的洗涤说明如图 2-2-3 所示。

4. 商品安装及使用方法

对于需要客户自行安装的商品，客服人员也要熟练掌握商品的安装与使用方法，以便在客户遇到组装或使用问题时能够迅速提供帮助。这不仅能打消客户对商品质量的疑虑，而且能提升其购物体验。客服人员帮助客户解决软件安装问题的场景如图 2-2-4 所示。

图 2-2-2　商品基本属性咨询

图 2-2-3　商品详情页的洗涤说明

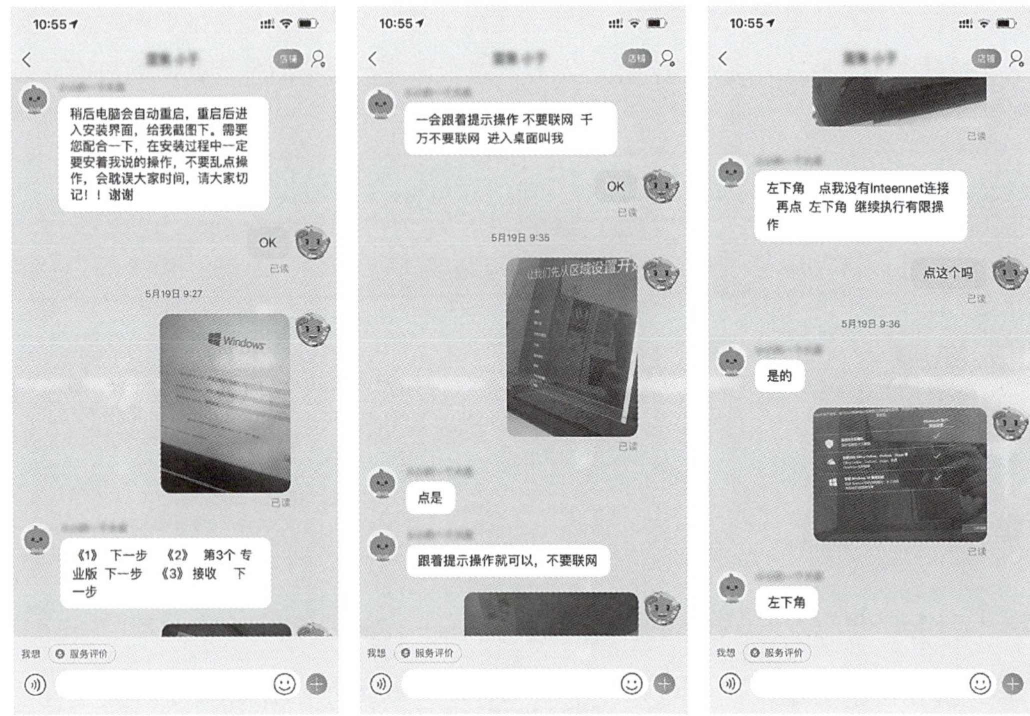

图 2-2-4 客服人员帮助客户解决软件安装问题的场景

5. 商品的关联销售

在学习商品知识时，网店客服人员还应掌握如何进行关联销售，以便在销售过程中能迅速识别并推荐关联商品，从而提高客单价。需要注意的是，在向客户推荐关联商品时，一定要准确地说出关联的理由，这样客户才更容易接受。例如，网店客服人员可以提前准备一些与所售 T 恤搭配的商品，如裤子或鞋子，以便在销售中抓住时机，准确地推送给客户。商品详情页中的产品搭配如图 2-2-5 所示。

图 2-2-5 商品详情页中的产品搭配

二、对商品周边知识的了解

商品周边知识是指与客户直接了解和选择商品本身无关，但能在一定程度上指导或影响客户做出选择，并能够增强客户对商品的认知度。这里主要从商品真伪的辨别和商品的附加信息两个方面来介绍网店客服应掌握的商品周边知识。

1. 商品真伪的辨别

客户经常会对自己所购买商品的真实性产生怀疑，尤其是在真假难辨的网购平台上购物时。客服人员需要掌握辨别自家商品真伪的方法，并指导客户按照这些辨别方法直接检验商品，这比单纯强调商品的真伪更有实效。掌握商品真伪辨别知识，不仅能提升客户对商品的认知，还能树立客服人员的专业形象。图 2-2-6 所示为客服人员引导客户检验商品真伪的场景。

图 2-2-6　引导客户检验商品真伪的场景

2. 商品附加信息

商品附加信息是指商品生产销售中并未包含的信息，但通过信息再包装赋予了商

品新的价值，如明星推荐、名人同款商品、IP 联名款等。这种方式其实利用了客户的追星心理，通过树立商品代言人，影响客户在选购此类商品时的决策。此外，还可以通过品牌价值为商品赋予一种精神价值，但这一般只适用于对该品牌文化有一定认同感的客户。图 2-2-7 所示为某天猫店的 IP 联名款。

图 2-2-7　某天猫店的 IP 联名款

三、对同类商品的了解

随着电子商务的快速发展，市场中商品同质化现象日益严重。网店客服在面对“为什么 xxx 家的商品与你们家的款式一模一样，价格却更便宜”这样的疑问时，不要无端贬低竞争对手，而是应该向客户详细解释自己商品的特点，并通过对比同类商品凸显自己商品的优势，客观、公平地回应客户的疑问。

1. 质量对比

商品质量是客户选购商品时最关注的因素之一。客服人员不仅要全面掌握商品知识，包括商品的材质、规格、版型、用途和卖点等信息，还要熟悉同类商品的相关信息，找出自家商品与竞品的差异，向客户清晰展示自家商品的优势，从而吸引并留住客户。图 2-2-8 所示为向客户介绍商品优势的对话场景。

2. 货源对比

客服人员除了解自家商品的质量外，还要了解商品的进货渠道和生产渠道。货源也是影响客户选择的重要因素。正规的货源渠道不仅能保证商品的质量，还能向客户展示网店经营的正规化和流程化，从而增强客户的信任感。客服人员可以通过向客户展示授权证书等方式，向客户证明自己的货源渠道，如图 2-2-9 所示。

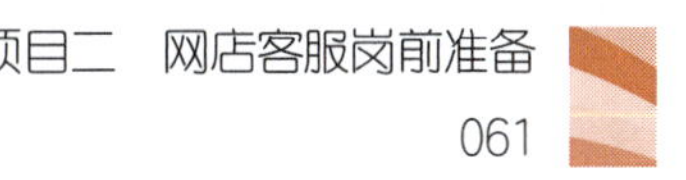

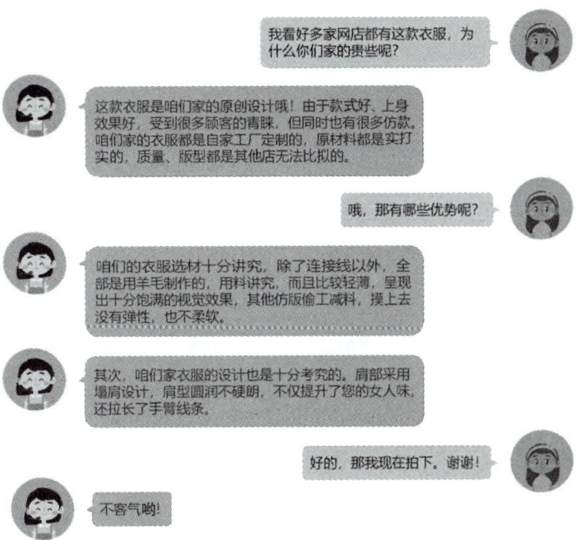

图 2-2-8　向客户介绍商品优势的对话场景

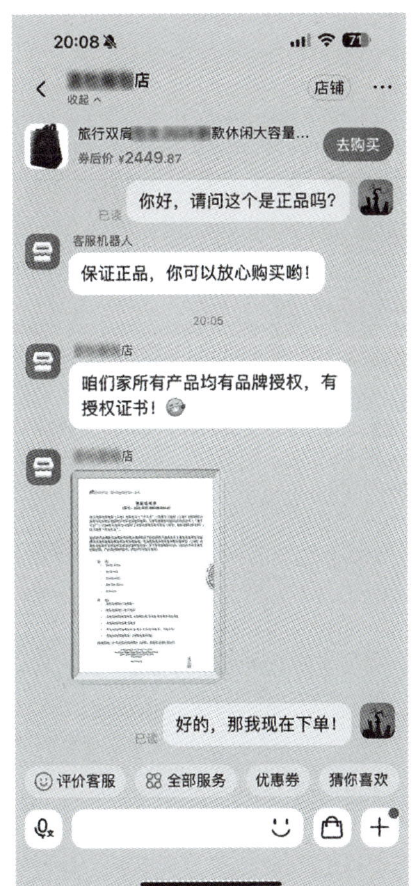

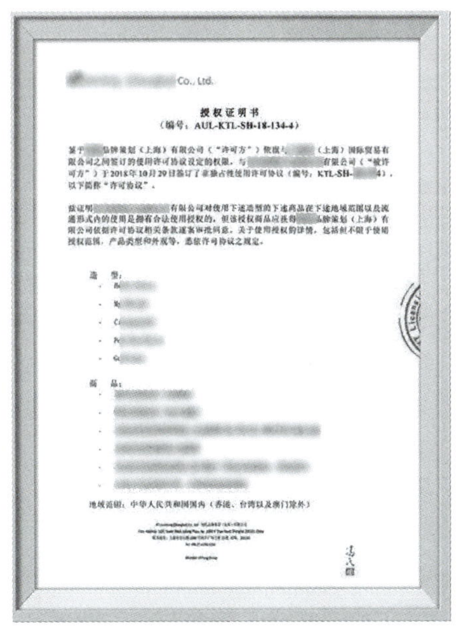

图 2-2-9　向客户展示授权证书

任务实施

根据所学商品知识，制作商品手册。

● 步骤 1　登录淘宝网，搜索一款秋季连衣裙，并进入商品详情页，如图 2-2-10 所示。

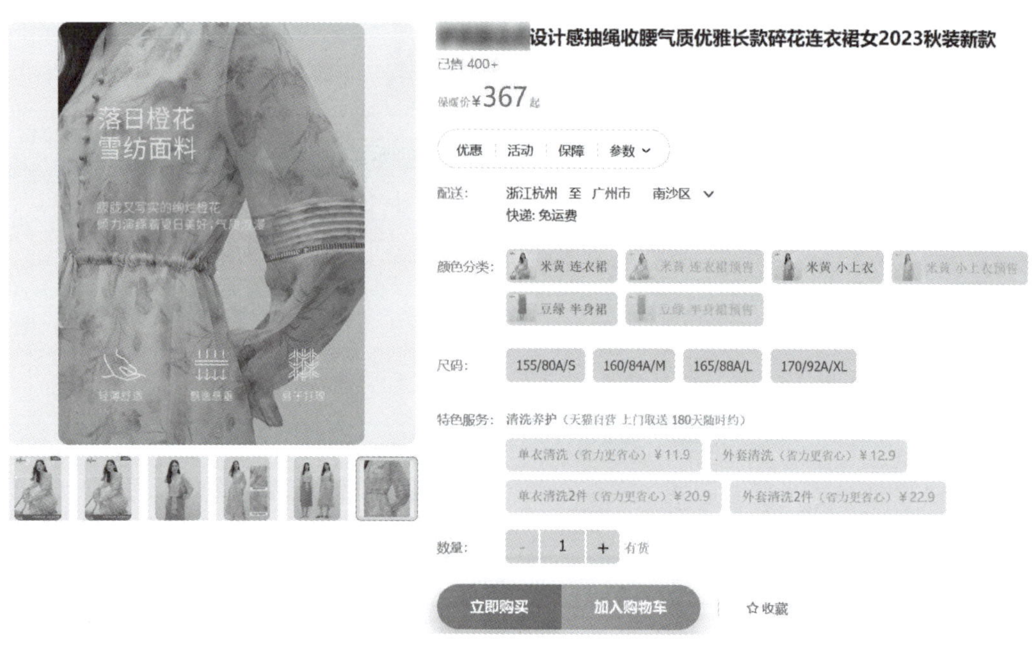

图 2-2-10　某天猫店秋季连衣裙详情页

● 步骤 2　阅读商品详情页中商品属性（见图 2-2-11）、商品参数（见图 2-2-12）和商品尺寸（见图 2-2-13）等信息。

品牌：	适用年龄：25-29周岁	尺码：155/80A/S 160/84A/M 165/...
面料：涤纶	图案：碎花	风格：清新甜美
领型：V领	腰型：调节腰	衣门襟：套头
颜色分类：米黄 连衣裙 米黄 连衣裙...	袖型：喇叭袖	货号：1E7993201
裙型：A字裙	适用季节：秋季	年份季节：2023年秋季
袖长：长袖	裙长：中长裙	流行元素/工艺：腰带
款式：茶歇裙	销售渠道类型：商场同款(线上线下都...	廓形：X型
材质成分：聚酯纤维100.0%		

图 2-2-11　商品属性

信息 /Tile

款　号：1E7993201

面　料：93201连衣裙面料:100%聚酯纤维（花边除外）里料:95.7%聚酯纤维4.3%氨纶
22231小上衣面料:100%聚酯纤维里料:100%聚酯纤维
40761半身裙面料:面料:97.8%聚酯纤维2.2%氨纶
里料:100%聚酯纤维

吊牌价：连衣裙980元，小上衣698元，半身裙798 元

版型：紧身　修身　合身　宽松

弹力：无弹　适中　偏弹　超弹

厚度：偏薄　适中　偏厚　加厚

长度：短款　适中　中长　长款

图 2-2-12　商品参数

连衣裙尺码	肩宽	胸围	袖长	裙长	腰围
S/155	39.5	99	57.5	112	95
M/160	40.5	103	58.5	114	99
L/165	41.5	107	59.5	116	103
XL/170	42.5	111	60	117	107

图 2-2-13　商品尺寸

● 步骤 3　总结归纳连衣裙商品知识，填写在表 2-2-1 中。

表 2-2-1　商品知识

项目	内容
商品名称	
材质面料	
规格型号	
特性特点	
风格潮流	
配套商品	

● 步骤 4　制作商品手册，完成表 2-2-2 的填写。

表 2-2-2　商品手册

项目	内容
编号	
图片	
品名	
品牌	
货号	
款式	
尺码	
尺寸	
颜色	
面料	
数量	
售价	
发货	
邮费	
备注	

思考与练习

1. 网店客服人员需要熟悉的商品基础知识有哪些？
2. 举例分析网店客服人员有效掌握和运用商品周边知识，在处理消费者疑问和提升销售业绩方面发挥的积极作用。
3. 组织学生扮演消费者和网店客服，选择不同的商品，模拟客服人员向消费者展示店铺商品与竞品在质量、价格、货源等方面的差异。请同学们分析，作为网店客服人员，如何在商品同质化的激烈竞争中，通过对自家商品和同类商品的了解，有效地引导店铺认识自家商品的优势，增强消费者对店铺商品的信任和购买意愿。

任务 3　客户心理知识

学习目标

知识目标

1. 了解客户的界定与分类
2. 掌握网络客户的购物心理
3. 掌握不同客户群体的心理差异

能力目标

1. 能准确分析不同类型客户的需求
2. 能对客户购物心理进行准确分析

相关知识

消费是从客户的需求出发，只有当客户对某一商品产生需求时，才会激发购买动机。一旦客户有了购买需求，他们往往会通过可靠的渠道去了解商品信息。一般来说，客户了解商品信息的主要途径首先是来自个人或周围人的经验分享，然后才是参考相关的广告信息。客户了解商品的过程正是客服人员介入的最佳时机。

在掌握了一定的商品信息后，客户就会在心中确定一个评价标准，并依据这个标准来挑选适合自己的商品，客户的评价标准是影响其消费行为的关键因素。客户通过对比和选择，将购买意愿转化为购买行为，这就是客户购买和客服营销的双向过程。客户对商品的亲身体验和感受会形成一种情感评价，他们通过网络平台分享这些评价，间接地也会影响其他人的购买决策和消费行为。

购买倾向并不是与生俱来的，它往往受年龄、性别、消费心理等多种因素的影响而呈现出差异性。

一、不同年龄客户的心理差异

客户的消费心理在很大程度上受其年龄的影响。年龄偏小、心智尚未成熟的客户接触的事物有限，能激发他们购买意愿的商品繁多；而年龄较大的客户心智更加成熟，他们的消费心理与年轻客户存在显著差异。表 2-3-1 总结了不同年龄客户的心理差异。

表 2-3-1　不同年龄客户的心理差异

按年龄划分	心理特点
少年儿童（6～18 岁）	少年儿童通常没有独立的经济能力，决策权有限，需要购买的商品一般由其父母决定。其特点是目标明确、购买迅速
青年群体（19～35 岁）	这是一个充满活力的群体，他们思想前卫，自我意识较强，经济独立，消费观念开放，喜欢新颖时尚的商品。其购买动机易受外部因素的影响，具有明显的冲动性，对价格不敏感
中年群体（36～59 岁）	这一群体工作稳定，收入有保障，大多已成家立业。他们购物时很理智，追求经济实用的商品，同时对使用价值高、能节约家务时间的商品感兴趣
老年群体（60 岁以上）	这一群体收入稳定（以养老金为主），消费观念保守。随着网络的普及，他们逐渐接受新事物。对于已参与网购的老年人，他们的购买习惯固定，不易受广告影响，对新商品持谨慎态度，对能增强身体素质的商品感兴趣

二、不同性别客户的心理差异

除了年龄因素，性别也是影响客户购物习惯的重要因素。女性和男性的购物方式存在显著的差异。

1. 女性客户的购物特点

女性客户是电子商务平台上活跃的消费主力。方便、快捷的网络购物不仅让女性

足不出户便可买到琳琅满目的商品，而且网络购物的价格相比于实体店更加便宜，因此，女性客户更热衷于网购模式。准确把握女性客户的消费心理对客服营销至关重要。

（1）购买目标模糊

许多女性客户的消费行为都是在“逛”中产生的，她们通常在购物前并未明确自己的需求，而是在浏览网页和网店的过程中发现购买目标，再进行选择性购买。

（2）情绪化购物

女性客户常因情绪变化而产生购买行为，用以表达或缓解心理情绪。一般女性客户会倾向于在以下两种情况下产生购买行为：一种是在好情绪的驱使下购物，比如发工资的时候，她们会因为开心而购买商品，以犒劳自己一个月的辛勤工作；另一种是在坏情绪的推动下，为调整心情而产生的购买行为，把购物当成一种缓解压力、平衡情绪的途径。

（3）乐于对比

女性客户在购买商品时，会花费大量的时间查看同类商品，从价格、评价、销量、客服态度等多方面进行比较，从中选择自己最满意的商品。因此，对女性客户忠诚度的维护非常不易，她们总是乐于发现下一个更满意的网店。

（4）价格敏感

减价、清仓、品牌闪购等促销活动能显著激发女性客户的购物欲望。当她们看到自己关注很久的商品突然降价、自己喜欢的品牌突然开展促销活动时，即使这些商品并不是自己迫切需要的，但在低廉的价格面前也会选择购买。例如，一双冬季的靴子一折出售，即便是在炎炎夏日，女性客户也愿意购买，这是因为商品价格的变动引发了她们的购买意愿。侧重价格的广告信息很容易让女性客户动心，如图 2-3-1 所示。

图 2-3-1　侧重价格的广告信息

（5）重视商品的细节

女性客户对商品的细节要求严格，即便细微瑕疵并不影响商品的使用，她们也可

能因为商品的不完美而拒绝购买或者要求网店赔偿。

2. 男性客户的购物特点

男性客户通常对购物存在一种“抗拒感”。相对于去实体店购物，男性客户更愿意选择网上购物，这主要是被网络购物的便捷性所吸引。他们在网上购物时通常表现出以下几个特点。

（1）购买目标明确

男性客户在购买商品前非常清楚自己的购买目标，在电商平台上搜索商品时，只会关注自己需要购买的这类商品，而不会注意其他商品。

（2）购买决策果断

与女性客户的犹豫不决相比，男性客户在购买商品时通常更为果断。他们在搜索商品时，常常按照自己的标准，如人气或销量，进行快速决策。

（3）重视商品的整体品质

男性客户选购商品时，更注重商品的质量和性能，对价格不十分敏感。对于商品细节上的瑕疵，他们通常认为只要不影响商品的正常使用就行。

（4）追求购物便捷

男性客户希望购物流程方便、快捷。他们通常希望客服能直接推荐商品，并提供链接，以节省他们逛网店的时间。男性客户很少细致地浏览商品详情页，只会针对几个关键问题咨询客服，然后就会直接购买。

三、不同消费心理的需求差异

网店客服每天都会接待各种类型的客户，他们的性别、年龄、性格千差万别，需求也各不同，那么，客服人员如何才能促使客户购买自家网店的商品呢？客服除了要掌握基本的商品知识、平台规则、交易知识外，还需要从心理层面去分析客户，抓住商机，精准地满足客户需求。

优秀的客服人员，必须具备客户心理分析的能力。只有了解客户的心理，知道他们的想法，才能根据具体情况进行有效的沟通，并加以引导，促成销售。常见的客户购物心理见表 2-3-2。

表 2-3-2　常见的客户购物心理

客户心理	表现形式
求美心理	客户对产品品质与外观有较高要求，追求完美
求廉心理	物美价廉是这类客户购买的主要因素，注重节省开支

续表

客户心理	表现形式
仿效心理	客户喜欢仿效别人购买东西，倾向于从众
求名心理	注重品牌、价位、公众知名度，体现身份地位
求速心理	喜欢简单快捷的购物流程，时间意识强
求惯心理	忠诚于特定的品牌和款式，有特定的购买习惯
求安心理	注重商品的安全性和舒适性，追求质量可靠
求实心理	追求商品的实用性，对商品的面料、质地和工艺挑剔

1. 求美心理

求美心理的客户是典型的“外貌协会会员”，他们追求商品的美感和艺术价值，注重商品的款式、色彩和时尚性。除了关注商品本身的美感外，他们还关注广告创意的新颖性等。这类客户的心理年龄较年轻，对时尚和潮流的理解比较前沿，以女性居多。

对这类客户，客服人员要注意倾听他们对所需要商品的描述，如果客户常常提到“美观”“时尚”等词汇，就可以将其归为求美心理客户。在应对这类客户时，客服人员要推荐符合他们审美要求的商品，并强调商品的外在优势，给予客户更多的夸奖和肯定。

2. 求廉心理

追求物美价廉是常见的消费心理。具有求廉心理的客户选购商品时总会选择性价比较高的商品，注重商品的实惠与廉价。他们对价格较敏感，善于精打细算，对促销活动的特价商品情有独钟。客服人员在与这类客户的交流中，应适当鼓励，热情接待，利用优惠措施或礼品来吸引客户。在推荐特价商品或打折商品时，可附加赠送一份小礼品，增加客户的“超值”感受。同时，客服人员还要强调即使商品优惠，品质与服务也能保持一致。某网店优惠活动海报如图 2-3-2 所示。

图 2-3-2 某网店优惠活动海报

3. 仿效心理

仿效心理的核心是不甘落后或者想胜过他人，仿效心理客户多为女性客户。她们平时总是留心观察周围人的打扮，喜欢打听别人的购物信息，倾向于模仿他人的选择，喜欢从众。她们容易接受别人的建议，对潮流趋势有较高的关注度。

客服人员可以利用这种心理，通过强调商品的热销和受欢迎程度，吸引这类客户的注意，促进销售。

4. 求名心理

有求名心理的客户注重品牌、价位、公众知名度，购买能力和品牌意识强，追求彰显身份和地位的商品，客户在沟通时会频繁谈及自己购买名牌的经历等话题。

客服人员在应对这类客户时，要学会顺势而为，即顺着客户的意愿，推荐符合他们身份和品位的商品，促成他们的购买行为。

5. 求速心理

求速心理以快速、方便为主要购买目的，注重购物的效率和便捷性。具有求速心理的客户的时间意识较强，希望用最短的时间、最简单的方式购买到优质的商品。这类客户以男性居多，他们不太在意商品的价格，只要能保证商品的质量和购买速度即可。

此类客户的购买意识很强，往往成交量很高。在应对此类客户时，客服应迅速响应这类客户的需求，提供高效的服务，确保交易流程的顺畅，以满足他们对速度的追求。

6. 求惯心理

求惯心理是基于满足个人特殊喜好而形成的购买心理。客户往往对特定的品牌和款式情有独钟，对即将购买的商品充满信任，在选择商品时有特定的购买习惯。这类客户大多性格保守、执着，不易接受新事物，对品牌或网店的忠诚度极高，对网店的长期贡献较大。

针对这类客户，客服人员应及时了解他们以往购买商品的款式、颜色等喜好，为客户推荐符合他们喜好的商品。同时，客服人员还可以利用客户的消费积分和会员权益等，促进客户再次购买。

7. 求安心理

求安心理以追求安全、健康、舒适为购买目的。有求安心理的客户更加注重商品的安全性、舒适性和无副作用。这类客户的自我保护和健康意识极强。

针对这类客户，客服人员要善于运用专业知识，向客户强调商品的材质、配件的安

全性和环保性，并借助官方权威证明，如商品的制作过程和实验流程的展示，主动介绍商品的使用方法和注意事项，专业地普及商品知识。官方权威证明如图 2-3-3 所示。

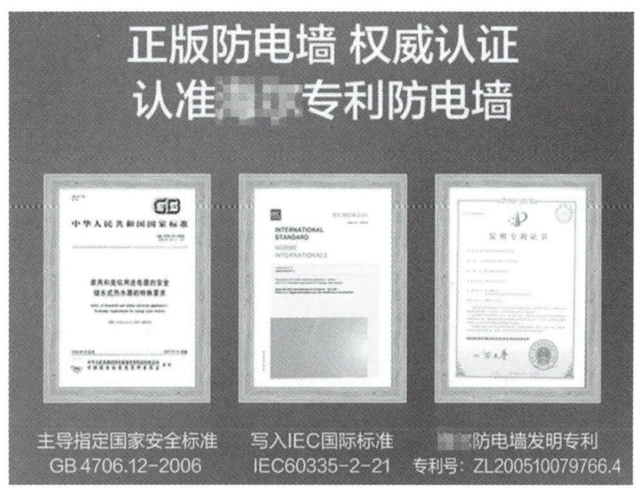

图 2-3-3　官方权威证明

8. 求实心理

求实心理以追求商品的实用性为主要目的。有求实心理的客户对商品的面料、质地和工艺有较高的要求。这类客户购物时讲究实惠，会根据自身的需要选择商品，表现出理智的消费行为。

针对此类客户，客服人员要认识到他们是非常理性的，只有在确认商品有 80%以上的可买性后，他们才会入手。因此，客服人员应展现出自己的专业性，以真诚、专业、求实、耐心的态度，增强商品在客户心中的可买性。

任务实施

请同学们阅读一个客服人员接待消费者的案例（见图 2-3-4），分析聊天内容，判断该客户的消费心理，并说明判断依据；再分析案例中客服人员的回复是否恰当，有哪些不妥之处；最后针对客户的消费心理，对客服人员的回复进行优化。

解析如下：

1. 判断客户的消费心理。

在案例中，客户在与客服人员的交流过程中，询问了睡衣的面料、是否会褪色、是否含有荧光剂等问题，显示出其注重商品的安全性、舒适性与无副作用。因此，该客户的消费心理特征属于典型的求安心理。

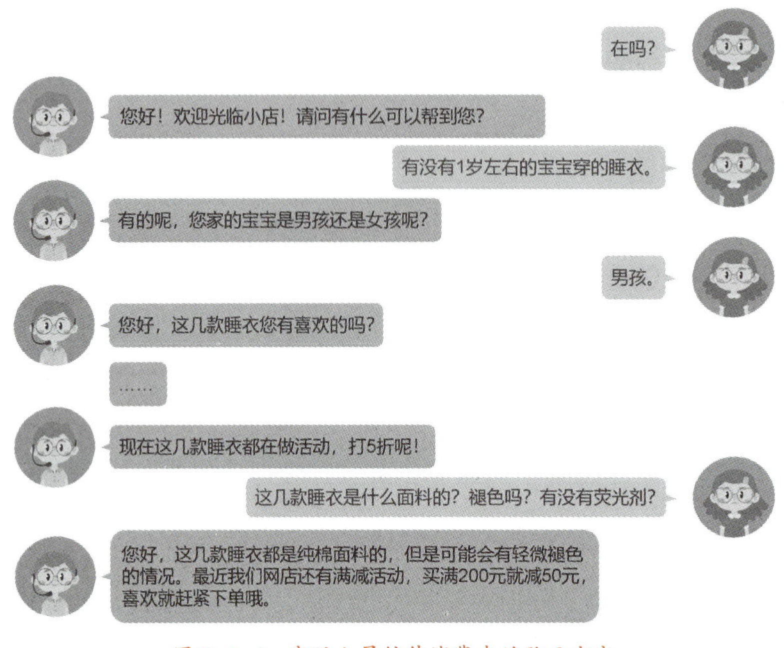

图 2-3-4　客服人员接待消费者的聊天内容

2. 分析客服人员的回复是否合适。

在与客户的对话中，客服人员多次强调商品正在做活动，客户购买商品不仅打五折，还能参加满减优惠活动。但对于求安心理的客户来说，这些信息可能并不足以吸引他们。有求安心理的客户更关注商品的质量和安全性，而非价格是否优惠。

3. 提出优化方案。

对于有求安心理的客户，客服人员应更注重商品的安全性和环保性，并强调面料的亲肤舒适、不含荧光剂等特点。可参考图 2-3-5 所示对话。

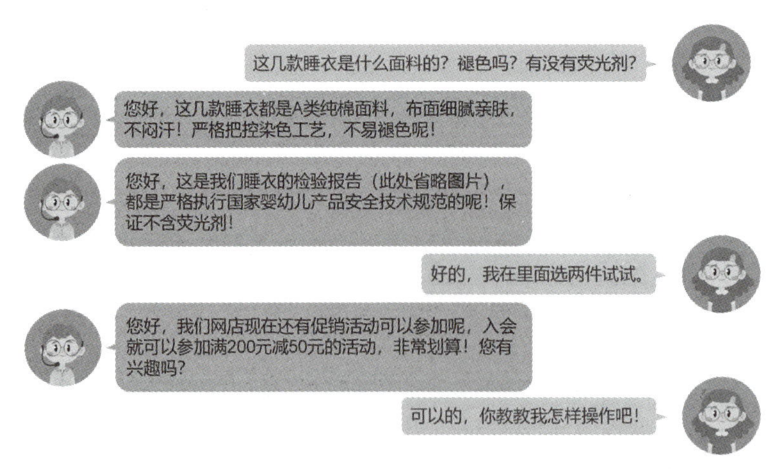

图 2-3-5　优化方案

思考与练习

1. 常见的客户购买心理有哪些?
2. 什么是求安心理？面对具有求安心理的客户，客服人员应采取什么沟通策略来提高客户的购买意愿?
3. 假设你是一家品牌网店的客服人员，面对追求品牌和公众知名度的客户，你将采取什么沟通策略来吸引这类客户？请详细阐述你的策略，并举出具体例子。

项目三 客户售前服务

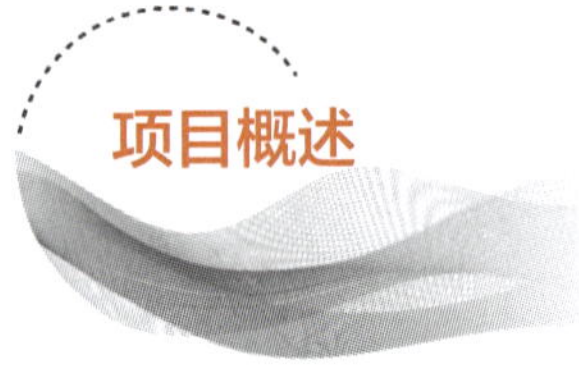

随着电子商务行业从以商品为中心向以客户为中心转变，网店日益重视客户体验。接待客户成了客服人员最核心、最重要的职责。在沟通的过程中，客服人员需要关注客户进店后的每一个细节，确保客户在每一个环节都能享受到专业、贴心的服务。为此，客服人员需要掌握基本的用语规范，并熟练运用交流沟通技巧。

本项目将介绍售前客服的相关知识，包括客服用语规范、接待客户的流程与技巧、订单与物流的处理等内容。

任务 1　售前客服认知

- 知识目标

1. 掌握售前客服的定义及作用
2. 熟悉售前客服的工作流程
3. 熟悉售前客服的工作内容和工作要求

能力目标

1. 能正确认识网店售前客服的重要性
2. 能对网店订单及库存进行设置与修改

相关知识

客户购买商品，无论是在实体店还是在网店，首先接触的是谁呢？在实体店是营业员，在网店则是售前客服。网店售前客服的工作目标和实体店营业员的基本一致，但由于依托网络平台，其工作方法与实体店存在一定差异。

一、售前客服的定义

售前客服是在销售商品前为客户提供一系列咨询服务，包括商品咨询、商品推荐、价格商议、订单确认等服务，类似于实体店的导购。售前客服的任务是激发客户的购买欲望。完整的售前客服流程涵盖迎接客户、解答咨询、商议价格、推荐关联商品、催付订单、核实订单信息、告别客户等环节。

二、售前客服的作用

售前客服的作用主要体现在提升店铺的转化率、客件数和客单价等关键指标上，售前客服的服务质量也会间接影响售后服务等其他岗位的工作，具体表现在以下几个方面。

1. 售前客服的业务询单能力直接影响店铺的转化率

在电商平台上，商品种类繁多，客户有广泛的选择空间。如果售前客服的服务未能满足客户的需求，或未能将商品的特点和卖点准确地传达给客户，都可能导致店铺错失订单。因此，售前客服的询单转化率低，会直接导致整个店铺的转化率降低。反之，在咨询过程中，售前客服态度积极、工作热情，能很好地将商品的特点和卖点，以及店铺服务宗旨等内容与客户进行有效沟通，同样会促成客户下单购买。

2. 售前客服通过推荐服务增加客件数，提升客单价

大多数客户在购物时往往并无明确目标，当专业的售前客服在了解客户的需求和喜好后，为客户推荐合适的商品，可以激发客户的购物欲望，增加商品的浏览量，提高客户购买多件商品的概率，从而提升客单价和销售额。

3. 售前客服的优质服务可以降低售后的工作量和工作难度

售前客服的工作失误会导致大量售后问题的产生。例如随意承诺客户、订单操作失误或者不切实际的宣传等，都会导致售后问题的出现，增加售后处理成本。因此，提高售前客服的服务质量，优化售前客服工作流程，可以减轻售后客服的压力。

4. 专业的售前客服有助于避免店铺违规

电商平台对商家制定了一系列严格的规则。售前客服需要熟悉这些规则，以避免违规行为的发生，如发票开具、信用卡使用等问题都涉及规则问题。如果不重视售前客服人员对平台规则的学习，一旦违规，轻则被处罚，严重者还有关闭店铺的风险。

5. 售前客服可以反向驱动运营

客服作为直接接触客户的岗位，具有反向驱动运营的关键作用。售前客服在与客户的沟通交流中，可以收集客户的需求和问题，发现运营环节的不足。例如，客户经常询问的问题，可能反映了商品详情页内容的不完善、客户对商品的重要需求点缺失等。售前客服还可以通过沟通了解客户选择本店铺的原因以及自身与竞争对手的差异，从而优化店铺设置，更好地满足客户的需求。

6. 售前客服可以提升客户满意度和回头率

优质的服务和购物体验能提升客户的满意度，增加客户复购的概率。积累大量的忠实客户是商家在与同行业竞争中获胜的关键。

三、售前客服的工作流程

网店对客服人员的要求较高，客服人员不仅需要掌握商品的专业知识，还需要对网店规则了然于胸，并且具备判断可能出现的售后问题的综合能力。对大中型网店来说，客服工作分工至关重要。由于大中型网店的订单繁多、咨询和售后工作量大，如果没有一个流程化、系统化的工作安排，就很容易出现订单错误的情况。对于大中型网店，流程化的客服工作模式不仅便于管理和考核客服工作，还能降低客户对客服工作的投诉，确保客服人员各司其职、有条不紊地工作。

售前客服接待人数众多、工作压力较大，他们的工作要遵循一套具体的流程，合理的流程安排能保证工作的有序进行。以淘宝店铺为例，售前客服的工作流程如图 3-1-1 所示。

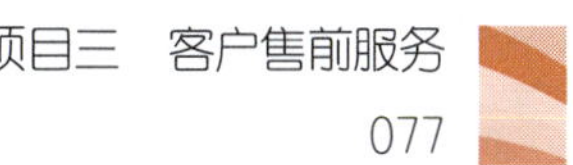

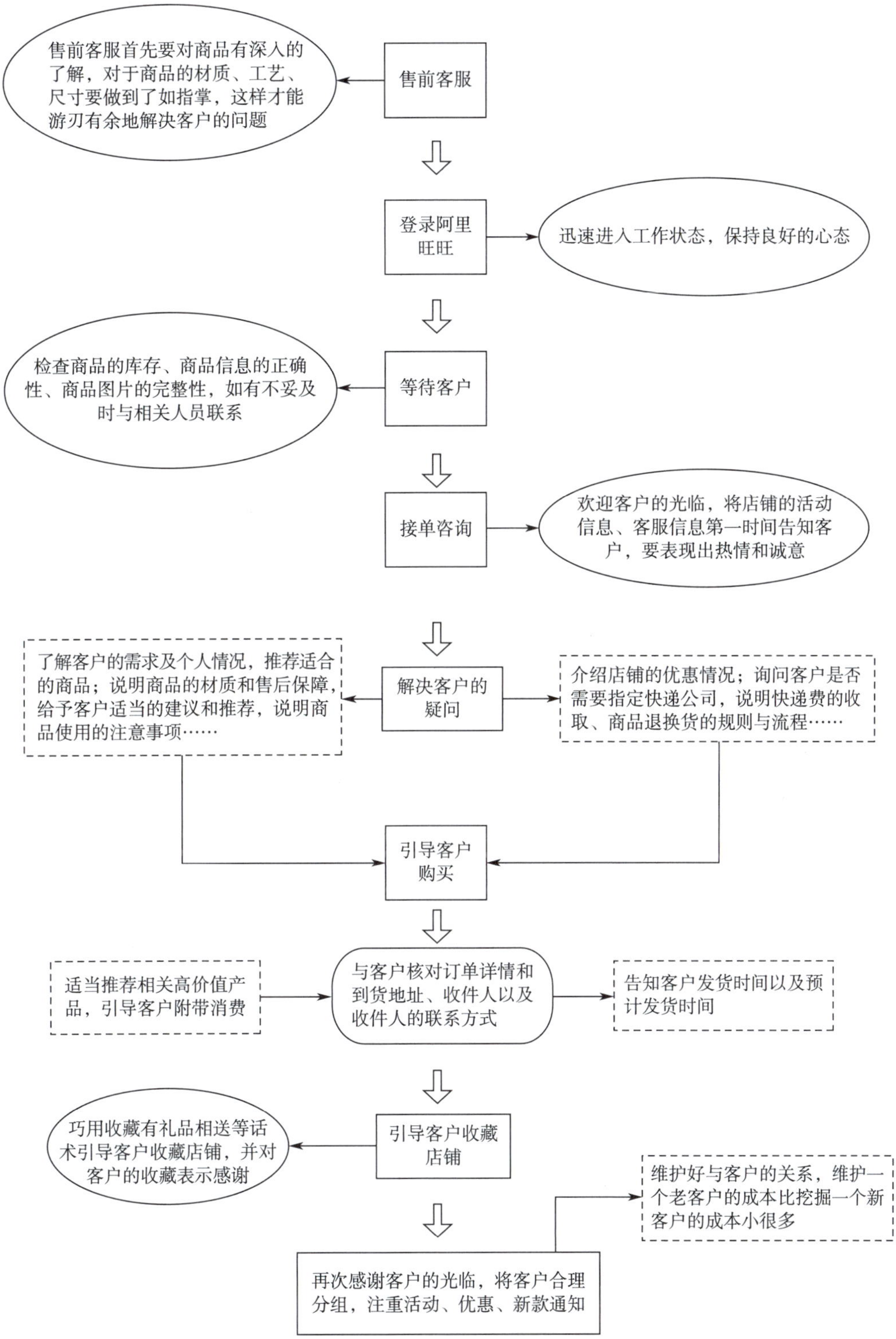

售前客服 → 售前客服首先要对商品有深入的了解，对于商品的材质、工艺、尺寸要做到了如指掌，这样才能游刃有余地解决客户的问题

登录阿里旺旺 → 迅速进入工作状态，保持良好的心态

等待客户 → 检查商品的库存、商品信息的正确性、商品图片的完整性，如有不妥及时与相关人员联系

接单咨询 → 欢迎客户的光临，将店铺的活动信息、客服信息第一时间告知客户，要表现出热情和诚意

解决客户的疑问 → 了解客户的需求及个人情况，推荐适合的商品；说明商品的材质和售后保障，给予客户适当的建议和推荐，说明商品使用的注意事项……

解决客户的疑问 → 介绍店铺的优惠情况；询问客户是否需要指定快递公司，说明快递费的收取、商品退换货的规则与流程……

引导客户购买

与客户核对订单详情和到货地址、收件人以及收件人的联系方式

适当推荐相关高价值产品，引导客户附带消费

告知客户发货时间以及预计发货时间

引导客户收藏店铺 → 巧用收藏有礼品相送等话术引导客户收藏店铺，并对客户的收藏表示感谢

再次感谢客户的光临，将客户合理分组，注重活动、优惠、新款通知

维护好与客户的关系，维护一个老客户的成本比挖掘一个新客户的成本小很多

图 3-1-1　售前客服工作流程

四、售前客服的工作内容和工作要求

售前客服的工作内容和工作要求见表 3-1-1。

表 3-1-1　售前客服的工作内容和工作要求

工作任务	工作内容	工作要求	时间周期	时间周期描述
每日接待客户	每日接待客户，并登记特殊售前订单	快速、礼貌、专业接待，避免与客户产生冲突；登记特殊订单，并交接给售后和仓库人员	每个工作日	
接受产品培训	接受爆款产品和新品培训，做到对爆款熟悉，掌握新品卖点	每周固定时间接受产品培训，熟悉爆款，掌握新品的推荐技巧，能配合营销计划，撰写自己的总结笔记	每周	周一
处理紧急订单	协助售后客服完成紧急订单的处理	协助售后客服完成紧急订单的处理，确保及时交接到仓库并及时发出	每个工作日	
优化产品知识库	负责产品知识库的优化和关联	1. 整理知识类目：按产品类目分类 2. 整理单品知识：按类目下面的货号建议整理单品知识 3. 关联对应产品知识，保证所有产品都有相应知识点，方便客服使用	每周	
质检“满意度聊天记录”	售前客服在与客户沟通完毕之后，发送评价	1. 指标：评价发送率、评价返回率、客户满意比、客服服务满意度 2. 售前客服必须在与客户沟通完毕之后发送评价，自觉接受客户与主管的监督，认真对待每个客户并执行到位 3. 分析解决问题：对自身接待出现的问题进行登记处理，对异常情况或无法解决的问题反馈给上级主管	每个工作日	周报汇总
询单分析	负责自己经手的未下单、已下单未付款订单的分析归档	1. 发现问题：根据聊天记录，确定问题类型，结合不同会员等级，从高等级向低等级逐级筛查，找寻询单未下单、已下单未付款的原因，做好询单问题归档 2. 分析问题：查看归档统计和询单统计，整体了解询单问题的类型和数量等情况 3. 解决问题：就每日总结中识别出的问题，做针对性的培训，实施改进措施，以提升产品知识水平，提高客服效率和仓库配货能力，并及时跟踪客户评价以优化服务	每个工作日	周报汇总

续表

工作任务	工作内容	工作要求	时间周期	时间周期描述
询单分析	对已拍下未付款的订单催付	针对已拍下未付款的订单分配客服电话回访，尽量让客户付款以达成交易	每个工作日	周报汇总
负责本部门流程制定、优化	负责收集每日客户咨询最多、疑问最多的问题	收集客户反馈的信息，分析客户咨询产品最多的信息类别；针对这些问题制定相应的解决方案，以便客服能够更快、更准确地答复客户、解决问题	每个工作日	周报汇总
自我成长	以正确、积极的态度接待客户	切忌答非所问，注意沟通技巧，不能盲目做出任何承诺；以专业、热情的态度接待客户	每周	周一
	关注询单转化率	关注自己的询单转化率，知道自己的弱点和与别人的差距，针对自己的弱点进行改进	每周	周一
	打字速度测试	每周进行一次打字速度的测试，要求1分钟在70字以上（测试内容包含平时需要用到的快捷回复，并在周报中汇报成绩）	每周	不定时测试，周报汇报测试效果
	接受销售客服能力培训	1. 新品培训一个月不低于两场（包含产品使用说明、产品特点说明等） 2. 销售客服能力提升培训一个月不低于两场 3. 针对售前客服的售后知识培训，特别是关于维权类型、“职业差评师”等的培训一个月不低于两场 4. 销售客服能力培训后进行考试	每月	每月5号总结
	树立学习目标	树立自己的客服学习成长目标，制订每个阶段的学习计划和改进目标	不定期	
其他日常工作	配合部门管理工作	根据部门安排，参与老员工带新人的工作和新进员工的基础培训工作	不定期	
	接受公司激励、淘汰制度	接受公司的激励、淘汰制度，不断提高自身能力，提高专业服务水平	不定期	
	关注库存情况	关注库存情况，了解商品采购、停产等状态，及时调整关联推荐的方向	不定期	

续表

工作任务	工作内容	工作要求	时间周期	时间周期描述
其他日常工作	流程优化、意见建议	对售前客服、售后客服、运营、仓库管理等环节进行监督，提出优化售前客服、售后客服、运营、仓库管理流程的方案	不定期	
	负责销售客服办公区环境卫生	搞好部门办公区环境卫生，地面垃圾随时清理，保持清洁，桌面无杂物	每个工作日	
团队协作	页面纠错	发现价格、链接、图片不符的，及时提交运营部门解决	不定期	
	负责大促、活动协调工作	大型活动期间做好客服工作安排，全面总结经验，以提升活动效果	不定期	
	配合运营的营销活动	营销活动的配合工作	不定期	
	活动效果反馈	对运营中心的活动方案效果进行反馈，协助调整运营活动方案	不定期	

任务实施

客服人员通过千牛工作台对出售中的商品、仓库中的商品或商品的其他状态进行管理。具体操作如下。

一、出售中的商品管理

登录千牛工作台账号，进入“千牛工作台”页面，单击左侧“商品”栏中的“我的宝贝”选项，如图 3-1-2 所示。

1. 查找商品

当店铺出售的商品较多，需要对某个商品的状态进行查看时，可以在“全部宝贝”页面中利用商品信息进行搜索，即可快速查找到相关出售中的商品。具体操作如下：

进入“我的宝贝”页面，选择“全部宝贝”选项，在“商品标题”文本框中输入商品的关键词，或设置一级类目、店铺分类等相应条件，单击“搜索”按钮即可查找到相关商品，如图 3-1-3 所示。

图 3-1-2　单击“我的宝贝”选项

图 3-1-3　查找商品

2. 修改库存

当商品库存不足或超出实际库存时将会影响商品的销售，此时就需要对商品库存及时进行调整。

● 步骤 1　在“我的宝贝”页面中，选择“出售中的宝贝”选项，在需要调整商品的库存数量后单击按钮✎，如图 3-1-4 所示。

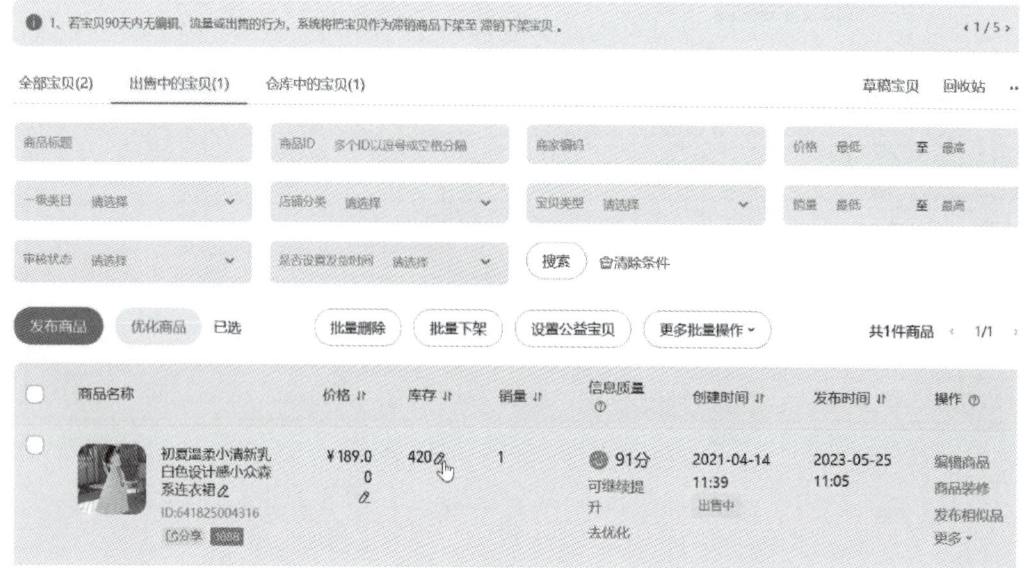

图 3-1-4　单击按钮✎

● 步骤 2　弹出“编辑库存”对话框，可以看到当前商品各个 SKU 的库存数量，在对应的文本框中输入商品的实际库存数量，如图 3-1-5 所示。完成后单击“提交”按钮，即可看到调整库存后的数量。

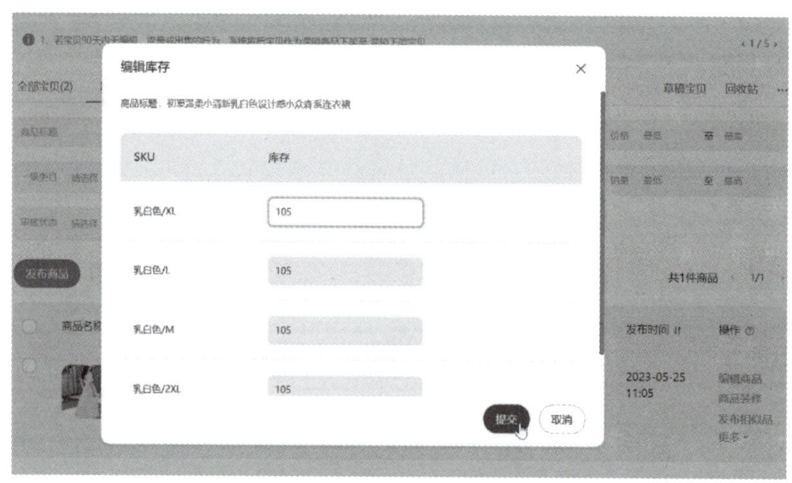

图 3-1-5　编辑库存数量

3. 修改商品价格

如需要对商品的价格进行调整，可在“出售中的宝贝”页面，在需要修改的商品价格后面单击按钮✎，弹出“编辑商品价格”对话框，即可查看当前商品的价格，在需要修改选项后的文本框中设置商品价格，完成后单击“提交”按钮即可，如图 3-1-6 所示。

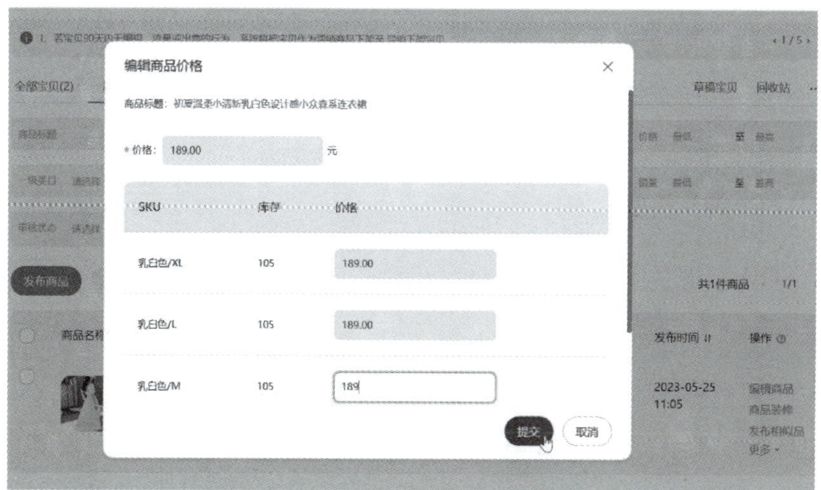

图 3-1-6　修改商品价格

4. 设置商品运费模板

● 步骤 1　对商品运费进行修改时，在“出售中的宝贝”页面中，勾选需要设置运费的商品前的复选框，单击上方“更多批量操作”中的“批量设置运费”按钮，如图 3-1-7 所示。

图 3-1-7　单击“批量设置运费”按钮

● 步骤 2 进入“物流服务”页面，单击需要套用的运费模板右下方的“应用该模板”按钮即可，如图 3-1-8 所示。

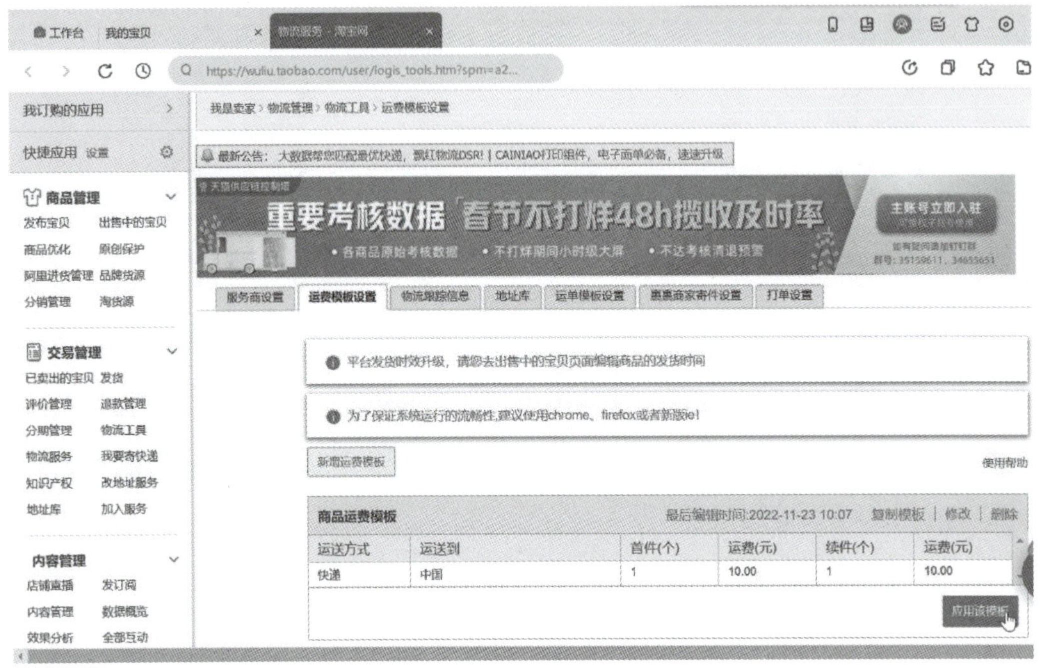

图 3-1-8 设置商品运费模板

5. 下架 / 删除商品

当商品已经销售完或促销已经结束，商品实际库存为零时，可以将不需要的商品下架，以免因出售没有库存或无效的商品给消费者带来不良的购物体验。若某个商品不再进行生产销售，也可以将其删除。

选中需要下架或删除的商品前的复选框，单击右下角“更多”按钮，弹出下拉列表框，选择“删除商品”或“立即下架”选项即可，如图 3-1-9 所示。

二、仓库中的商品管理

出售完的商品、因为其他原因没有上架的商品或待处理的违规商品都被放置在“仓库中的宝贝”中，商家应及时对这些商品进行管理，及时更新商品状态。

单击左侧“商品”栏中的“我的宝贝”选项，在“我的宝贝”页面中选择“仓库中的宝贝”选项卡，即可对商品进行管理，如图 3-1-10 所示。

图 3-1-9　下架 / 删除商品

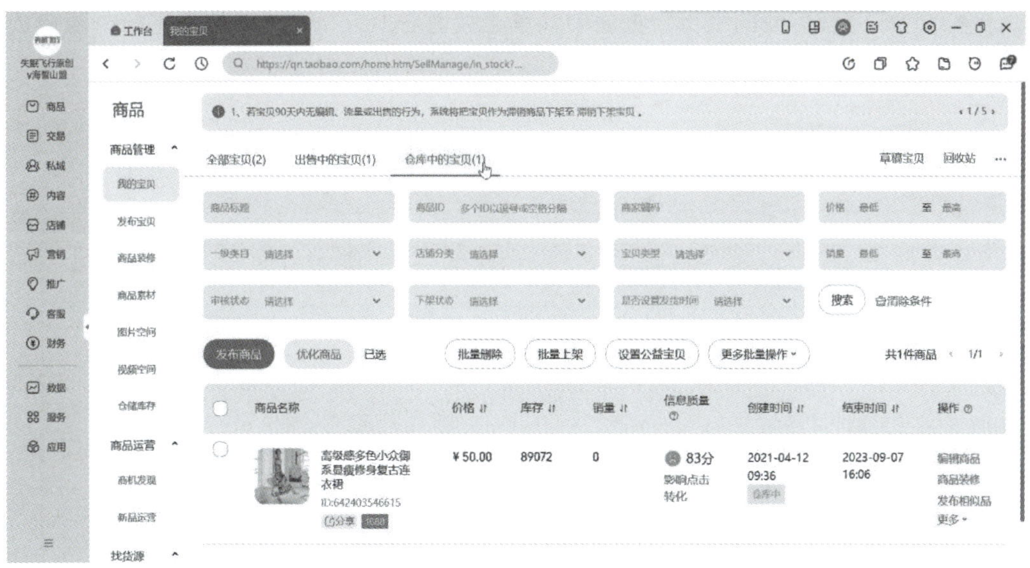

图 3-1-10　选择“仓库中的宝贝”选项卡

1. 商品上架

在“仓库中的宝贝”页面中，勾选需要上架的商品前的复选框，单击“批量上架”按钮即可，如图 3-1-11 所示。此时可以在“出售中的宝贝”页面查看到该商品信息。

图 3-1-11　商品上架

2. 处理违规商品

● 步骤 1　在“我的宝贝”页面中，单击页面右上方按钮···，选择下拉列表中的“违规宝贝”选项，如图 3-1-12 所示。

图 3-1-12　选择“违规宝贝”选项

● 步骤 2 在“违规宝贝”页面可以查看违反淘宝规则的商品，对商品信息进行相应的更正后，即可对商品进行上架操作。图 3-1-13 所示为完成操作、清除违规宝贝后的页面。

图 3-1-13　违规宝贝处理

三、商品交易过程中的处理

在商品交易过程中，商家还需要对订单进行相应处理，如修改交易价格、修改商品折扣、修改运费等。

登录千牛工作台账号，在“千牛工作台”页面，选择左侧“交易”栏中的“已卖出的宝贝”选项，单击“等待客户付款”选项卡，即可查看尚未支付的订单。单击其右侧的“修改价格”按钮，即可对价格等进行修改，如图 3-1-14 所示。

图 3-1-14　单击“修改价格”按钮

在“修改价格”对话框中，在“涨价或折扣”栏中输入相应的折扣，如“8 折”就输入“8”，如图 3-1-15 所示，单击“确定”按钮即可完成折扣修改。

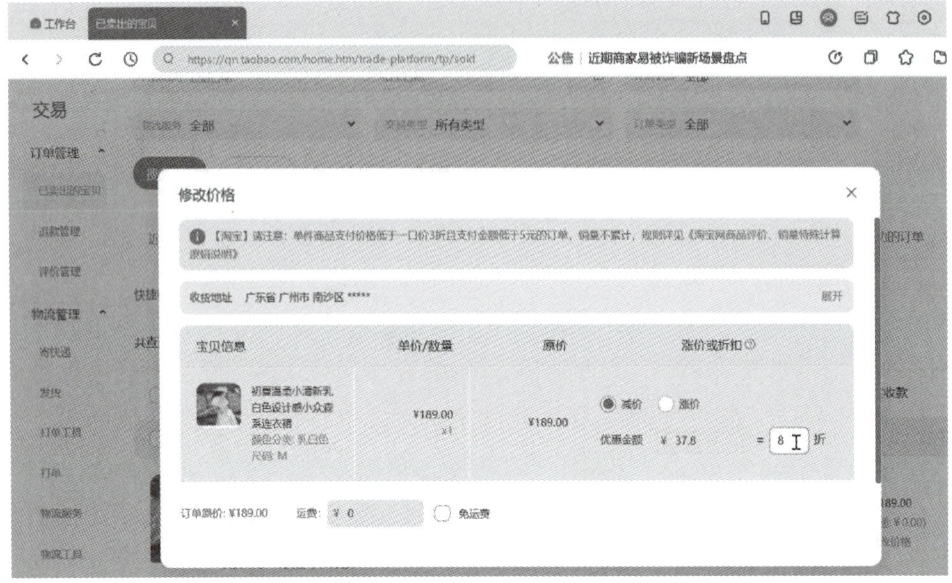

图 3-1-15　修改折扣

如果想直接降价，可以直接在“优惠金额”文本框中输入优惠金额，如优惠 39 元，可以输入“39”，如图 3-1-16 所示。

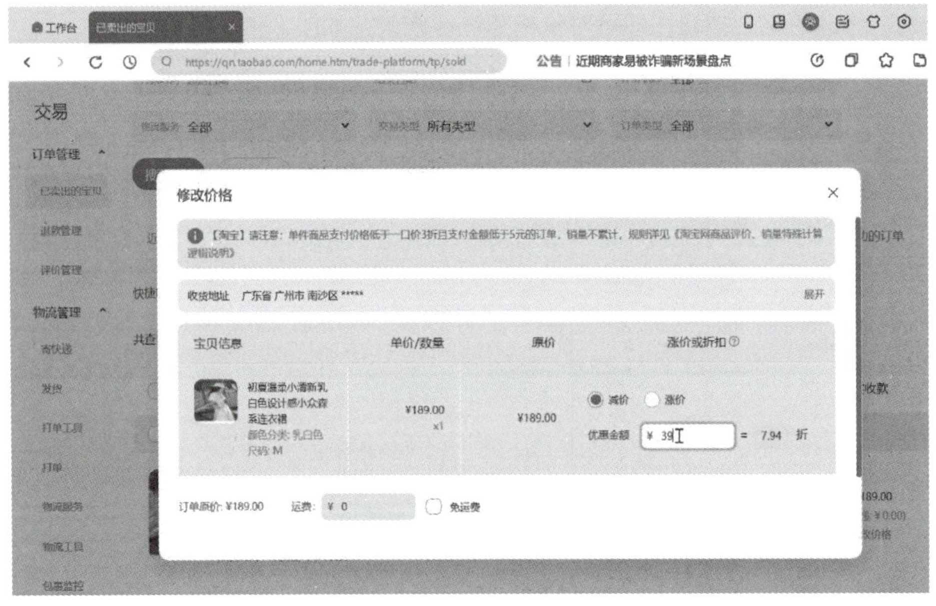

图 3-1-16　直接降价

如果客户在店铺中购买了多种商品，一般会要求商家修改运费。此时可以在“运费”栏中输入邮费的金额。如需设置为免运费，勾选“免运费”复选框即可，如图 3-1-17 所示。

图 3-1-17　运费修改

思考与练习

1. 简述售前客服的定义。
2. 简述售前客服的作用。
3. 简述售前客服的工作流程。
4. 简述售前客服的工作内容。

任务2　客户接待与沟通

学习目标

- 知识目标

1. 掌握客户接待的规范用语
2. 掌握网店客服的接待流程
3. 掌握应对客户异议的策略
4. 掌握促成交易的技巧

- 能力目标

1. 能对拍下的订单进行有效催付
2. 能回复客户的疑问，并引导其消费

相关知识

沟通是了解和满足客户需求的重要途径。在网络交易中，由于买卖双方无法面对面交流，无法直接观察到对方的表情、肢体语言或表达语气。因此，在整个交易过程中，双方必须通过文字、聊天表情来表述彼此的想法和需求，这就对网店客服的语言沟通能力提出了较高的要求。

具有出色沟通技巧的人，在提出意见、表达观点或是与人协商时，都能进行有效互动，并增进彼此之间的关系。网店客服人员要想与客户进行高效沟通，关键在于了解客户的态度和观点，设身处地为客户着想，时刻注意自己的言行，为客户创造方便。这也是电商从业人员所应恪守的职业道德。

一、客服用语规范

客服人员与客户的交流沟通在很大程度上会影响客户的购买决策，因此，客服人员必须掌握基本的沟通用语规范。与实体店铺一样，网店客服人员也应遵循一定的用语规范，确保对客户的基本尊重，并传达“客户至上”的服务理念。

客服人员应熟悉并严格遵守常用的用语规范，将其转化为日常交流的习惯，以更加自信地与客户互动。以下是一些关键的用语规范，客服人员需要牢记并严格遵守。

1.“请”字、“谢”字不离口

客服人员应保持诚恳的服务态度，多用“请”来表示对客户的尊重和诚意。例如，

"请问有什么能帮到您的呢？""请看这款宝贝，它更加符合您的要求。""请不要担心，我们提供 7 天无理由退换货服务！"等等。

同时，当客户提出建议、表达购买意愿或交流结束时，客服人员应及时表达一句"谢谢"，让客户感受到被重视，体现客服人员的专业素质，给客户留下良好的印象，如图 3-2-1 所示。

：谢谢您的光临！

：感谢您的宝贵意见，我们会认真考虑并改进的，十分感谢！

：谢谢，慢走，欢迎您再次光临！

图 3-2-1　"谢谢"不离口

2. 使用"我们"增强亲切感

客服人员应多用"我们""咱们""您"等称呼，少用"我""你"，这样可以缩短与客户之间的心理距离，让客户既感觉亲切，又感觉受到了尊重。图 3-2-2 所示为用"您"来称呼客户的例子。

：您的眼光真好，这款宝贝是最畅销的呢！

：您太客气了，咱们都是老朋友了，这些都是小事儿。

：您还记得上次在咱们店里买的衣服吗？实在不好意思，刚过两天就打折了，我们可以退还差价，您觉得如何？

图 3-2-2　多用"您"来称呼

3. 多用亲切的礼貌用语

亲切的礼貌用语可以帮助客服人员快速拉近与客户之间的关系，传递服务的热情与真诚。例如，"欢迎光临""很高兴认识您""希望您在这里能找到满意的产品"等。

如果客服人员在与客户沟通的过程中发生了一些矛盾，客服人员应保持谦逊，使用礼貌用语表达歉意，如"对不起""请原谅""很抱歉""麻烦您了""请多包涵""实在不好意思"等。

4. 避免使用负面语言

在客服人员与客户的交流过程中，绝对不能使用负面语言，以免给客户留下素质低下的印象，导致客户的反感；情况严重的，甚至可能引发客户向平台投诉。因此，客服人员要严禁使用如"笨死了""这你都不会""太简单了"等负面用语。

5. 拒绝用单字回答

“在”“好”“没”“嗯”等，这类单字看似在回答客户疑惑，实际效果上会让客户觉得客服人员很敷衍，缺乏耐心，太过冷漠。在客服人员与客户的聊天中要坚决避免单字回答，尽可能包含较多的文字和表情，展示对客户的关注和重视。

6. 委婉表达，留有余地

在与客户沟通的过程中，客服人员难免会遇到一些难以处理的问题，需要请示上级或店长加以解决。这时，客服人员不要直接拒绝，如“我不知道”“我不会”“我没有权限”等，而应委婉地表达自己需要进一步请示或确认，再作回复，如图 3-2-3 所示。

：这个问题我需要请示一下，请您稍等。

：我可以帮您向店长反馈，请您稍候。

图 3-2-3　委婉表达

二、售前客服接待流程

虽然网店客服工作很琐碎，但它也是一个容易取得成效的岗位。要做得好，就需要投入更多的精力去钻研。

一家网店的引流方式可能有很多种，但影响成交转化的因素无外乎三种：一是店铺的营销策略是否有吸引力；二是店铺的视觉设计能否提升客户的浏览体验；三是售前客服的沟通技巧是否娴熟，能否促使客户下单并增加购买量。

对于在线接待来说，无论标题、关键词和图片多么吸引人，多数客户还是会先与在线客服联系后再决定购买与否。我们把客户与客服的首次交流称为呼入转化率。要提高这一转化率，需要依靠客服良好的职业道德素养和沟通技能。

遵守接待流程对提高在线接待转化率至关重要。流程是帮助团队厘清思路、提升业绩的工具。每个团队都应有适合自己的接待流程，这可以根据店铺所经营的产品和运营经验来制定。良好的接待流程可以提高团队的工作效率，而规范的话术则会使服务更加规范和专业。

统一的流程有助于培养严谨的工作作风，提高客户服务质量。以标准化的在线接待流程作为客服人员的评价考核内容，有利于新老员工的培训和测试。在线接待流程一般包括以下几个步骤。

1. 迎接问好

迎接问好是网店客服人员接待客户的第一步，其看似简单，却至关重要。恰当的问好能给客户留下良好的第一印象，为后续交流打下好的基础。同时，快速响应也是关键，首次响应最好在 6 秒内完成。客服人员通过精心设计的问候语，不仅能给客户留下美好的印象，还能促进销售，为品牌传播奠定基础。

每一位客户的呼入，都可能是在花费了大量运营成本才获得的。因此，在迎接客户时，客服人员应考虑如何留住客户。

不同的迎接问好方式可能导致不同的结果。图 3-2-4 展示了各种迎接问好的案例。

通过上述案例可以清晰地发现，客服人员快速、积极、热情地响应，能增加留住客户的机会，进而促成成交。

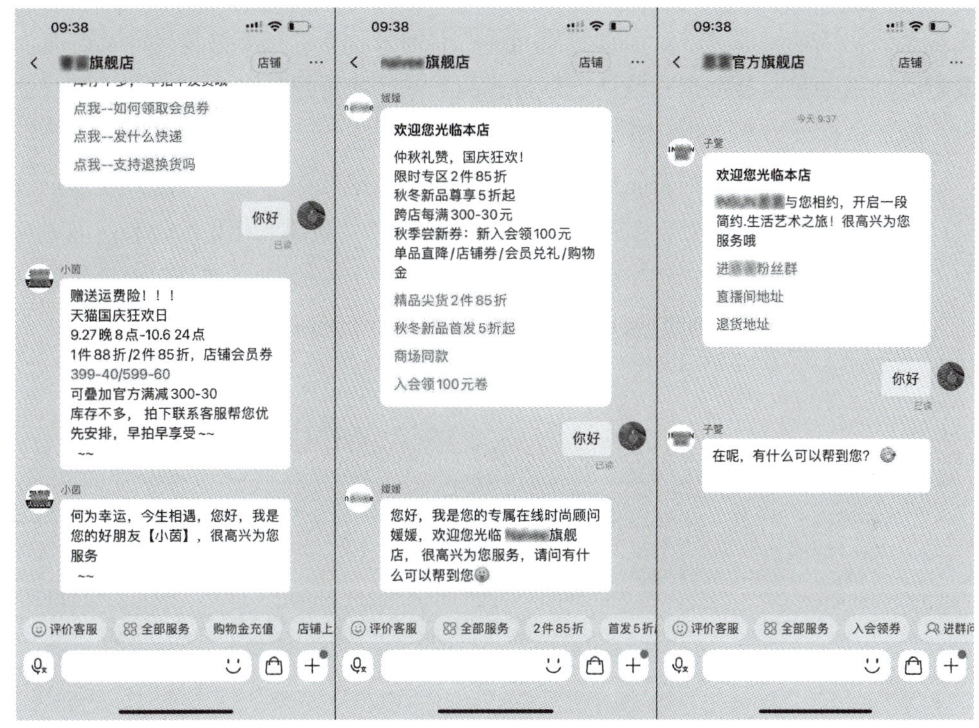

图 3-2-4　迎接问好案例

同时，对客户的个性化称呼也能加深客户对店铺及客服人员的印象。例如，目前淘系店铺一般称呼客户为“亲”，有些女装店铺会称呼客户为“公主”“女王殿下”，母婴店铺会称呼客户为“宝妈”“辣妈”等，不一样的称呼会带给客户不一样的独特感受。另外，还可以利用欢迎语、优惠活动等进行问好。

欢迎语：如“您好，欢迎光临 XX 旗舰店，很高兴为您服务！”

优惠活动：如“您好，现在店铺举行买一送一的优惠活动，喜欢的话抓紧拍下哦！”

2. 挖掘需求

为了精准地向客户推荐商品，客服人员需要了解客户的需求。当客户对自己的需求不明确时，客服人员应耐心倾听并准确分析客户的需求。

（1）耐心倾听

耐心倾听客户的想法，是客服人员了解客户的重要途径，也是为了更合理地向客户销售商品。倾听时要有耐心，不要随意打断客户，应适时作出反馈，表示理解与支持。

1）要有耐心

客服工作琐碎而繁重，需要有极强的耐心才能胜任。倾听客户需求时，客服人员的耐心主要表现在以下两个方面：

一是当客户对自己的需求还不明确时，他们对需求的描述可能会很零散或混乱，观点也不鲜明或缺乏逻辑性，而且回复间隔的时间会较长。在这种情况下，客服人员需要耐心地鼓励和引导客户完整地表达自己的需求，将客户零散的描述综合起来全面领会，而不是自以为是地做出猜测或片面理解。

二是客户可能对网店的商品怀有疑虑，对商品的搭配和价格有自己的看法，这些看法可能会与客服人员的观点相左，甚至有些客户会使用挑衅和粗俗的语言。面对这种情况，客服人员切记不能与客户争吵，应尝试理解客户的心情和情绪，耐心地听客户说完，并适时作出解释，做到有效地倾听。耐心解释的对话场景如图 3-2-5 所示。

图 3-2-5　耐心解释的对话场景

面对客户的质疑，千万不要丧失耐心，要保持理性的态度，并进行耐心解释，消除客户的疑惑与担忧。专业的服务才能解决当前的问题，并可能将客户转化为店铺的忠实粉丝。

2）不要随意打断客户

在客户表达自己的想法或需求时，即使客服人员已经领悟了客户的意图，也不能随意打断客户的谈话，或者武断地概括客户的谈话要点，这些行为可能引发客户的反感。诸如此类的还有客服人员开小差、回复慢，转移话题到自己身上，心不在焉，或不恰当地插入自己的观点。这些行为都是不尊重客户的表现，应当在客服工作中严格避免。

3）适时作出反馈，表示理解与支持

客户往往希望自己的需求得到理解和支持，因此，客服人员可以在对话中加入一些简短的话题，如“对的”“是这样”“您说得对”等来表示理解，以引导和鼓励的方式挖掘客户的更多信息。当然，客服工作仍然要以倾听为主。

（2）准确分析客户需求

许多客服人员会被这样一种情况困扰：客户前来咨询，知道自己想要购买某类商品，但不能明确具体需求。面对这样的客户，客服人员应该如何应对？关键在于客服人员要善于从客户模糊的需求描述中抓住关键信息，并将这些关键信息进行整理和分析，从而准确找到客户需求的突破口。

让我们通过一个案例来分析。在图 3-2-6 中，这位客户对自己想购买的商品只有一个大致的定位。客服人员通过与客户的简短对话认定客户的需求是“深色短款羽绒服”。然而，当客服人员向客户介绍了几款羽绒服后都被客户否定了，客户还因此生气离店。现实中这类客户并不少见，他们有一个很鲜明的特点，即对自己需求的具体商品缺乏明确的倾向性，对不想要的商品表现出明确的态度。对于这样的客户，客服应采取主动提问的方式，以获取更具体的客户需求信息。图 3-2-7 展示了正确处理这类情况的示例。

要深入了解客户的需求，提问是最直接、最简便有效的方式。在与客户沟通时，客服人员必须全神贯注，认真倾听客户的回答，尽可能多地了解客户的情况，以便为客户提供满意的服务。客服人员通过分析客户偏爱的款式，可以从中推断出客户的风格喜好和价格定位，这样能避免直接询问心理价位的尴尬，同时能更准确地把握客户的需求。

我想买一件羽绒服。

您好！我们店铺有很多款时尚好看的羽绒服供您选择，您有看到喜欢的款式吗？

有是有，不过都是浅色的，很容易脏。

我们店铺也有很多深色的羽绒服啊，款式也挺不错的，您有满意的吗？

深色的都是长款，可我本来个子就矮，不适合穿长款。

我明白了，那让我为您推荐几款可以吗？

你给我推荐的怎么都是老年人穿的款式啊？我可才30岁！

不好意思，我给您重新挑选几款吧！

天啦，怎么全是2000多元的，我可没那么多钱，算了吧，我重新找一家店！

图 3-2-6　客户需求分析案例

您好！我们店铺有很多款时尚好看的羽绒服供您选择，您有看到喜欢的款式吗？

有是有，不过都是浅色的，很容易脏。

能发给我看看您选中的款式吗？

您中意的款式的确没有深色的呢，不如让我为您推荐几种款式您看可以吗？

这几个款式和您喜欢的款式都挺类似的，购买这几个款式的顾客也挺多的，您看有您喜欢的吗？

你推荐的我都很喜欢，那我直接拍下啦！

图 3-2-7　准确分析客户需求示例

3. 推荐商品

一般情况下，客户咨询客服人员并成功购买商品后，此次交易就结束了。但是，一些细心的客服人员会在了解客户需求后，根据其订单信息进一步分析客户还有哪些未被发掘的需求，并主动询问客户。通常，客户会因此再购买一些关联商品。通过商品推荐，不仅能帮助客户快速锁定所需商品，提高服务效率，促成成交，还能通过关联销售技巧，推荐更多客户可能需要的商品，提高客单价。

在商品的推荐过程中，如何增强说服力和针对性，让客户信任并促成交易呢？这里有三大基本原则：

（1）明确优势

明确自己商品的优势，包括货源、质量、价格等方面的优势。同时明确商品与竞争对手的差异。因为在差异化竞争的时代，谁能够为客户考虑更多，谁就能赢得客户的青睐。商品的优势通常会详细地展现在商品详情页面里，客服人员也可以通过细致地观察和学习加深对商品优势的认知，并将这些信息应用于与客户的沟通中。

（2）参考数据

参考店铺的历史销售数据，有意识地把销售商品进行统计和分类。例如，进行关联销售时，了解哪些商品关联销售效果好，适合哪种类型的客户，这些都是需要关注的重点。另外，店铺本身的库存参数也是一个重要的参考依据，不但要了解实时的库存情况，也要了解哪些商品可以保证及时补货。从营销角度出发，应推荐给客户库存充足的商品，让客户感受到这些商品是他们所需要的。

（3）推荐原则

在推荐商品时，要关注客户的利益，站在客户的立场为其解决问题，最终实现买卖双方的双赢。

此外，在推荐商品时，常采用提问的方式引导客户表达自己的需求。提问分为封闭式和开放式两种方式。

如果用熟悉的考试题目来做比喻，可以把封闭式的问题看成是选择题或判断题，如图 3-2-8 所示，答案通常是“好”或者“不好”，“是”或者“否”，“有”或者“没有”，“可以”或者“不可以”……

：您好，请问您是上海的吗？

：您好，给您发申通快递可以到吗？

图 3-2-8　封闭式的问题

开放式的问题则鼓励客户思考，类似考试题目中的思考题、议论题，没有预设的答案，以获得更多信息，如图 3-2-9 所示。

：您好，您对功能还有什么要求吗？

：您希望发什么快递呢？

图 3-2-9　开放式的问题

在销售沟通中，采用封闭式问题更适合引导客户；而开放式的问题则更适合对自身需求模糊的客户。另外，开放式的问题比较适合售后服务。因为，用开放式的问题可以让客户更充分地说明问题，发泄情绪，有利于问题的最终解决。

在推荐产品时，客服人员还应该注意以下几点：

1）提问是为了挖掘客户的真实需求，应避免语气生硬。

2）为了精准推荐，客服人员应更加深入了解店铺商品的特性，及时接受客户反馈，以加深对商品的理解。

3）要能够站在对方的立场考虑问题，关注客户利益，这样才能使客户更愿意接受推荐。

4）要时刻体现诚信态度，当店铺里有优惠活动时，需及时告知客户，以增加客户忠诚度。

4. 处理异议

客服人员与客户沟通后，客户通常会对商品产生一些异议，这是正常现象。客服人员应学会处理好这些异议，以促成订单。处理异议，就是针对客户的疑问与不满进行解答。

常见的异议包括商品质量、包装、价格、色差、发货时间、尺寸及快递等。例如，客户对网店的优惠活动存在异议，客服人员可以通过介绍商品本身优势来打动客户，强调多买多优惠、优惠券、VIP 会员等。

客服人员在处理异议时要善于抓住问题的核心，围绕以下三个方面进行分析：

（1）站在客户的角度思考问题

当客户提出异议时，客服人员首先要弄清楚客户真正的疑虑和不满，然后从客户的角度出发，思考造成异议的具体原因，找出分歧点，通过数据和事实来消除客户的疑虑和误解，最终与客户达成共识。

（2）阐述产品的优势

客户最关心的是商品质量、价格、技术水平和售后服务等。客服人员要对这些方面有深入的了解，并能清晰说明商品的特征，如原材料、制作工艺、包装设计、价格和服务等优势，同时，客服人员还要对市场上同类商品有透彻的了解，通过对比分析突出自己商品的优势。

（3）阐述客户的利益点

当客户对商品的质量有异议时，客服人员除了提供商品的质保信息外，还应强调客户能获得的具体好处。例如，客户询问“商品质量有保证吗？”，客服人员可以回答：“这件长袖是纯棉的、吸汗透气，您穿着去打球会非常舒服，对皮肤也很好”。

通过这种方式，客服人员不仅能解答客户的疑问，还能增强客户对商品的信心，从而提高购买意愿。

5. 促成交易

在促成交易时，网店客服人员可以尝试以下六种技巧。

（1）利用“怕买不到”的心理

对于越是得不到、买不到的东西，人们往往越想得到它、买到它。网店客服人员可以利用这种“怕买不到”的心理来促成订单。当客户已经表现出明显的购买意向，但还在犹豫时，客服人员可以提醒客户商品的稀缺性，如“这款是我们最畅销的商品，经常脱销，现在只剩下少量现货，您喜欢的话别错过哦！”

（2）利用客户希望尽快收到商品的心理

大多数客户希望在付款后卖家能尽快发货。所以在客户已有购买意向但犹豫不决时，客服可以强调快速发货，如“如果喜欢的话可以赶紧拍下哦！快递小哥再过 10 分钟就来了，如果现在拍下，马上就能为您发货”。

（3）采用“二选其一”的问话技巧

当客户一再释放出购买信号，却又表现得犹豫不决时，客服人员可采用“二选一”的问话技巧来促成交易。例如，客服人员可以说：“请问您要长款还是短款呢？”或者说：“请问要平邮给您还是快递给您？”这种“二选一”的问话技巧，其实就是客服人员在帮助客户做决定。

（4）帮助准客户挑选

许多准客户即使有购买意愿，也总是在产品颜色、规格、款式上反复比较，无法迅速下单。此时，客服人员应改变策略，暂时不提订单事宜，而是热情地帮助客户挑选颜色、规格、款式等。一旦这些问题得到解决，获取订单也就水到渠成了。

（5）巧妙反问

当客户询问的某种商品暂时缺货时，客服人员可以运用反问技巧来促成订单。例如，客户问：“这款有金色的吗？”此时，客服人员不应直接回答“没有”，而应反问：“很抱歉，金色款已经售罄了。不过黑色、紫色和蓝色这几种颜色也很受欢迎，有您喜

欢的吗？”

（6）积极地推荐

当客户犹豫不决，需要客服人员推荐商品时，客服人员应尽可能多地推荐符合客户需求的款式，并在每个链接后面附上推荐理由，而不是找到一个商品就推荐一个。例如，“这款是新品，市面上还比较少见”“这款在我们店里非常受欢迎”“这款是我们店最畅销的，经常脱销”等，以此来促成交易。

6. 催付

在服务流程中，追单催付是一个关键环节。许多店铺将这一工作指标与客服工作绩效直接挂钩，足见其重要性。在接待服务过程中，经常会遇到客户突然不再回复，或者已确认订单却迟迟不付款的情况。如果这时客服人员放任不管，不进行追单催付，就可能导致订单流失。

（1）分析订单未付款的原因

根据淘宝网的分析数据，有 8% 的客户在下单后并未立即付款。如果能及时催付，就有可能增加 8% 的购买率。未付款的原因很多：45% 的客户是因为服务问题，20% 的客户是因为账户支付问题，15% 的客户是因为找到了更低的价格，15% 的客户是因为找到了更好的商品，还有 5% 的客户是因为其他原因。只有了解客户下单后未付款的具体原因，才能对症下药，拿出切实可行的解决方案，促使客户下单，满足客户的需求。

（2）催付时间

通过分析客户的购物时间，可以了解其购物习惯，并据此选择更合适的催付时间，以提高催付成功率。除了在客户下单后立即进行在线催付提醒外，隔天同一时间进行催付效果最佳。由于许多订单未支付与支付本身出现问题有关，如账户余额不足、支付受限、客户太忙而准备空闲时付款等，如果是这些原因，客户通常会在当晚重新提交订单，因此隔天就成为催付的最佳时机。

需要注意的是，购买两次以上的客户通常对网店已产生一定的信任，并且对商品较为熟悉，因此客服人员不必急于催付。对于日常交易，最好在交易关闭前 24 小时内进行催付。在催付之前，可以先询问客户对商品的使用感受，以增强客户黏性。

通常情况下，订单催付的时间安排如下：

1）当天上午的订单，在 11：00—12：00 进行催付。

2）当天下午的订单，在 16：00—17：00 进行催付。

3）当天晚上的订单，在第二天下午发货前进行催付较为适宜。

4）对于购买两次以上的客户，在拍下商品的 48 小时后进行催付。

（3）催付技巧

催付内容需要精心设计，以确保客户感受到客服人员的热情和贴心，并感激其提醒，而不是感到被打扰。不同的催付方式具有不同的特点，其催付技巧也有所差异。

1）千牛催付。千牛是在线客服常用的工具，商家可以免费使用千牛与客户进行沟通。千牛沟通成本低，操作简单，并且客户可以在另一端即时付款，这是其最大的优势。

千牛的不足之处在于，客户不在线时，通过千牛发送的信息无法及时被客户查看到。因此，当客户不在线时，客服人员可以选择留言，或者利用短信或电话催付。

2）短信催付。短信通常能被及时阅读，但与千牛不同的是，短信通常是单向的，由网店客服人员发送给客户，而客户很少回复，因此，客服人员编辑短信，内容要全面清晰，确保客户一目了然。同时要注意短信有字数限制，需在有限的文字中包含大量的有效信息。有效的催付短信应包含以下四个要素：

一是网店名称。短信中写清楚网店名称，可以让客户明确是哪家网店在提醒自己付款，以避免混淆。同时，加入网店名称还可以起到宣传网店的作用。

二是商品信息。提及客户购买的商品名称，以唤起其记忆，除非是敏感商品或私人商品。

三是购买时间。提醒客户购买商品的具体时间，进一步加深客户对购买商品的记忆。

四是话术技巧。话术技巧尤为重要，可使用紧迫感、享受特权、信息核对等技巧来促成客户付款。

图 3-2-10 所示为短信催付话术示例。

：您好 ×××，我们已经准备发货了，看到您的订单还未付款，如果您现在付款我们将优先发出，您可以很快收到包裹哦！

：您好，非常抱歉打扰您，方便的时候请尽快为您上午在本店精心挑选的单肩包付款哦。活动期间赠品有限，欲购从速，付款后我们会第一时间为您发货哦。——“××旗舰店”。

：您好，恭喜您在活动中抢到了我们的商品！您这边还没有支付，不知道是否遇到什么问题，交易即将自动关闭了，您将失去此次优惠哦！

：您好，看到您这边还未付款，本店所有商品都支持7天无理由退换货哟，本店还为您购买了运费险，不满意也没有后顾之忧。

图 3-2-10　短信催付话术示例

3）电话催付。除了千牛和短信外，电话也是不可缺少的催付工具，尤其适合订单总额较大的客户。电话沟通效果好，客户体验好，但电话的时间成本较高。建议电话催付用于大额订单和老客户订单。

电话催付内容同样包含短信催付内容中的四个要素。除此之外，电话催付还应注意以下几点：

一是要做自我介绍。告知客户你是谁，以及来电的目的，让客户接受你，愿意接听这通电话。

二是要礼貌、亲切。在电话交谈中，以客户为中心，避免一味地催促客户付款，并确保不影响客户日常生活。

三是要口齿清晰。控制语速，确保客户能够听清你说的内容。

图 3-2-11 所示为电话催付话术示例。

：您好！请问是杨先生吗？

：嗯，你是？

：您好，我是××旗舰店的客服小琴，看到您昨天在我们网店拍下的订单还没有支付，我们的无人机有优惠活动，别错过哟！如果您在支付中遇到什么问题，都可以向我咨询的。

：哦，我知道了，这几天比较忙，拍下后忙其他事情就忘记支付了，我等会儿支付。你们有送什么小礼品吗？

：我这边为您申请一个备用电池作为礼品，不过礼品数量有限，您付款越早，拿到礼品的机会就越大。

：好，我马上付款。

：好的，感谢您对本店的支持，祝您生活愉快，再见！

图 3-2-11　电话催付话术示例

7. 礼貌告别

经过客服人员耐心的沟通与交流，客户可能会下单付款，也可能选择离开。无论结果如何，与客户礼貌地告别都是至关重要的。这不仅体现了客服人员的专业素养，还为未来可能的合作打下基础。

（1）已成交的客户

对于已经完成购买的客户，应预祝合作愉快，并提醒他们耐心等待收货。同时，告知客户如有问题可随时联系。在与客户确认收货信息后，应加上礼貌的告别语，为

客户提供良好的购物体验。对已成交客户的礼貌告别话术如图 3-2-12 所示。

（2）未成交的客户

如果客户表示需要“考虑一下”，客服人员应礼貌地给予他们考虑的空间，并适当提供“更多优惠活动”的心理暗示。如果需要再次跟进客户，可以在 10 分钟内再次联系客户。如果客户仍无购买意愿，应果断停止跟进，以避免引起客户的反感。

对于未能立即成交的客户，可以诚恳地表达愿意为他们提供服务的态度。如有必要，可以添加对方为旺旺好友（见图 3-2-13），为后续的客户开发和跟进进行铺垫。

此外，根据与客户的沟通内容，可以对客户进行标注，将其归入不同的组别进行管理。交流的效果很大程度上取决于对交流对象的了解。了解得越深入，进入有效沟通的前奏越短，越容易达到成交的目的。

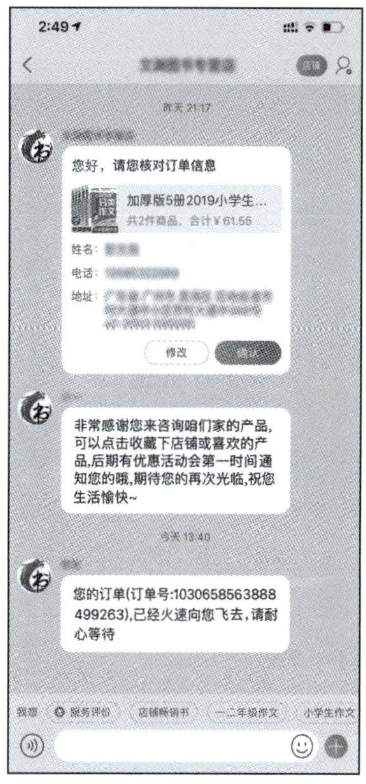

图 3-2-12　对已成交客户的礼貌告别话术

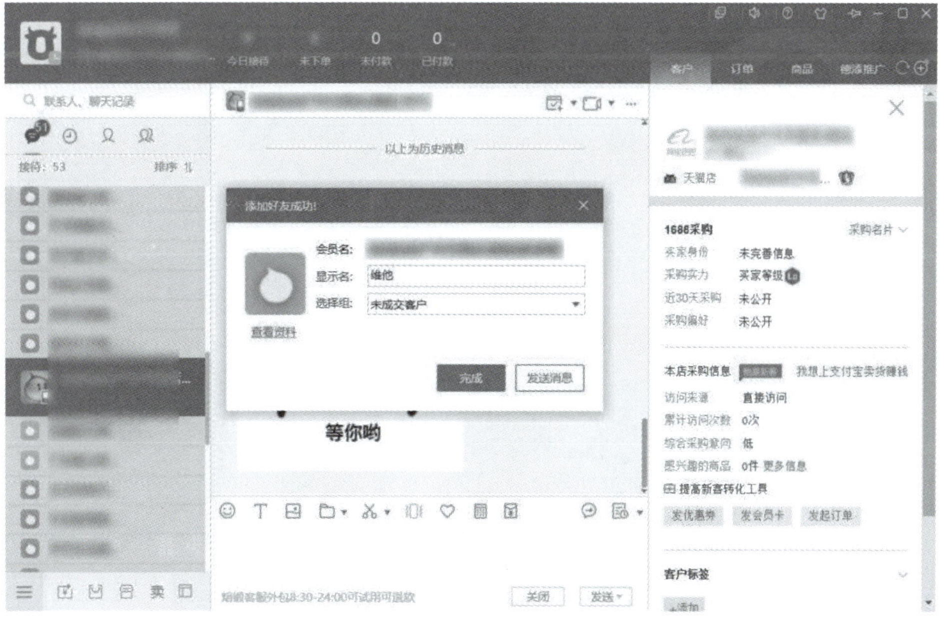

图 3-2-13　添加旺旺好友

在礼貌告别时，请注意以下几点：

1）使用礼貌、亲切的语言，温和大度，给客户留下良好的印象。

2）对于有意向的客户，先添加为好友，以便后续跟进。

3）学会将不同的客户分组进行管理，设置重要级别。

4）给客户留出考虑的空间，紧迫逼人会适得其反。

5）告别前适度努力，为未来的交易留下机会。

任务实施

售前客服在热情问候后，应迅速回应客户的问题，提供真实可靠的商品信息和服务承诺。同时，售前客服还需了解客户的具体需求，以便提供个性化的解答。为应对促销活动，售前客服团队应预先准备好热门商品常见的问题解答，并制作 FAQ（Frequently Asked Questions，常见问题解答）手册，帮助客服人员快速熟悉工作，确保解答问题口径一致。下面以图 3-2-14 所示某店铺热卖商品——儿童房灯饰为例，体验售前客服服务流程。

图 3-2-14 某店铺热卖商品——儿童房灯饰

客服人员与客户的对话内容如下。

客户：护眼 LED 调色是什么意思?

客服：您好，光源是 LED 可调色灯泡，这种灯泡内含 3 种光源，分别是白光、暖光和中性光，可以根据您的需求和喜好来调整，保护眼睛并营造适宜的光环境。

客户：遥控器容易坏吗?

客服：放心哦！我们的所有产品自购买之日起，可享受两年质保服务：第一年有任何质量问题，我们将免费为您更换配件，并承担往返运费；第二年将提供保修服务，客户和卖家各承担一半运费，配件费用由我们承担！感谢您对我们的支持和信任！您在商品到货后或使用过程中有任何问题，可以随时联系我们，我们一定及时为您处理。

以 3 名学生为一组，其中 2 人扮演客户，1 人扮演客服人员，针对上述商品进行销售咨询，并制作儿童房灯饰 FAQ 手册，完成表 3-2-1 的填写。

表 3-2-1　儿童房灯饰 FAQ 手册

分类	问答
关于商品信息、搭配推荐	问：
	答：
	问：
	答：
	问：
	答：
关于物流费、发货时间	问：
	答：
	问：
	答：
	问：
	答：

续表

分类	问答
关于退换货	问：
	答：
	问：
	答：
	问：
	答：
关于价格	问：
	答：
	问：
	答：
	问：
	答：
关于付款方式	问：
	答：
	问：
	答：
	问：
	答：

思考与练习

1. 网店客服用语及礼仪的基本准则有哪些?
2. 网店客服常见的规范用语及禁用语有哪些?
3. 简述网店售前客服的接待流程。
4. 客户下单未付款的客观原因是什么? 列举几种催付的话术。
5. 当客户对产品提出异议时，客服应该如何沟通才能化解矛盾?
6. 面对未成交的客户，应该如何礼貌告别?

任务 3　订单与物流管理

学习目标

知识目标

1. 熟练掌握订单处理的基本流程与技巧
2. 掌握订单与物流跟踪服务的执行方法
3. 了解常见的物流、快递公司
4. 认识不同种类的物流包装材料

能力目标

1. 能设置网店后台电子面单
2. 能根据快递公司运费表核算运费
3. 能在线跟踪物流并处理好物流异常订单

相关知识

从客户进店拍下商品开始，会出现多个订单节点，也就是常说的订单状态。订单状态包括：等待买家付款、买家已付款、卖家已发货、交易成功 4 个环节，每一个环节都需要客服去做相应的操作。

一、订单处理

1. 确认订单

收到客户订单付款信息后，客服人员应通过即时通信工具与客户及时取得联系，确认客户填写的信息是否正确，避免发错地址，引起纠纷。确认订单是客户下单后非常重要的步骤，却经常被忽视。许多问题的产生往往是因为没有与客户确认订单信息而引发的。

确认订单的目的包括：①降低差错率。②提醒客户再次核对订单信息。③为后续催付奠定基础。

客服人员在确认订单时，应遵循一定的话术，尤其是对一些存在疑问的订单。客服人员可通过后台查询订单，确认每一个订单的具体信息，如图 3-3-1 所示。

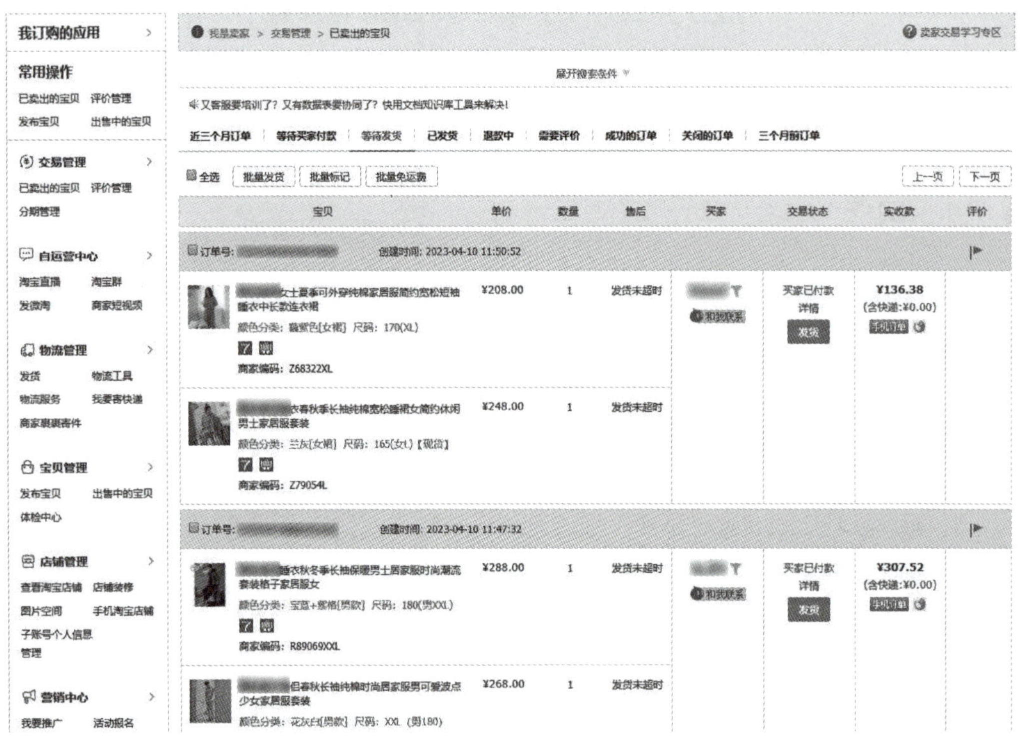

图 3-3-1 订单后台管理

在确认订单的过程中，除了说明客户的实际购物清单外，还要与客户核对收货地址，以免出错；一些特殊情况如赠送赠品等，需要在订单备注中做好标注。订单备注如图 3-3-2 所示。

图 3-3-2　订单备注

2. 未发货订单排查

由于网店订单众多，客服人员一定要每天定时排查订单，尤其要重点排查未发货的订单。这类订单大多与商品预售、商品缺货、系统未下载订单、后台未点击“确认发货”等因素有关。现在有许多软件可以自动排查未发货的订单，客服人员可以使用这些软件来减轻工作量。未发货订单排查如图 3-3-3 所示。

图 3-3-3　未发货订单排查

3. 缺货订单处理

缺货是指库存无货可售卖。缺货订单对于客服人员而言是一种较为严重的过失。例如，根据淘宝平台规则，订单超过 72 小时未发货或者未按约定时间发货，客户可

以投诉卖家。因此，客服人员要与仓库人员定期对接检查库存，及时补货或下架不足的商品，尽可能避免订单缺货情况的发生。出售中的商品管理如图 3-3-4 所示。

图 3-3-4　出售中的商品管理

若不慎发生订单缺货的情况，客服人员应第一时间与客户取得联系，商议最佳解决方案，如退还款项、更换商品款式、提升会员等级或以优惠券的形式进行补偿等。在处理这些问题时，客服人员应清楚自己的立场，注意语气谦和，解决方案要以客户为主，避免态度强硬、措施不合理。因为一旦处理不当，可能会引起客户投诉，继而影响店铺排名，得不偿失。

4. 紧急订单处理

在客服处理的订单中，有几类订单属于紧急处理类别，需要第一时间进行处理，这类订单主要包括错单、礼物单、投诉单等。

错单主要分为两种情况：一是客户填写的地址或信息有误，但未及时告知客服人员，客服人员直到准备发货时才得知信息有误；二是客服人员错误填写客户信息或错误包装商品。错单情况严重的，不仅损害买卖双方的利益，还可能引起客户不满，因此需及时处理。

礼物单主要针对将赠送礼品作为单独链接让客户拍下的订单。若客服人员忘记备注赠送礼品，客户有权维权。遇到此类订单，在未发货时应及时补救；若商品已发出，卖家则需单独寄出赠品，并向客户说明情况。

投诉单指未发货或商品在途时，客户因某些原因对店铺进行投诉。此时，客服人员应立即与客户取得联系，了解原因，并妥善协调处理。

二、物流跟踪服务

订单跟踪是指商家将商品打包并交给快递公司后，对订单进行跟踪与查询，确认商品安全地到达客户的手中。

1. 查看物流

商品寄出后，客服人员对快递信息的跟踪至关重要。客服人员可以通过店铺后台更新的内容进行查询，或直接访问快递公司官网，输入快递单号进行查询。订单物流查询渠道如图 3-3-5 所示。

图 3-3-5 订单物流查询渠道

有关物流情况的常见问题有如下几种：

（1）快递显示已经签收，但并非本人签收。

（2）疑难件无法派送。

（3）超区件无法派达。

（4）不可抗力自然灾害导致无法派送。

（5）节假日及特殊活动导致派件时间延长。

（6）快递丢失或破损。

2. 签收提醒

以淘宝网为例，当快递在派件途中，淘宝网会提示卖家和买家商品正在派件中。客服人员收到此类信息时，应通过短信或旺旺提醒客户注意签收，这不仅能让客户感受到店铺的细心、温馨，还能及时反馈包裹的物流信息，有助于提升客户满意度。签收提醒可以参考图 3-3-6 所示短信话术示例。

短信/彩信
今天 下午3:08

您好，您在樱花设计原创店铺购买的商品，快递小哥正以飞快的速度为您派件。在收到包裹后请仔细检查商品，确保商品完整后再签收，如有任何问题，请立即与我们联系，期待您的再次光临。

图 3-3-6　短信签收提醒示例

3. 确认收货后好评提醒

客服通过查询订单物流，确认客户已经签收商品后，应以短信的形式联系客户，并以优惠券、VIP 会员、赠品等形式鼓励客户及时给予好评。好评提醒可以参考图 3-3-7 所示短信话术示例。

短信/彩信
今天 下午3:09

您好，您在佳佳旗舰店购买的商品已经显示签收，如满意请给予我们全5分好评吧，将好评截图发给客服还可获赠20元优惠券哦。如果有任何问题请联系我们解决，感谢您的支持!

图 3-3-7　短信好评提醒示例

三、商品物流管理

网上购物最终要通过线下物流将商品送达客户手中，完成签收后，交易才算最终完成。因此，物流环节非常关键。客户下单后都希望尽快收到商品，因此，在下单前和下单后，他们都会向网店客服提出很多关于物流方面的问题。

1. 物流费用

物流费用一般由卖家决定，但客户也可与之协商。大多数情况下，客户在该店铺消费一定金额或数量后，卖家会减免物流费用（包邮或邮费打折）。

包邮是一种有效的营销策略。例如，天猫超市设置满 88 元包邮（见图 3-3-8），很多客户为了达到包邮条件而凑单，会有意识地购买一些原本没有打算购买的商品，从而增加了客单价。因此，客服人员在进行售前沟通时，可以利用包邮策略来促成交易或进行关联销售。

图 3-3-8　天猫超市产品详情页（满 88 元包邮）

2. 发货时间

各大电商平台对发货时间都有严格的要求。例如，淘宝规定必须在 72 小时内完成发货，大型平台营销活动期间，订单需要在 20 日内完成发货。

3. 配送方式

网购平台常用的配送方式包括平邮、快递和大宗物流。

（1）平邮

平邮是中国邮政的一项业务，主要是寄送信件与包裹。它是三种方式中最慢的一种，并且无法查询物流信息。平邮的优点是价格实惠、网点众多，适用于发往偏远地区。平邮的送达时间为 7～30 天，由于不能送货上门，需要收件人凭个人证件到邮局领取包裹。随着客户对物流时限要求的提高，采用平邮方式的卖家越来越少。

（2）快递

快递公司通过铁路、公路和航空等运输方式，对客户购买的货品进行快速投递。快递的特点是送达快，最快 1 天，最慢 7 天，并且快递员会亲自将商品送到客户手中。网店常用的快递公司主要有圆通快递、申通快递、韵达快递、顺丰快递等，如图 3-3-9 所示。一般来说，顺丰快递服务好、时效快，但快递费偏高，适合利润较高的商品。中国邮政的 EMS 时效稍慢，但覆盖面广，可以将商品发往国内大部分地区。其他快递之间的区别主要表现在时效和覆盖面上。商家可选择一家本区域的小快递公司备用，用于发送省内和周边地区的货物，他们的价格会相对优惠。

图 3-3-9　网店常用的快递公司

（3）大宗物流

大宗物流是由专门运送大宗货物的物流公司提供的服务。其缺点是时效慢，不送货上门；优点是费用低，适用于体积大、重量大的商品，小件、单件商品不适用。如果客户需要送货上门，需额外付费。常用的大宗物流公司有佳吉物流、德邦物流、安能物流等。安能物流官网首页如图 3-3-10 所示。

图 3-3-10　安能物流官网首页

4. 物流公司的选择

物流公司竞争激烈，顺丰、申通、中通、圆通、韵达等大型物流公司由于经营时间较长，规模较大，服务有保障，因而得到更多网店的青睐。天天快递、百世汇通等小型物流公司以低廉的价格展示着自己的优势。物流公司规模不一、各具特色，要选择合适的物流公司确实不易。通常可以依据以下几个关键点来挑选物流公司。

（1）运输时效性

物流公司的时效性主要体现在两个方面：一是取件速度，二是配送效率。客户通常最关心的是物流速度，期待商品能尽快送达手中。因此，选择运输时效性较高的物流公司，对于提升客户满意度至关重要。

（2）商品安全

在商品运输过程中，最令买卖双方担忧的是快递的丢失和损坏问题。由于部分物流公司在运营中缺乏完善的制度和监管，因快递员粗心大意造成快递的丢失或损坏事件时有发生，更有甚者，还可能出现偷换快递商品的情况。而一般客户不了解整个过程，往往将所有商品问题归咎于网店，对网店的声誉造成负面影响。因此，在选择物流公司时，网店最好选择有一定规模的、在全国各地广泛遍布网点的公司。

（3）优质服务

在整个购物过程中，客户都应享受优质的服务，物流环节亦不例外。网店可以监管客服人员的服务态度，但对快递员的服务态度却难以掌控。因此，在选择物流公司时，网店应优先考虑对员工工作监管完善的物流公司，这些公司通常设有投诉监督机制，便于客户和卖家监督。

（4）成本效益

在选择合作物流公司时，网店需确保所选物流服务与自身规模相匹配，并遵循节约成本的原则。在众多物流服务企业中，顺丰快递以其迅捷的运输速度和服务质量高而闻名，圆通、中通等大中型物流公司则提供了相对均衡的费用结构，彼此的价格差异也不显著。此外，天天快递、百世汇通等小型物流企业提供了更具竞争力的首重费用，这对预算有限的网店极具吸引力。总之，在决定物流合作伙伴时，网店应综合考虑服务速度、成本以及自身业务需要，找到最适合自身的物流公司。

5. 物流包装

网店交易的每个环节都至关重要。要促成高质量的成交率，就需要每个环节都做到细致入微。然而，大多数商家很容易忽视商品包装的重要性。事实上，商品的包装质量可能直接影响客户的购物感受，决定着客户是否会再次消费。不同产品的包装方法各不相同。

（1）易变形、易碎商品的包装

易变形、易碎商品主要包括陶瓷、玻璃饰品、茶具、字画等。包装这些商品时，应使用报纸、泡沫塑料、泡沫棉或泡沫网等轻质材料，以缓冲撞击。此外，易碎或抗压性差的商品四周应用填充物进行充分的填充防护。常用的填充材料包括塑料水果袋。便利袋以及泡沫等。

（2）服装与鞋类商品的包装

包装服装与鞋类商品时，可以使用不同类型的纸张，如牛皮纸或白纸，单独包装，以防污染。对于形状不规则的物品，如箱包和鞋子，应先用胶带封口，然后包裹纸张并用胶带固定，以减少运输过程中的磨损。

（3）首饰类商品的包装

首饰类商品通常附送专用的首饰袋或首饰盒。在选择首饰类商品包装时，需要考虑首饰的价格和利润空间。当然，一个精美的首饰盒能够显著提升网店服务的贴心感。首饰包装盒如图 3-3-11 所示。

图 3-3-11　首饰包装盒

（4）书籍和期刊的包装

书刊类商品通常采用牛皮纸包装。对于质量超过 1 千克的包裹，需要用绳子系成“井”字形以加固，否则可能无法邮寄。另外，包裹的四周都应用胶带贴好，以防止在邮寄过程中被意外打开或造成磨损。对于单册或数量较少的书刊，使用气泡袋包装可提供额外的保护，如图 3-3-12 所示。

图 3-3-12　气泡袋

（5）液体类商品的包装

邮寄液体类商品时，最好使用气柱袋封装，再用胶带固定。在包装时，一定要封牢割口处，可以用透明胶带多绕几圈加固，然后将其装入快递纸箱。这样包装，即使液体泄漏出来也不会污染到其他包裹。气柱袋如图 3-3-13 所示。

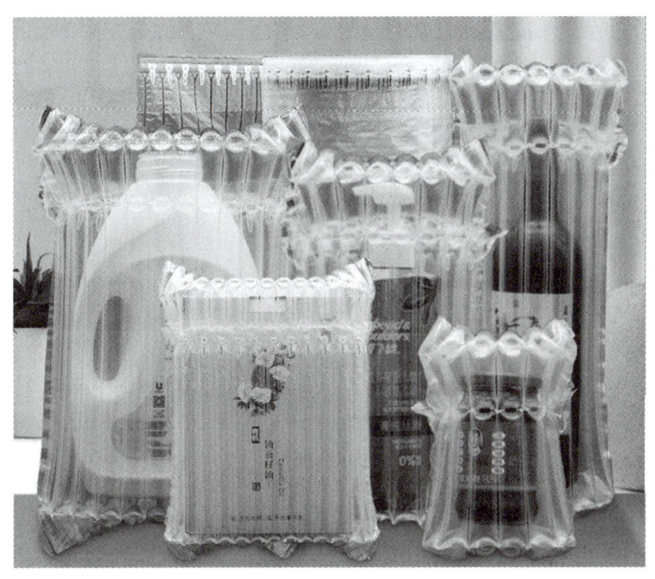

图 3-3-13　气柱袋

任务实施

一、电子面单的开通

使用电子面单需要先订购，由快递公司审批后方能使用。商家可以先与合作的快递网点沟通，确认该网点支持电子面单服务，并且符合其服务要求。下面以某电子面单服务为例，说明电子面单的开通与使用方法。

● 步骤 1　登录千牛工作台账号，进入“千牛工作台”页面，单击左侧“交易”栏中的“物流服务”选项，再单击“电子面单”栏中的“订购”按钮，如图 3-3-14 所示。

● 步骤 2　打开“电子面单”页面，根据店铺实际情况，选择要开通的物流运营商，单击“申请”按钮，如图 3-3-15 所示。

图 3-3-14　订购电子面单

图 3-3-15　选择物流运营商

● 步骤 3　弹出“开通服务商”对话框，根据店铺实际情况填写基本信息，并勾选“使用须知”复选框，最后单击“确定”按钮，如图 3-3-16 所示。

图 3-3-16 开通电子面单

● 步骤 4 申请提交成功后，若需查看审核状态，单击“我的服务商”超链接，如图 3-3-17 所示，即可返回“电子面单”页面查看状态，如图 3-3-18 所示。

图 3-3-17 单击“我的服务商”超链接

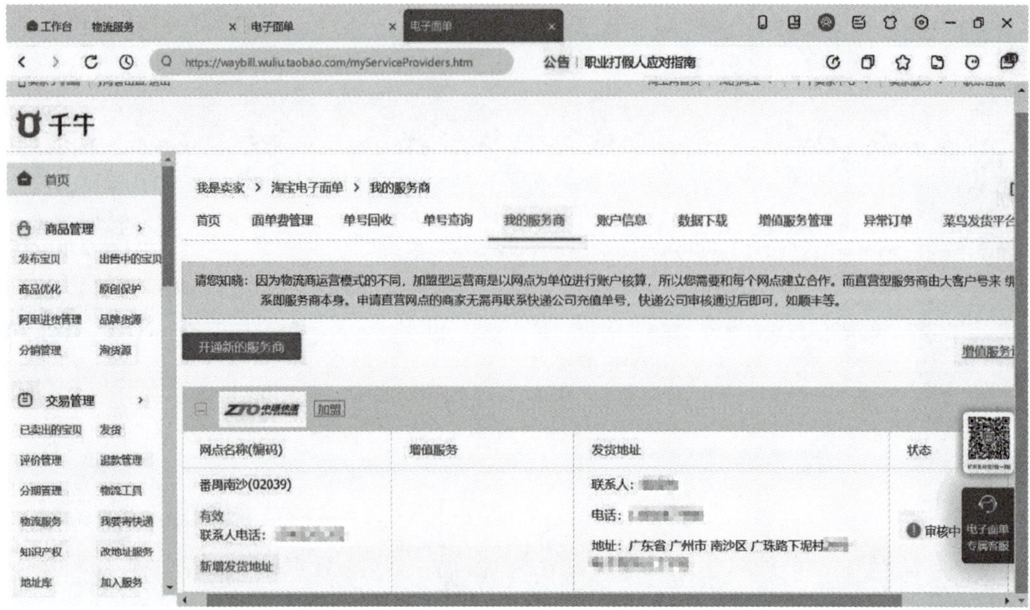

图 3-3-18　返回“电子面单”查看状态

二、订单发货

● 步骤 1　当订单已付款，单击页面左侧“物流管理”下拉列表中的“发货”选项，如图 3-3-19 所示。

图 3-3-19　单击“发货”选项

● 步骤 2 单击订单右侧“订单发货”按钮，进入“发货中心”页面，如图 3-3-20 所示。

图 3-3-20 “发货中心”页面

● 步骤 3 查看“确认订单信息”和“确认发货 / 退货信息”无误后，在“选择发货方式”中选择“自己联系物流”，并输入快递公司提供的运单号，再单击“确认并发货”按钮即可，如图 3-3-21 所示。

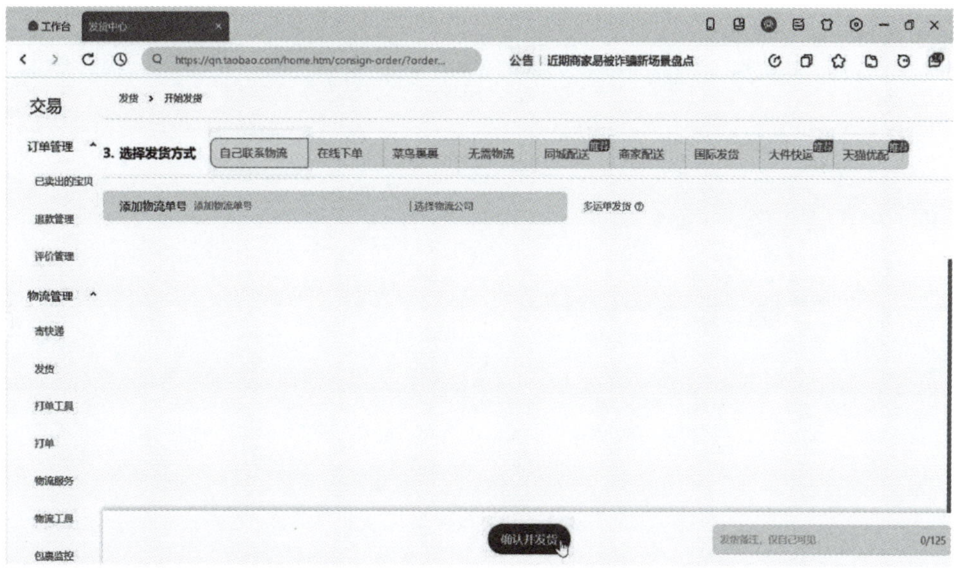

图 3-3-21 确认并发货

三、物流查询

单击千牛工作台左侧“交易”栏中的“已卖出的宝贝”选项，即可查看店铺中的所有订单。当订单已发货，单击其右侧的“查看物流”按钮，如图 3-3-22 所示。

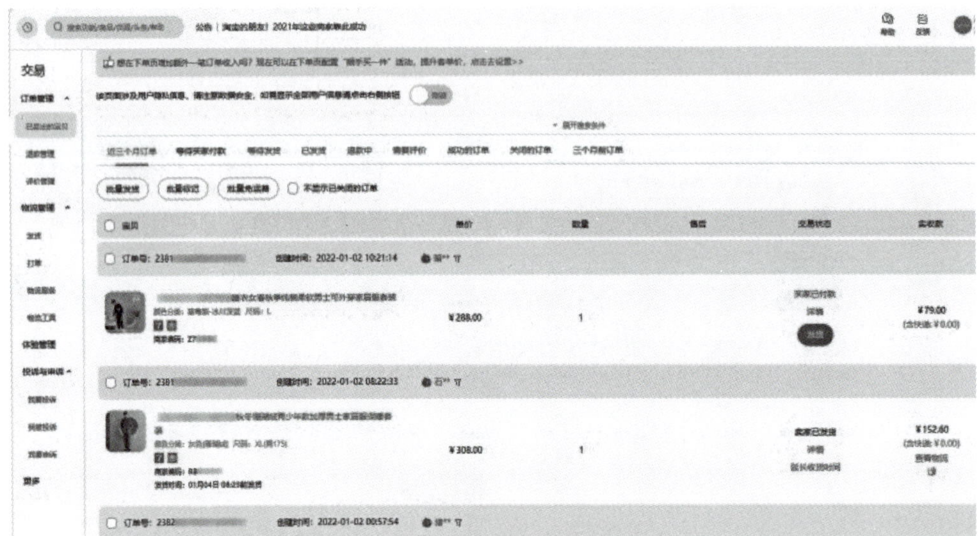

图 3-3-22　单击“查看物流”按钮

在“物流详情”页面右侧，即可查看相应订单的物流动态信息，如图 3-3-23 所示。

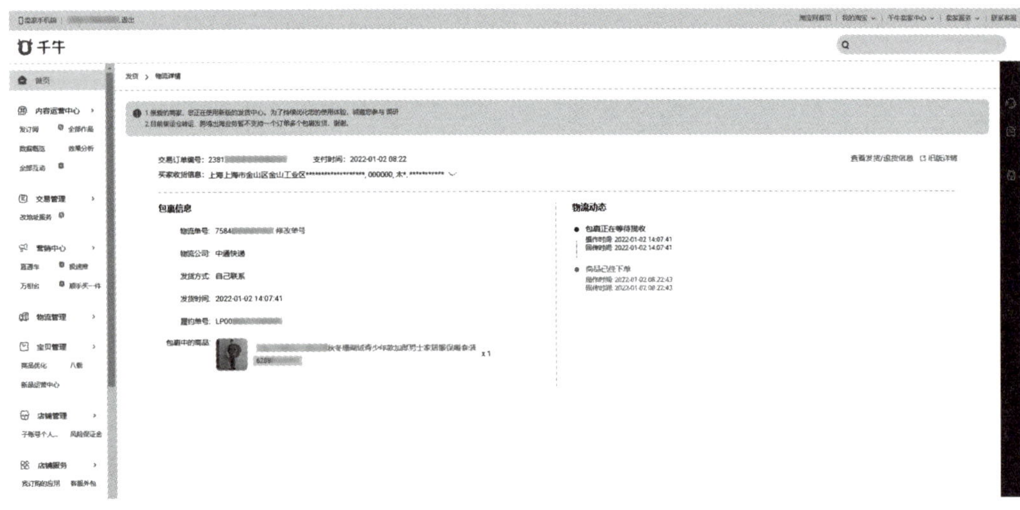

图 3-3-23　物流详情

思考与练习

1. 简述不同订单的处理方法与技巧。
2. 网店客服应怎样做好物流跟踪服务?
3. 网店客服应该具备哪些物流管理知识?
4. 简述商品包装、发货的原则。
5. 简述不同商品的包装方式。

项目四 客户售后服务

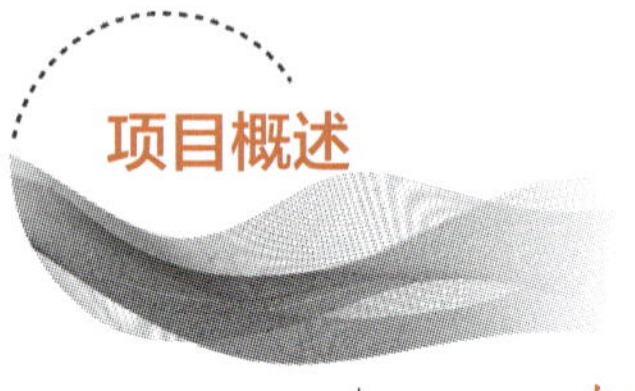

项目概述

在网店经营中，售后工作非常重要，优质贴心的售后服务是提高客户满意度和忠诚度的有效手段。对于网店客服来说，做好售前工作能够促进销量的增长，而优质的售后服务则有助于降低退款率。从销售的角度来看，售后服务不仅是解决纠纷、弥补失误的手段，还是通过优质服务加强客户关系，实现客户复购、促进销售的有效方式。

通过本项目的学习，我们将对退换货处理、退款处理、应对投诉纠纷和评价管理等有一个全面的了解，并能掌握一系列售后客服问题的处理方法和技巧，为顺利开展售后服务工作做好准备。

任务 1　售后客服认知

学习目标

- 知识目标

1. 了解售后客服的定义及工作职责
2. 了解售后客服的重要性
3. 熟悉售后客服的工作流程

4. 掌握售后客服的基本原则

能力目标

1. 能熟练使用售后客服话术
2. 能使用网上银行进行转账

相关知识

网店客服人员能成功销售产品并引导客户下单，并不意味着对客户的服务就此结束。当客户对购买的商品不满意时，应该找谁处理呢？于是售后客服应运而生。

一、售后客服的定义

售后客服是指在网店商品销售后为客户提供的一系列服务，主要包括处理客户的投诉、退货、换货等需求，解决客户在使用商品过程中遇到的问题，并提供相应的解决方案。网店售后客服的目的是通过优质的服务，提升客户的满意度和忠诚度，维护网店的声誉和品牌形象。

二、售后客服的工作职责

售后客服的工作职责就是解决因销售产生的纠纷，降低客户的投诉率和店铺的纠纷率，提高客户的满意度。售后客服日常工作可分为三种情况：一是一般售后，多为一些常规小问题，需要客服人员跟进解决；二是特殊售后，需要客服人员根据电商平台规则和服务规范及时处理，以免影响客户的购买体验和网店的品牌形象；三是客户关系维护，旨在提高客户黏性，为客户关系管理和客户营销打下良好的基础。售后客服工作职责见表 4-1-1。

表 4-1-1 售后客服工作职责

序号	工作职责
1	熟悉公司经营内容、产品理念、组织架构以及企业文化
2	熟悉岗位职责和要求
3	积极参与岗位培训，熟练掌握公司运营网店所在的各电商平台规则，并能有效应用
4	负责售后咨询的接待，及时解答客户疑问，提升客户满意度和复购率
5	熟悉产品特征，进行卖点分析，并反馈给运营部门
6	跟进物流情况，协助客户查询订单状态
7	定期根据店铺活动更新即时沟通工具（如阿里旺旺、咚咚等）签名、自动回复和基本设置等内容

续表

序号	工作职责
8	处理店铺日常售后问题，解答客户疑问
9	处理退款、维权和举报事宜，维护店铺形象和商誉（包括每天上午和下午上班第一时间进行巡视和处理）
10	与合作的快递公司对接，查询物流信息，跟踪异常订单和疑难问题件，记录售后物流问题，并及时通知发货部门处理
11	退换货处理，包括登记和整理
12	做好售后回访登记和跟踪工作
13	分析和整理客户关系处理中的问题，提出改善方法，反馈至客服部门
14	及时查看评价管理，对不良评价在一个工作日内作出相应处理
15	对有问题的订单，根据发货部门的回复及客户的要求，及时进行备注、跟进和记录
16	维护各个环节，整理和分析售后服务过程中的反馈数据与信息，及时反馈给主管，确保售后服务质量

三、售后客服的重要性

售后客服是网店运营中非常重要的环节，在当前激烈的市场竞争环境下，良好的售后服务是提升店铺竞争力的重要一环。通过优质的售后服务可以提高店铺的信誉，扩大商品的市场占有率，提高销售工作的效率及效益。

1. 塑造商家形象，增强品牌影响力，提升客户满意度

优质的售后客服能够显著提升客户对商家的忠诚度和满意度，从而有效塑造商家形象，并增强其品牌影响力。客户的认可和积极的口碑宣传不仅能够降低商家的市场推广成本，还能产生“以老带新”的效应，吸引新客户。图 4-1-1 所示为老客户复购评价。

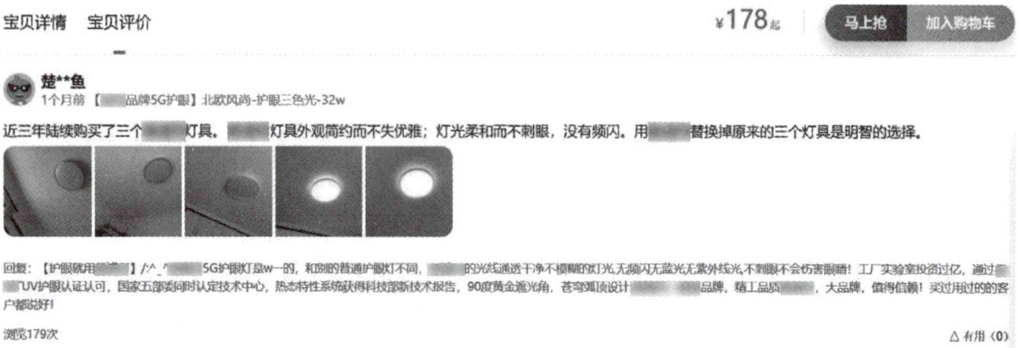

图 4-1-1　老客户复购评价

从品牌角度出发，良好的售后客服是维护客户对品牌价值认知一致性的关键。品牌价值由商品价值、体验价值和客户感知价值共同构成。在电子商务活动中，客户在收到商品前只能感知商品价值，而体验和确认商品价值的过程发生在收货之后。此时，售后客服的角色就是将客户对商品的价值感知与实际体验统一起来。

在电子商务实践中，优质的售后客服本身也具有交易价值。客户愿意为更好的服务体验支付额外费用，这也是某些商家能够以更高的价格销售同质商品的原因。差的售后服务会导致店铺动态评分（Detail Seller Rating，DSR）下降、负面评价增加，甚至损害店铺形象。反之，良好的售后服务能够提高客户满意度，从而提升 DSR 评分。图 4-1-2 所示为某淘宝店铺动态评分。

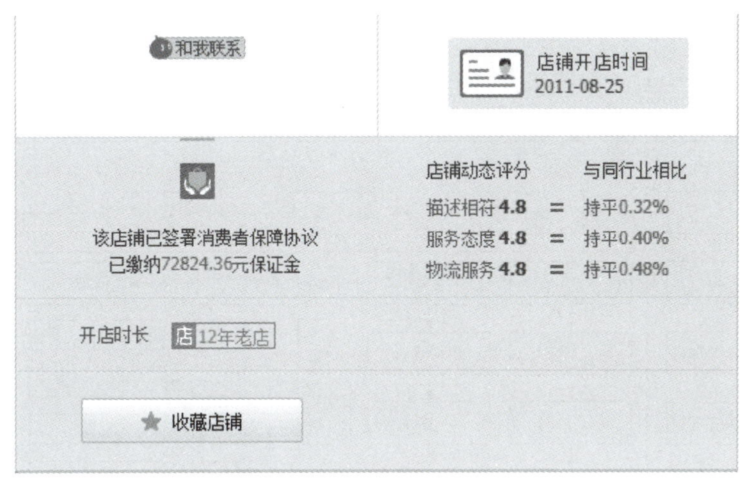

图 4-1-2　某淘宝店铺动态评分

2. 利用客户反馈，反向驱动运营优化

通过分析，售后客服人员可以将售后问题进行分类并分解，进而反向驱动运营优化。例如，客户对包装或物流的不满通常不会在通用数据工具中显现，需要售后客服人员收集整理后反馈给运营部门，以便在以后的运营中改进，从而减少售后问题，提升 DSR，实现客户满意度的提升。

3. 重新赢得客户青睐，提升回购率

首次购物体验不佳的客户可能不会再次购买该网店的商品，甚至还会传播负面体验。但若售后服务处理得当，效果也会出人意料。在电子商务活动中，对购物过程不满意的客户通常会寻求网店售后客服人员的帮助，这时，售后服务的工作尤为关键。优秀的售后服务不仅能消除客户前期累积的不愉快，还能加深与客户的接触，甚至将之前不满的客户转变为长期的重要客户，从而提升店铺的复购率。

4. 降低对店铺的负面影响

如果售后服务管理不善，可能会导致店铺受到降权、商品下架、店铺扣分、活动限制、店铺屏蔽等处罚，严重者还可能导致店铺被封。因此，在沟通和交易完结后，售后客服人员在服务跟踪方面承担着重要职责。只有妥善管理售后服务，才能规避风险，将负面影响降至最低，维护好客户关系。

四、售后客服的工作流程

售后客服工作流程是客服人员在处理客户售后问题时遵循的一套标准化服务步骤。完善的售后服务流程不仅能够确保售后工作有条不紊地进行，还能为客服人员提供明确的指导，使他们在面对各种复杂情况时能迅速响应，处理问题游刃有余。对客户而言，完善的售后服务标准不仅体现了网店和客服人员的专业性，还能提升客户的信任度和满意度。图 4-1-3 所示是某网店的售后客服工作流程。

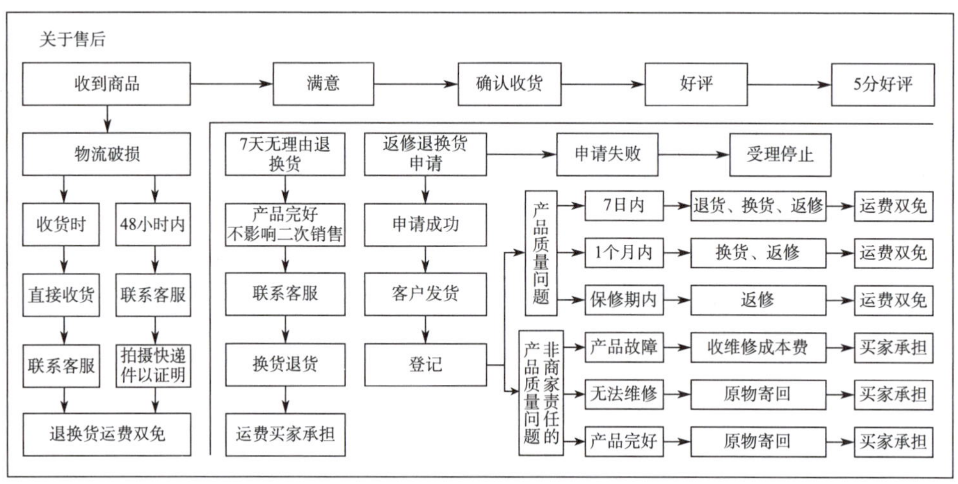

图 4-1-3　某网店的售后客服工作流程

五、售后客服的基本原则

售后客服的基本原则是及时解决问题，以满足客户的需求。但同时也应该考虑店铺的合理利益。实际上，售后服务应该是平衡客户需求和店铺利益的过程。售后服务既要确保符合客户期望，及时有效地解决客户的问题，同时也要确保店铺的运营成本和资源得到合理的利用，保持网店运营的可持续性和盈利能力。总而言之，售后服务应遵循以下几个原则。

1. 及时响应原则

在售后服务中，效率至关重要。客户在寻求帮助时往往带有不满情绪，如果不能及时找到客服人员解决问题，这种不满情绪可能会加剧，甚至扩大影响范围。因此，客服人员在接到客户咨询时，应迅速响应，若千牛等即时通信工具无法有效解决问题，可以直接电话沟通以提高效率。

2. 承担责任原则

商家应尊重客户，主动查明问题的缘由，并承担相应的责任。商家应提出解决方案，积极帮助客户解决问题。如果问题未能立即解决，客服人员应持续跟进，直到问题完全解决为止。

3. 真诚沟通原则

在与客户沟通时，商家应保持真诚的态度，不论客户是对是错，都应避免质疑客户，要站在客户的角度考虑问题，理解并尊重客户，通过真诚的沟通来解决问题。

4. 补偿到位原则

当出现售后问题时，除了提供解决方案外，商家还应提供合理的补偿。售后服务的补偿，应在充分考虑客户需求的同时，兼顾商家的合理利益，确保补偿措施既能够满足客户的需求，又不会对商家的正常运营造成过大负担。

在竞争激烈的电商时代，客户的选择更加多样化，商家应以客户为中心，遵循售后服务的原则，努力提供优质的售后服务，消除客户对商品和店铺的顾虑，促成交易。

六、售后客服的话术

售后客服工作烦琐，加上纠纷，往往导致客户产生不满情绪，使得售后工作面临诸多挑战。表 4-1-2 所示为常见的售后客服话术，它能在一定程度上减轻客服人员的工作负担。

表 4-1-2　常见的售后客服话术

售后类型	话术示例
同意退款	您好，您的退款申请已获批准，建议您用圆通、申通等快递寄回商品，以防商品丢失或延误。如果您购买了运费险，请填写正确的运单号，以便向保险公司索赔。如有任何疑问，请随时联系售后 ××，我将竭诚为您解答。
证实发错货	非常抱歉，由于仓库工作人员的疏忽导致了这种情况。对此我们深感歉意。请您先垫付运费，将收到的商品寄回。我们收到退货后，将通过支付宝或银行转账返还您的款项，并为您重新寄送一件全新的商品。产生的运费将由我们承担。您看这样可以吗？

续表

售后类型	话术示例
测量方法	我们的衣物尺寸都是平铺测量得到的，由于每个人的测量手法不同，可能会产生一定的误差。通常，误差在1~3厘米内是正常的。商品详情页也提供了常规款式的测量说明。如果您觉得我们的尺寸有问题，可以按照网上的方法重新测量。如果测量结果超过3厘米，请提供测量照片，一经确认，我们将为您提供免费退换服务。
快递丢件	我已经通知了××快递公司，他们会尽快查找丢失的快递。如果快递丢失，我们将要求快递公司进行赔付。如果两天后仍然没有物流信息更新，且仓库有现货，我们将为您重新发货。届时，也请您提醒我一下。
预售款	您之前订购的××衣服已作为6月18日的预售商品。因此，我们想通知您，是否可以等到6月18日再发货？或者为您更换一个有现货的款式？请您及时联系我们的售后客服，以便为您安排。感谢您的理解与支持。
发货后要求退款	非常抱歉，您的快递已经发出，预计3天内送达。如果您确实希望取消订单，到时候请拒签快递。如果方便的话，也请您上线联系我们，告知我们已经拒收，我们将及时跟踪退回的快递，并尽快为您办理退款。
缺货留言	您好！您于20××年×月×日在××店购买的××背包，由于×××原因，仓库暂时无法按时发货。我们对此深感抱歉，并感谢您的理解与支持。如有任何疑问，请随时联系我们的售后客服人员。谢谢！

任务实施

在网店客服的日常工作中，有时会遇到一些无法立即解决的问题，或者自己无法解决的问题，此时，需要将这些问题交接给同事处理，让他们跟进解决。这样做可以有效避免当客户再次咨询时，由于当事客服未能及时回应，或者因为当事客服不在现场而错过最佳处理时间。因此，记录当班重要信息并进行有效交接是售后客服人员日常工作的重要内容。

一、记录当班重要信息

当在线客服人员下班时，如果还有客户需要继续跟踪，例如，有些客户购买的商品较多，客服人员答应给他包邮，则需要对他的订单进行改价并催付备注；有些客户申请退换货，客服人员需要在后台同意客户退换货，并给客户提供退货地址；如果物流状态异常，客服人员需要在正常上班时间电话询问快递等。这些问题都需要一一记录下来，并交接给下一个班次的客服人员。

表4-1-3是一份客户服务记录与交接表，请仔细观察此表，讨论分析交接工作时有哪些关键信息必须记录清楚，并总结客户服务信息记录和交接工作的重要性。

表 4-1-3　客户服务记录与交接表

日期：＿＿＿＿＿＿＿＿＿＿　　　　　　　　　班次：＿＿＿＿＿＿＿＿
当班客服人员：＿＿＿＿＿＿　　　　　　　接班客服人员：＿＿＿＿＿＿＿＿
客户信息记录：＿＿＿＿＿＿

客户ID	客户姓名	联系方式	订单编号	问题描述	需采取的措施	备注
001	张 ××	电话：××	××××001	需要改价	改价并催付	
002	王 ××	邮箱：××	××××002	申请退换货	同意换货并提供退货地址	
003	李 ××	电话：××	××××003	物流状态异常	电话询问快递	

特殊说明或需特别注意的问题：
＿＿＿＿＿＿＿＿＿＿＿＿＿＿＿＿＿＿＿＿＿＿＿＿＿＿＿＿＿＿
＿＿＿＿＿＿＿＿＿＿＿＿＿＿＿＿＿＿＿＿＿＿＿＿＿＿＿＿＿＿
＿＿＿＿＿＿＿＿＿＿＿＿＿＿＿＿＿＿＿＿＿＿＿＿＿＿＿＿＿＿

交接确认：
当班客服人员签名：＿＿＿＿＿＿＿＿　日期：＿＿＿＿＿＿＿＿
接班客服人员签名：＿＿＿＿＿＿＿＿　日期：＿＿＿＿＿＿＿＿

二、通过千牛“代办事项”功能实现售后工作交接

工作交接最常见的方法是口头传达，但是这种方式容易造成遗漏，最稳妥的办法是通过文字记录下来，使交接工作有据可查。在日常工作中，需要转交给同事来处理的事情，可以通过千牛“代办事项”功能实现，具体操作步骤如下。

● 步骤 1　登录千牛工作台账号，进入“千牛工作台”页面，单击右上角“接待中心”图标按钮，如图 4-1-4 所示。

图 4-1-4　单击“接待中心”图标按钮

● 步骤 2 进入“接待中心”页面，单击页面左侧“工单”选项，如图 4-1-5 所示。

图 4-1-5 单击“工单”选项

● 步骤 3 跳转至“待办事项”页面，单击右侧“创建待办”按钮，如图 4-1-6 所示。

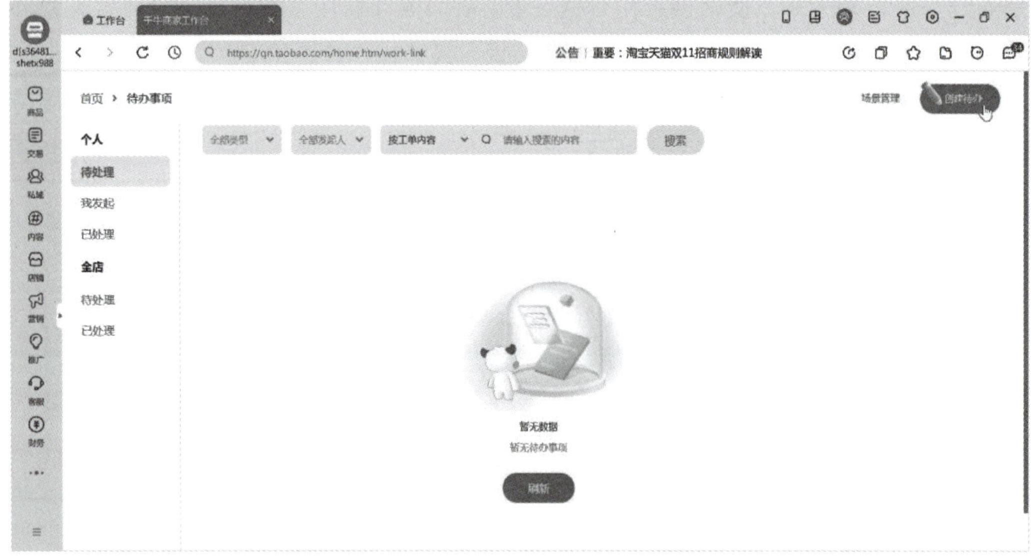

图 4-1-6 单击“创建待办”按钮

● 步骤 4 弹出“待办事项”对话框，根据店铺实际情况，输入相对应的内容，设置“选择待办类型”“添加截止时间”“添加执行人”“添加附件”等内容，再单击“新建”按钮即可，如图 4-1-7 所示。

图 4-1-7　创建待办事项

● 步骤 5　完成创建待办事项后，在“我发起”页面中可查看到已发出的“个人备忘”，如图 4-1-8 所示。

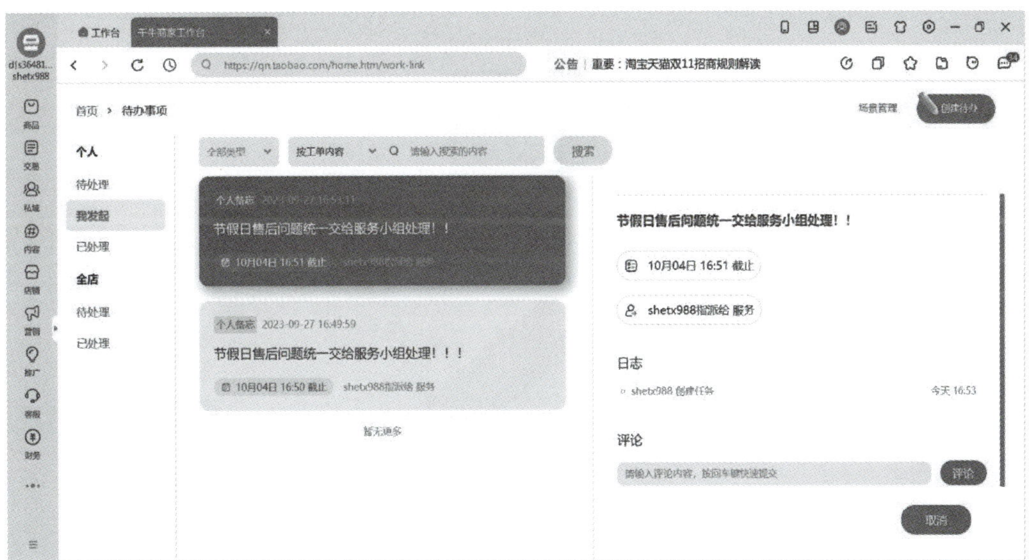

图 4-1-8　查看“个人备忘”

● 步骤 6　当接受任务的客服上线时，在“千牛工作台”页面，即可查看到待处理的“个人备忘”。单击“个人备忘”选项，如图 4-1-9 所示。

● 步骤 7　进入“待办事项”页面，可查看详细内容，处理完成后，单击“完成”按钮，任务发布方随即会收到任务已处理的系统回执消息，如图 4-1-10 所示。

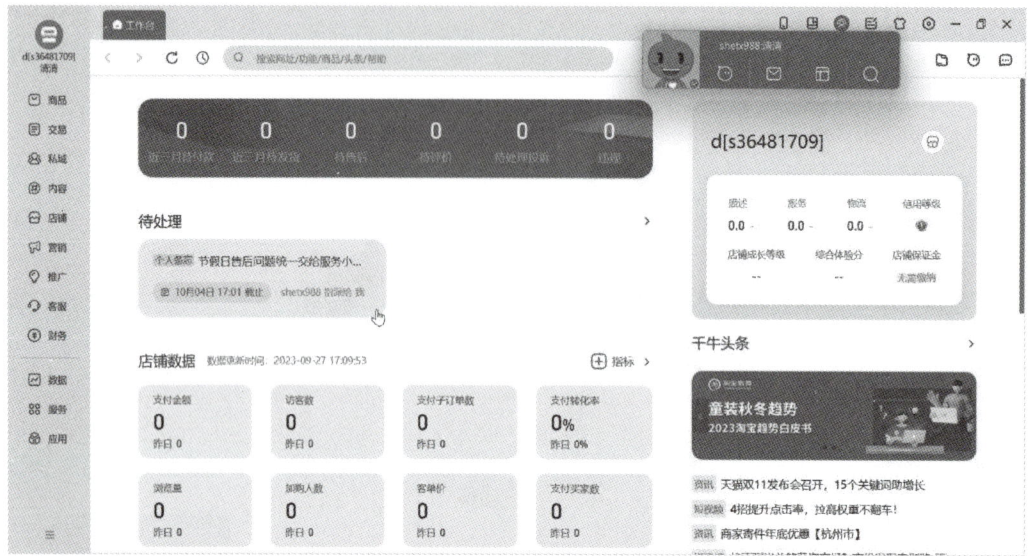

图 4-1-9　查看待处理事项

图 4-1-10　完成待办事项

思考与练习

1. 简述售后客服的重要性。
2. 简述售后客服的基本原则。

任务 2　售后问题处理

学习目标

- **知识目标**

1. 理解退换货的流程
2. 掌握一般售后问题的处理流程及注意事项
3. 了解交易纠纷产生的原因
4. 掌握交易纠纷的处理原则及应对方法
5. 了解严重投诉与维权产生的原因

- **能力目标**

1. 能处理客户对于产品的投诉
2. 能合理地处理纠纷并做好客户回访

相关知识

客服人员在工作中经常会接到客户的投诉。只要客户所购买的商品或服务与自己的期望值之间存在差距，就会产生投诉。客户投诉的危害很大，因此，客服人员掌握好客户投诉与交易纠纷的处理技巧至关重要。

一、一般售后问题处理

一般售后问题处理是指在正常交易下，客户由于某些主客观原因，对商品或服务表示不满，但愿意用沟通协调的方式去解决的售后问题。一般售后问题处理是售后客服人员最频繁的日常工作内容，也是售后客服的主要工作。

1. 退换货处理

退换货是指客户在收到商品后，由于商品质量、发错商品、7 天无理由退换货等原因，要求店铺在不低于原价格的基础上退换商品。退换货分为同款退货和不同款退换。一般来说，正常退换货的相关信息应在商品详情页加以说明，尤其是运费方面的说明。图 4-2-1 所示为某店铺商品详情页中的卖家说明。

为了帮助客户尽快解决退换货问题，减少交易纠纷，在退换货时卖家需要遵守以下几项要求：

卖家说明/DESCRIPTION

关于商品
本店出售的宝贝均为 LAND 正品，仅此一家，可接受全国专柜验货，请您放心选购！

关于库存
店铺为付款减库存，正常拍下付款即代表有货，为了避免您拍下的商品被其他买家优先付款购得，请拍下后尽快付款。

关于发货
付款成功后的订单，会在48小时内尽快安排发出。请保持手机畅通，以便更快收到您的包裹。

关于退换货
如收到商品不合适，在包裹签收后7天内，不影响二次销售的情况下，可联系客服进行退换货

关于快递
本店默认发汇通快递，不到的地方一般转EMS发出，具体以实际收到的快递为准。

关于尺码
商品页面内有参考尺码，可供选择参考，版型多数为标准尺码，因商品为手工测量，难免有少许误差，如不确定可联系客服进行准确推荐。

图 4-2-1　某店铺商品详情页中的卖家说明

（1）退换货地址

买卖双方达成退货或换货协议，卖家应当在与客户约定的时间内提供退货地址。如果是电商平台做出退货退款的处理结果，卖家则应当在收到平台处理结果后的 24 小时内提供退货地址。如果逾期未提供退货地址的，以电商平台系统内填写的“默认退货地址”作为退货地址。

因卖家提供错误的退货地址，导致客户退回的商品无法送达的，需由卖家承担因此产生的运费。

（2）退换货方式

客户根据协议约定或电商平台做出的处理结果操作退货时，应当使用与卖家发货时相同的运输方式发货。除得到卖家的明确同意之外，客户不得使用到付方式支付运费。客户退货后，卖家有收货的义务。

（3）退换货问题的处理原则

1）如果卖家未在规定时间内提供退货地址，或者提供退货地址错误，导致客户无法退货或退回商品无法送达的，或者客户根据协议约定操作退货后，卖家无正当理由拒绝签收商品的，交易做退款处理，退货运费由卖家承担。如卖家需要取回商品的，应当与客户另行协商或通过其他途径解决。

2）买卖双方达成退货退款协议或淘宝做出退货退款处理的交易，商品退回至卖家的退货地址后，电商平台有权退款给客户。

3）买卖双方达成换货协议的交易，如卖家收到客户退回的商品后逾期未再次发

货的，电商平台有权退款给客户。

4）如果是跨境交易且最终确定为退货退款处理的，由于卖家的原因导致客户无法退货，做不退货退款处理。

5）如客户逾期未根据协议规定或电商平台规定时间操作退货的，交易做打款处理。交易款项支付给卖家后，客户再次要求退货的，应当与卖家另行协商或通过其他途径解决。

6）商品在退货过程中损毁的，商品退回客户。若客户无理由拒签，交易做打款处理。

（4）退换货问题的举证

1）如果客户表示卖家提供的退货地址是错误的，电商平台有权根据退货地址核实相关信息，并进行判定。

2）如果卖家表示未收到退货，电商平台将要求客户提供相关证明（如快递发货单、签收底单等）进行核实，若确认商品已退回卖家的退货地址，而卖家依旧未收到的，卖家自行联系物流公司处理。

3）如果卖家对退货有疑义，拒绝签收商品或签收后对退货商品本身有疑义的，卖家需提供相关证明文件（如物流公司公章证明）证实，以便电商平台处理。

2. 退换货流程

由于网上购物看不到实物，客户收到货时可能发现商品实物和心理预期有很大差距，或收到的货物有瑕疵，便会产生退换货的想法。

快递送达时，客户可以当面对照送货单核对商品。如出现商品数量缺少、商品破损等情况，可以当面拒签，或退回商品，并在 24 小时内通过即时通信软件、客服电话告知客服人员。

卖家收到退回的商品后，会根据客户的订单信息进行查询核实，如发现是漏发商品，可对不足的部分进行退款处理，也可根据订单信息给予补寄。由此产生的额外费用，均由卖家承担。

如果卖家对退换货不存在过错，退换货时的费用应由客户承担；包邮商品，发货运费由买卖双方分别承担。退换货流程如图 4-2-2 所示。

3. 退款

当售后客服人员遇到退货退款客户时，应根据客户诉求先查明原因，了解客户的实际意图，找到问题并予以解决。对于退换货皆可的客户，客服人员应尽可能说服其将退款转化为换货，以降低退款率。各电商平台为卖家提供了退款处理的具体办法，见表 4-2-1。

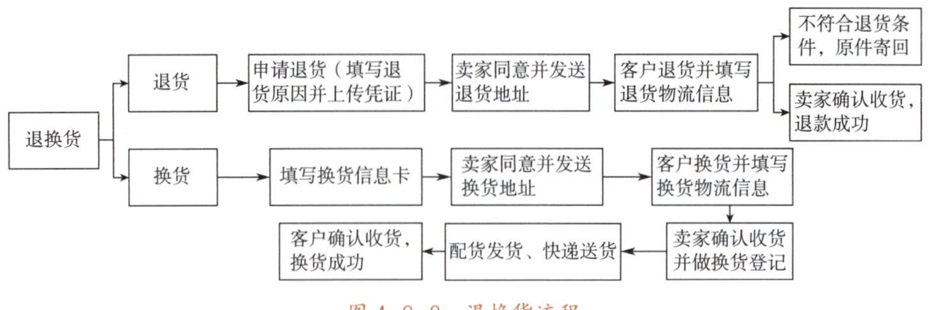

图 4-2-2　退换货流程

表 4-2-1　常见退款问题及其处理方法

常见退款问题	售后客服处理办法	后续跟进措施
货物破损、少件等问题	1. 联系客户提供实物照片，以确认商品实际状况 2. 向物流公司核实包裹签收人 3. 如果非客户本人签收且无客户授权，建议客服人员直接办理客户退款或重新补发，并联系物流公司协商索赔	1. 发货前严格检查产品质量 2. 选择服务优质，签收流程规范的物流公司合作 3. 明确约定送货过程中发生的商品破损、丢件等损失的责任承担方
质量问题	1. 联系客户提供实物照片，核实质量问题是否属实 2. 检查进货时的商品质量是否合格 3. 如果确认商品有质量问题或无法证明商品的合格性，应主动与客户协商解决，如退货退款	1. 重新选择优质的进货渠道 2. 保留好相关进货凭证
描述不符	1. 核实商品详情页的描述是否有歧义或者容易引起客户误解 2. 核实是否发错商品 3. 如果描述有误或者是发错商品，应主动与客户协商解决，如换货、退货退款等	1. 确保商品描述清晰易懂，消除歧义 2. 确保发出的每一件商品与客户订单的商品一致
收到假货	1. 核实供应商资质，确保其合法性 2. 如无法确认供应商资质，可直接联系客户协商解决	1. 选择有品牌经营权的供应商 2. 进货后保留好相关的进货凭证或商品授权书
退运费	1. 核实发货单上填写的运费是否少于订单中客户所支付的运费 2. 如果有误，将超出部分的金额退还给客户	邮费模板要及时更新，如果有特殊情况，应及时通过即时通信工具通知客户

二、交易纠纷的处理

所谓纠纷，通常发生在买卖双方就某事 / 某物产生误解或一方故意隐瞒事实，导致协商无果的情况下。客服人员一旦与客户陷入纠纷，沟通和处理往往会变得复杂棘手。在这种情况下，客服人员不仅需要熟知各电商平台的售后规则，还应当换位思考，尽力化解店铺危机。

1. 交易纠纷产生的原因

许多人错误地认为提供优质的售后服务会增加店铺的运营成本，然而实际上，在确保商品质量的前提下，提供良好的售后服务能够吸引更多客户。网店交易纠纷产生的原因主要体现在以下几个方面：

（1）客户期望值

客户的期望值可以用一个简单的公式来表示：

客户的期望值 = 客户的实际感受 / 客户的满意度

客户的期望值越高，购买商品的欲望就越强。但是，当客户的期望值过高时，他们的满意度往往会降低；相反，期望值较低时，客户的满意度相对较高。因此，卖家应当有效地管理客户的期望值。卖家若未能妥善管理客户期望值，可能会导致客户在购物过程中感到失望，进而引发抱怨甚至纠纷。

（2）服务态度和方式

卖家通过网络为客户提供商品和服务时，若缺乏适当的沟通技巧和良好的工作态度，可能会导致客户不满，产生抱怨。这主要体现在服务态度差、推销方式不当、专业素养不高和过度推销等方面。

（3）商品或服务质量

商品本身存在问题，如质量未达到标准，出现小瑕疵，或商品包装问题导致损坏等，容易导致交易纠纷。除此之外，客户的过失或错误，如未按说明书操作导致商品损坏，也是导致交易纠纷的原因之一。

（4）因第三方参与导致的交易纠纷

第三方物流公司在网上交易中扮演着重要角色。物流配送过程中可能会造成商品损耗或配送延迟，从而引发纠纷。目前，京东商城等平台已经自建物流配送，这在一定程度上降低了由于物流环节导致交易纠纷的风险。

2. 不同交易纠纷的应对方法

（1）商品质量纠纷

商品质量是卖家运营环节的重中之重。老客户重复购买的主要原因通常是商品质量令其满意，进而产生了口碑效应。

在网店交易中，卖家应对所售商品的质量承担保证责任，确保商品在保质期限内能正常使用。商品应具备相应的使用性能，符合商品或其包装上标注的标准，且不存在不合理危险。若商品属于“三包”，即法律法规或平台规定的包修、包退、包换范围，卖家应提供相应的售后服务。

1）商品质量问题举证。若客户声称收到的商品存在质量问题，且该问题无法通过肉眼判断，卖家应提供正规进货凭证，如厂家经销凭证、产品合格证、商业发票等。若质量问题可以通过肉眼判断，电商平台有权根据商品图片直接认定。

2）商品质量问题的检测。卖家提供了相关证明文件并得到电商平台认可后，客户应根据平台要求提供检测凭证。电商平台将根据检测结果决定检测费用的承担方，具体判定标准见表 4–2–2。

表 4–2–2　商品质量问题的检测费用判定标准

检测结果	检测费用	检测中商品本身损坏的损失	送检费用
商品存在质量问题	卖家承担	卖家承担	卖家承担
商品不存在质量问题	客户承担	客户承担	客户承担
客观上无法提供检测证明（代购品等）	相关损失由买卖双方共同承担，承担比例由电商平台根据具体情况判断		

需要注意的是，如果客户未按电商平台要求或未使用平台推荐的质检服务而自行检测，检测费用将由客户承担。根据争议处理原则，若商品确实存在质量问题，电商平台（如天猫、京东等）将支持退货退款。因此，卖家在进货时需注意货源，核实供货商资质，并在发货前做好检查，避免产生不必要的纠纷。在举证时，网店需提供正规进货凭证，包括原始发票或授权凭证。

3）与商品质量问题相关的运费争议。运费争议通常按照“谁的过错谁承担”的原则处理，但买卖双方协商一致的按约定处理。若电商平台判定商品存在质量问题，则来回运费都应由卖家承担。

4）避免因商品质量问题引起争议的方法。商品质量是客户衡量商品使用价值的关键标准，它涵盖了商品规定或潜在要求的特征与特性的总和。商品质量引起的纠纷通常分为外观质量、使用质量和客户心理预期三个方面。

① 外观质量。商品的外观质量涉及商品外形满足客户需求的性能，包括光洁程度、造型、颜色等。这类问题通常是客户收到商品后能通过肉眼直接识别的。外观质量问题包括商品制作缺陷、局部瑕疵和颜色偏差等。

② 使用质量。使用质量是指商品在使用过程中所展现出的质量，其直接影响商品的使用情况。客户要求商品的使用情况包括便捷性、耐用性、可靠性和功效性等。客户期望高使用质量的商品应具备使用方便、高可信度和良好效果等特点。

③ 客户心理预期。网上购物的一个显著特点是客户无法通过感官直接感受商品质量，而只能通过卖家提供的产品信息（如图片、卖家秀等）来形成对商品的期望。客户为什么觉得一件衣服的质量不好呢？一是客户通过对比作出判断，可能是对比了该卖家其他商品的质量，或是对比了同款商品的质量；二是客户对商品的期望值过高。客户浏览了网店详情页，认为卖家展示的商品是零瑕疵、零污迹、耐用性极佳的一款商品，当实际收到的商品远远低于客户的心理预期，给客户造成巨大的心理落差，这就很容易引起纠纷。因此，客服人员在引导客户购物时，除了客观介绍商品外，还应适度降低客户的心理预期。

适度降低客户的心理预期有助于卖家规避一定的责任。客服人员在引导客户购物的过程中，可以通过温馨提示来降低客户的心理预期。图 4-2-3 展示了通过商品详情页的注意事项说明来降低客户对商品质量的心理预期。

注！尺寸手工测量，存在几毫米误差，仅供参考，由于显示屏、环境光等原因，色差也在所难免。

图 4-2-3 商品详情页的注意事项说明

又如以下说明：

① 由于测量方式不同，可能存在 1～3 mm 的误差，请以实物为准。

② 由于拍摄光线差异，商品可能存在色差，敬请留意。

③ 商品使用时间以正常使用为基准，实际使用时间因人而异。

这些话术不仅展现商家的诚实，还能增强客户对商品瑕疵的心理承受力。即使客户收到的商品存在一些问题，客服人员在处理纠纷时也能更主动，能以理服人，赢得客户信任。

图 4-2-4 所示商品详情页的细节描述，诚实地反映了商品的瑕疵和不足之处，可起到适当降低客户心理预期的作用。客服人员要学会使用降低客户期望的话术，避免随意承诺，以提高客户对商品与自己期望有距离时的接受能力。

（2）商品价格纠纷

价格是客户购物时非常关注的一个因素。如果客户刚买的商品突然大幅降价，他们会感到被误导，对客服人员的诚信产生怀疑，甚至可能引发投诉。商品详情页的促销信息如图 4-2-5 所示。

TIE XIN XI JIE
贴心细节

細部に作り上げ成功、愛あなたの台所

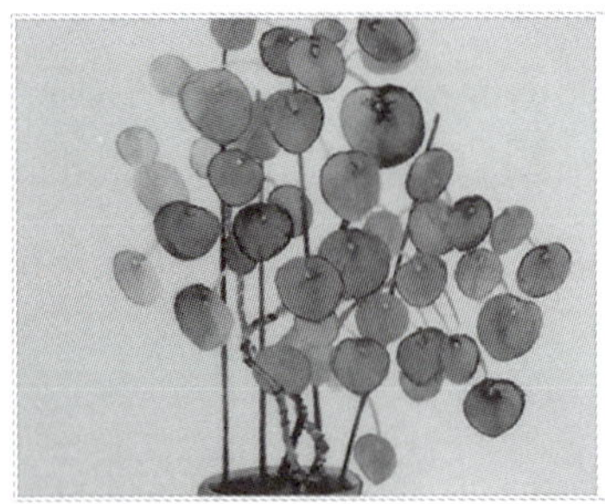

印花图案

手绘图案印花，偶有笔触、色彩不均，更具手作味道。

陶瓷制品

陶瓷制品，偶有小黑点、凸起、针孔等，属正常现象，不影响使用。

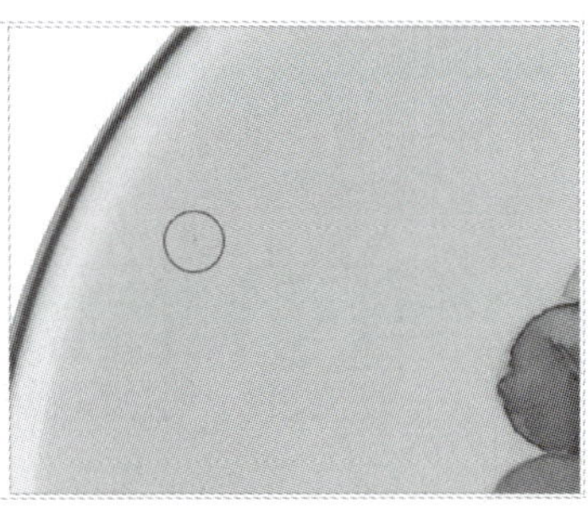

图 4-2-4　商品详情页的细节描述

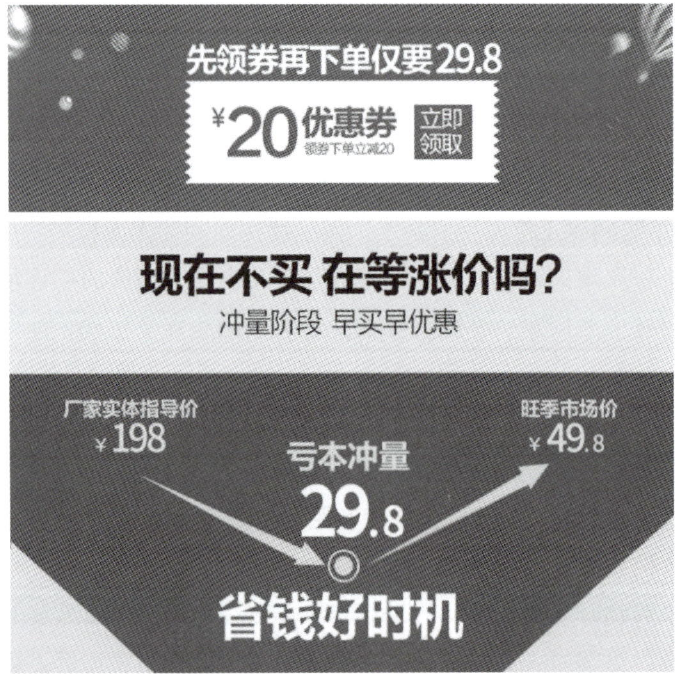

图 4-2-5　商品详情页的促销信息

商品价格的变动是市场常态，尤其是节日或活动期间，如国庆节、春节或“双十一”购物节，卖家会推出各种优惠活动以提升商品销量。面对这种情况，客服人员应如何减少因价格降低引发的纠纷呢?

当客户有意愿购买商品时，如果商品价格近期将有大变动或有促销活动，客服人员应如实告知客户，让其自行选择购买时间，以防价格变动引起纠纷。如果价格变动日期离客户购买日期很近，导致客户无法接受损失，客服人员可以通过赠送小礼品等方式进行补偿。总之，价格波动虽然是正常的，但客服人员要学会站在客户的角度，体谅他们的感受，避免否定他们的情绪。

（3）物流因素纠纷

在销售过程中，商品进入物流环节后，网店的控制力减弱。因此，物流因素常常成为纠纷的源头。导致物流纠纷的主要因素包括发货延迟、物流速度过慢和商品破损。

1）发货延迟。发货延迟是指卖家在客户付款后未能在约定时间内发货。这通常与售后环节有关，可能导致客户退款，影响交易额。发货延迟的原因有多种，包括库存问题、售前与售后交接问题或售后遗漏问题等。

① 库存问题。库存问题主要涉及商品缺货和断货。商品缺货是因为商品生产跟不上销售量，导致暂时性的库存不足，虽通过再生产能补足库存量，但商品完成再生产需要一定的时间。断货则是指商品在售卖的过程中不再生产，卖完即止。断货情况在网店清仓活动中表现得尤为明显。由于清仓期间客流量大，销售量大，售前客服未与工厂仓库取得及时的联系或产品数量更新不及时，没有及时下架断货商品，常会导致客服人员在客户拍下商品后才发现货品断货的情况。

商品缺货或断货都会导致卖家无法按时履行订单，从而引发客户不满。售前客服在销售商品时，应密切监控商品库存，并及时与仓库工作人员沟通，确保能够按时发货。若发现库存不足或商品已断货，客服人员必须立即通知客户，并寻求客户的谅解。对于缺货或断货的情况，客服人员需预估补货时间，并如实告知客户。如果客户不能接受等待，卖家应提供换货选项，并在客户同意的情况下推荐类似商品，并提供额外优惠或礼物，或全额退款。客服人员在面对因为缺货或断货产生的纠纷时，一定要及时向客户道歉并说明情况，及时退款、换货，以缓解客户不满情绪。同时，对于缺货或断货的商品要及时下架，以免再有其他的客户点击购买。

② 售前与售后交接问题。在大中型网店，售前与售后工作分工明确。售后客服人员在处理待发货订单时，应与售前客服人员交接信息，通过直接联系售前客服人员或从售前客服人员的备注信息中获取商品发出时间，并对较为急迫的订单优先发货。对于售前客服人员承诺的发货时间，应做到守时发货，避免产生纠纷。

③ 售后遗漏问题。随着网店订单数量的增多，售后客服的工作量明显增加，在逐一整理发货订单并进行打包发货时，难免会遗漏一些订单。为防止由于客服人员的遗漏而导致发货延迟，出现了专门排查订单的软件。这种网店管理软件的应用，帮助网店提高了工作质量和工作效率。如图 4-2-6 所示，淘宝商家服务市场是淘宝网为淘宝商家打造的综合性服务平台，汇集了在网店经营过程中所需的各种工具、服务及资源，助力淘宝商家高效管理与业务拓展。

图 4-2-6　淘宝商家服务市场页面

2）物流速度过慢。物流服务是电子商务的重要组成部分，但由于快递公司仍在发展阶段，常出现物流速度慢、服务差的问题。尤其在促销期间和节假日期间，物流公司面临巨大的压力。卖家虽无法控制物流速度，但可以采取以下措施减少纠纷：

① 加强与客户沟通。客服人员在回答客户关于快递到达时间的问题时，应留出更多余地，切忌使用绝对肯定的措辞，以减少因快递延迟而造成客服工作的被动。

② 加强与物流公司合作。卖家应与物流公司建立良好的合作关系，达成口头或书面协议，明确快递延迟或出现问题的解决方案。同时，维护好与快递员的关系，以便在处理快递时获得优先权。

3）商品破损。商品破损可能是由于发货时检查不严，商品本身有破损，或者快递过程中造成的商品损坏。当责任不清时，客户通常会向卖家投诉。为减少此类纠纷，客服人员在发货时应提醒客户亲自验货后签收。如客户对收到的货品有异议，如外包装破损、浸湿，应要求快递员书面签字确认或拒收。同时，客服人员在发货前应严格检查商品，确保包装规范，并注明商品信息，同时在交给物流公司时让快递员确认货品完整，最好有书面记录。

3. 纠纷处理的流程

处理客户纠纷是一项技术性较强的工作，需要长期的经验积累。特别是交易纠纷的处理，能够最大限度锻炼售后客服人员的心理承受能力和应变能力。售后客服人员在处理与客户之间的纠纷时，应坚持有理、有节、有情的原则，具体处理流程如图 4-2-7 所示。

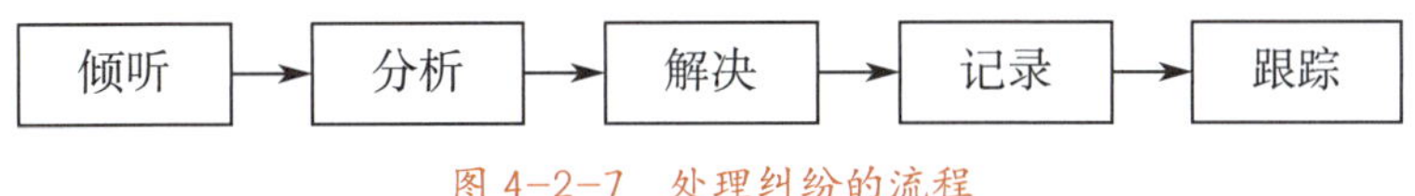

图 4-2-7 处理纠纷的流程

（1）倾听

当客户收到期待已久的商品，却发现与自己的心理预期相差甚远时，他们可能会感到不满，并向客服人员抱怨。这时，客服人员应充分理解客户的心情，耐心倾听客户的抱怨，给予他们发泄情绪的机会。

在客户讲述时，不要急于辩解。因为在客户情绪激动时，任何解释都显得苍白无力，甚至可能更加激化与客户的矛盾，引起不必要的争执。此时，客服人员要做一个耐心的倾听者，站在客户的立场上，听他们把话讲完，肯定并认同客户的感受。在倾听过程中，客服人员最好的应对方式是仔细聆听、适当回应，既不能让客户觉得你在敷衍他，又要保持情感上的交流，认真听取客户的讲述，充分理解客户遇到的问题及其诉求。

耐心倾听客户的讲述后，无论纠纷产生的原因是什么，客服人员都应首先向客户道歉，让客户知道你已经了解了他的诉求。道歉并不意味着你理亏或者做错了什么，其实客户的对错并不重要，重要的是客服人员如何解决问题，不让问题蔓延，变得不可收拾。

（2）分析

售后客服人员在认真倾听客户的讲述后，需要对客户讲述的内容进行分析、归纳，找出产生纠纷的原因。造成纠纷的原因主要有四个方面，如图 4-2-8 所示。

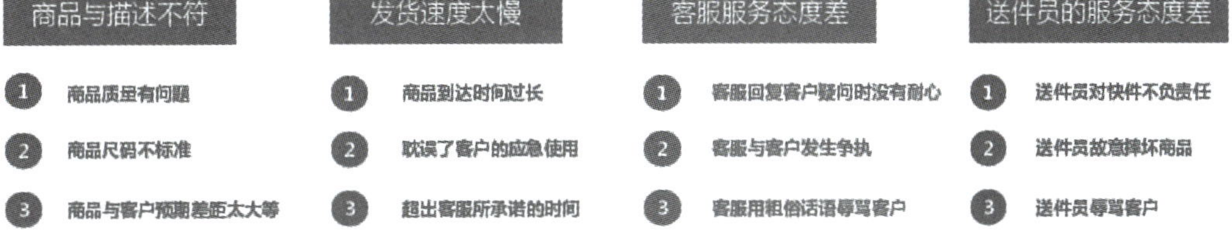

商品与描述不符	发货速度太慢	客服服务态度差	送件员的服务态度差
1 商品质量有问题	1 商品到达时间过长	1 客服回复客户疑问时没有耐心	1 送件员对快件不负责任
2 商品尺码不标准	2 耽误了客户的应急使用	2 客服与客户发生争执	2 送件员故意摔坏商品
3 商品与客户预期差距太大等	3 超出客服所承诺的时间	3 客服用粗俗话语辱骂客户	3 送件员辱骂客户

图 4-2-8 造成纠纷的主要原因

造成纠纷的原因多种多样，有的表现为其中一个方面，有的涉及多个方面。客服人员要迅速弄清楚客户抱怨的关键原因是什么，以及客户急需解决的问题是什么。客服人员要理解客户在不满情绪的驱使下，对客服人员和网店都会产生很强的抵触感，

认为自己是“受害者”，对网店和商品都会产生抱怨。

例如，有位客户这样抱怨自己的购物经历：“你们这是什么打印机啊，用了两次就坏了，根本没有办法继续打印！第一次使用的时候就很卡纸，之后就没有办法使用了。之前的客服态度也差，对人爱理不理。发货慢死了，催了几次才发货。快递也不给力，送了五六天才收到。”可见，这位客户的抱怨真不少，包括对商品质量、客服服务态度、仓库发货速度、快递运输速度等都不满。此时，客服人员就有必要弄清楚问题的主次。客户的抱怨是从打印机无法正常使用开始的，这一点触发了其对整个购物过程的不满。由此可见，客户最不能接受的便是商品本身的质量问题。客服人员在为客户解决问题时，首先要做的是保证商品的正常使用，对于客户的其他抱怨与不满可以在之后的工作中进行弥补。

（3）解决

当客服人员了解客户抱怨的真实原因后，就要竭尽全力为客户解决问题，这也是处理纠纷的关键步骤。在解决客户的抱怨时，首先要安抚客户的情绪，营造一个和谐的对话环境；然后对客户提出的问题进行相应的解释，请求客户的理解；最后向客户提出解决方案，努力与客户达成共识。

售后客服人员在解决问题之前，要针对客户所描述的情况进行分析，做好责任认定，针对不同的责任提出不同的解决办法。

1）店铺的责任。由于店铺或客服人员在销售商品或服务环节的疏忽而造成客户精神、财产损失的，店铺应承担主要责任，提出解决方案，妥善解决纠纷。解决纠纷的方法为：首先主动承担责任，诚挚地道歉；然后主动退换货，并承担来回运费；最后给予客户一定的补偿，如赠送优惠券等。

2）物流公司的责任。物流公司的职责就是将客户在网店购买的商品快速、安全地运送到客户手中。物流在途出现的意外，如运输过程中的掉件、商品受损、快递员服务态度恶劣等，都会影响客户的购买体验。当客户向客服人员抱怨这些问题时，客服人员要主动联系物流公司，弄清楚快件在运输过程中出现问题的事实，并要求快递公司进行赔偿，向客户赔礼道歉。

3）客户的责任。在商品交易过程中，不可避免地会因为客户的操作不当或客户心理期望值过高，甚至客户恶意损坏等原因而引发交易纠纷。在面对上述几种客户负有主要责任的情况时，售后客服人员既要坚持维护店铺利益，又要运用解决纠纷的技巧，耐心解释，摆事实、讲道理，让客户明白自己对纠纷负有主要责任。对蛮不讲理的人，也不能一味地忍让和纵容，可以通过电商平台介入来加以解决。

（4）记录

售后客服人员在与客户就纠纷事宜的解决达成一致后，应详细记录整个情况，包括引起纠纷的原因、责任认定、解决方案等。这些记录不仅可以帮助客服人员积累处理纠纷的经验，还可以帮助网店各部门进行自我检查，以发现并改进工作中的不足。客户纠纷处理记录的内容可以参考表 4-2-3 所示。

表 4-2-3　客户纠纷处理记录表

客户昵称	处理时间	购买商品	纠纷问题	责任认定	处理方案	客户满意度

（5）跟踪

客服人员在提出客户认可的解决方案，顺利解决纠纷的同时，应对纠纷处理情况进行跟踪调查。

1）及时告知客户纠纷处理进度，包括采取了哪些补救措施以及目前的进展情况，让客户了解客服人员的工作，并让其感受到客服人员解决纠纷的诚意和努力。

2）在解决交易纠纷后，询问客户对解决方案的满意度，以及对执行结果的满意度等。通过这些行为，让客户感受到卖家的诚信和责任心，以弥补之前给客户带来的不愉快经历，从而化解纠纷，改善客户关系，给客户留下负责任、有诚意的良好印象。

三、严重投诉与维权

除了日常的售后工作，售后客服人员还会遇到一些严重的纠纷，如平台介入的投诉与退款，以及客户不接受沟通，坚持给予中差评等。这类纠纷如果处理不当，会对店铺产生较大的影响。因此，在处理严重纠纷时，客服人员需要更加积极主动，尽力安抚客户，将大事化小，使纠纷妥善解决。

严重的投诉与维权是指商品存在较大争议，买卖双方的争议点主要集中在发货、换货、退款、补差价等问题上。由于售后客服人员与客户沟通不畅，导致客户产生诸多不满，从而申请电商平台介入。一旦投诉、维权成立，店铺将面临严重处罚。淘宝平台维权入口如图 4-2-9 所示。

各电商平台对店铺的处罚标准会因客户提出的投诉事项而有所不同，具体内容如下。

1. 恶意骚扰维权

恶意骚扰是指卖家在交易中或交易后采取恶劣手段骚扰客户，妨害客户购买权益的行为。对此，客户可发起恶意骚扰维权。以淘宝网为例，一经投诉成立，卖家面临的处罚是：店铺每次扣 12 分；情节严重的，视为严重违规行为，店铺每次扣 48 分。

图 4-2-9 淘宝平台维权入口

2. 违背承诺维权

违背承诺是指卖家拒绝向客户提供其所承诺的各项服务。例如在淘宝平台的交易违反支付宝交易流程、拒绝使用信用卡付款、未按成交价格进行交易等情况。若客户投诉卖家有违背承诺行为，经核实成立后，平台将对其按每次扣 4 分、6 分、12 分不等的标准进行处罚。

3. 延迟发货维权

延迟发货是指卖家在客户付款后未在规定时间内发货，或定制、预售及其他特殊情形等另行约定发货时间的商品，店铺未在约定时间内发货，妨害客户购买权益的行为。卖家的发货时间以快递公司系统内记录的时间为准。例如天猫平台，如果出现延迟发货的情况，商家需向客户支付该商品实际成交金额的 30%（金额最高不超过 500 元）作为违约金，该违约金将以天猫积分形式支付。

售后客服人员每天上班的第一件事就是查看是否有严重投诉。严重投诉与维权一般针对客户要求电商平台介入的订单，售后客服人员在处理严重投诉与维权时，要注意时间的把握。以淘宝网为例，应确保所有的投诉在三个工作日内让客户撤销维权，严格执行半小时跟进制度。此外，售后客服人员还应了解各电商平台受理争议的范围，以免店铺遭受处罚，最大限度地减少店铺的损失。淘宝网违约投诉管理后台如图 4-2-10 所示。

图 4-2-10　淘宝网违约投诉管理后台

一、退款处理

客户下单购买某商品后，由于某种原因不需要该商品了，在商品还未寄出的情况下，客户可以向商家提起退款申请。经过双方沟通、达成一致的情况下，客服人员就可以进行退款操作。具体操作步骤如下。

● 步骤 1　单击千牛工作台左侧“交易”栏中的“退款管理”选项，即可查看店铺中所有退款订单。单击其右侧的“退款待处理”按钮，如图 4-2-11 所示。

图 4-2-11　单击“退款待处理”按钮

● 步骤 2 在“退款详情”页面中，单击“同意退款”按钮，如图 4-2-12 所示。

图 4-2-12　退款管理

● 步骤 3 跳转至“卖家处理退款申请”环节，在“支付宝支付密码”文本框中输入支付密码，并单击“确定”按钮，如图 4-2-13 所示。

图 4-2-13　同意退款

完成操作后，即可成功退款，如图 4-2-14 所示。

图 4-2-14　退款成功

二、淘宝服务中心对恶意客户的处理

千牛工作台的会员关系管理可提供多种客户关系管理功能，商家不仅可以对不同级别的会员开展营销活动，而且可以对恶意客户进行拉黑处理，以保护自身利益。

● 步骤 1　登录千牛工作台账号，进入“千牛工作台”页面，单击左侧“私域”栏中的“会员运营”选项，如图 4-2-15 所示。

图 4-2-15　单击“会员运营”选项

● 步骤 2 打开“会员运营”页面，单击右上角“进入客户运营平台”按钮，如图 4-2-16 所示。

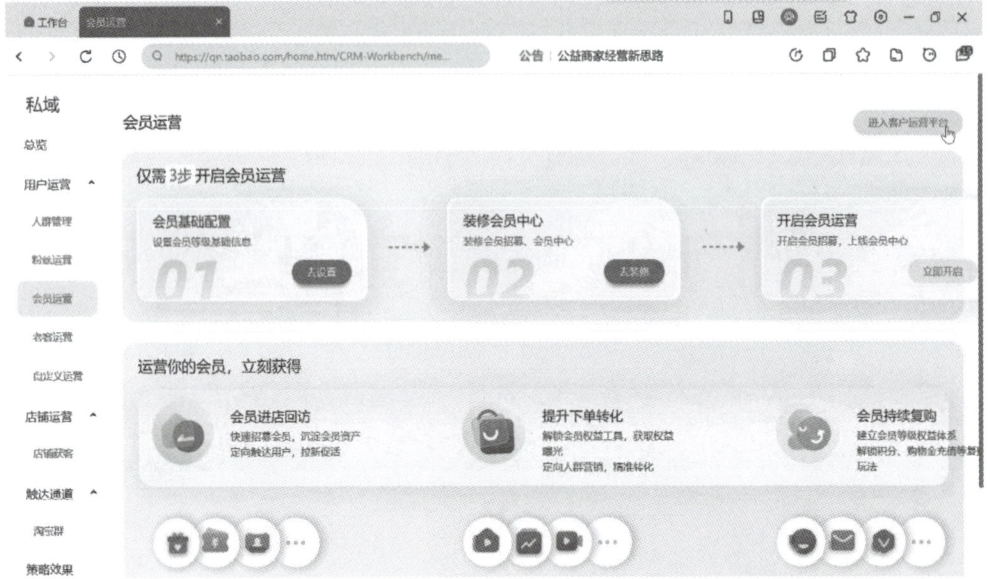

图 4-2-16 单击“进入客户运营平台”按钮

● 步骤 3 进入“客户运营平台”页面，选择左侧“客户列表”选项，如图 4-2-17 所示。

图 4-2-17 选择“客户列表”选项

● 步骤 4 打开店铺所有客户订单信息，找到需要禁止下单的客户昵称，如图 4-2-18 所示。

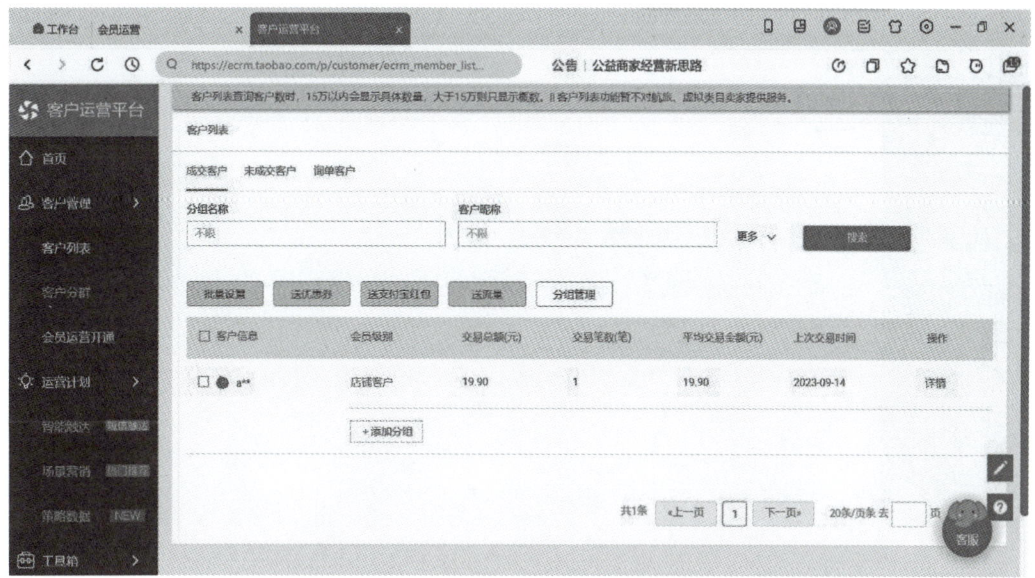

图 4-2-18　找到需要禁止下单的客户昵称

● 步骤 5 单击“会员级别”栏中“+ 添加分组”按钮，弹出下拉列表框，再单击“禁止购买”按钮，如图 4-2-19 所示。

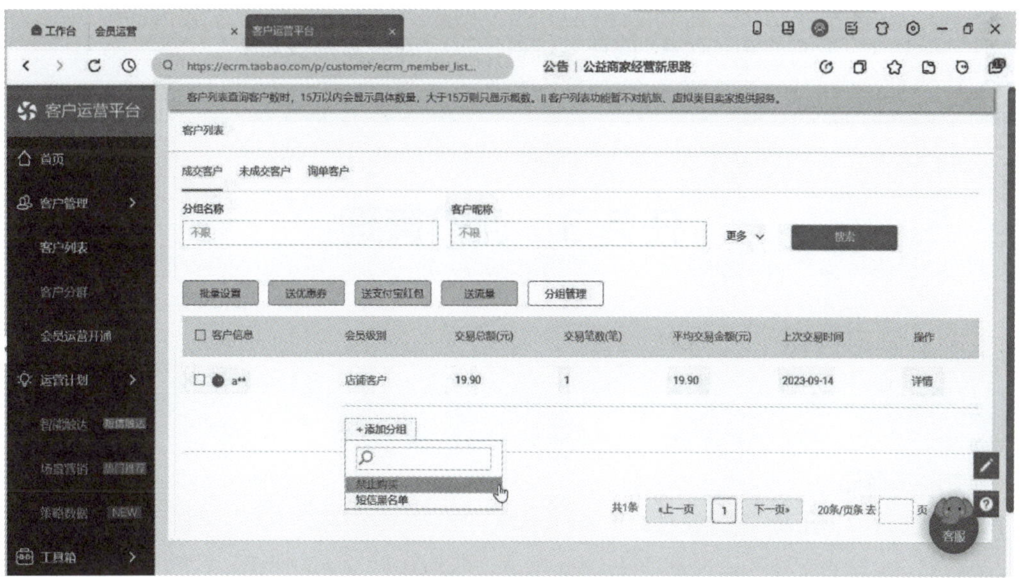

图 4-2-19　禁止购买

完成操作后，该客户就无法在店铺购物，如图 4-2-20 所示。

图 4-2-20　完成禁止购买

1. 常见的纠纷类型有哪些？
2. 客户投诉的主要原因有哪些？
3. 应对不同的交易纠纷的处理办法有哪些？
4. 简述处理客户投诉的步骤与技巧。

任务 3　评价管理

- 知识目标

1. 了解引起中差评的原因
2. 掌握处理客户中差评的技巧以及应对恶意评价的方法
3. 掌握促进客户好评的方法

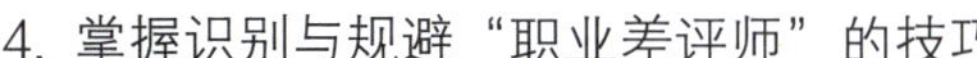

4. 掌握识别与规避“职业差评师”的技巧

能力目标

1. 能正确认识中差评对网店的影响
2. 能对中差评进行合理的解释并跟进客户

相关知识

交易完成后，买卖双方即可互相评价。评价通常分为好评、中评和差评。虽然天猫店铺没有中差评的选项，但是如果客户对卖家的服务、商品、物流等不满，也会通过其他方式给予负面评价。不同评价有不同的积分规则。客户评价后，卖家应对客户的评价作出回评解释，并针对客户的评价，采取好评、中评和差评等相应操作。

交易完成后，买卖双方需在 15 日内对订单进行互评。客户给出的好评能使店铺增加 1 分信誉，而得到差评，则扣除 1 分。网店评分对店铺和商品销量有明显的影响，因此任何一家店铺都希望避免中评和差评。中差评不仅影响店铺，还影响客服人员的绩效。客服人员需要联系客户处理中差评问题，尽量减少其对店铺的影响。

一、中差评对网店的影响

虽然有人认为评价解释不重要，但是一个新客户进入商品页面后，通常会选择查看已有的评价。这时，好评会成为促成交易的关键，而中差评可能导致潜在客户放弃购买。对于信誉等级不高的网店，中差评可能造成致命打击。中差评的影响主要表现在以下四个方面。

1. 严重影响转化率

评价是客户挑选商品的重要参考因素。中差评可能导致潜在客户放弃购买，降低商品转化率，直接影响商品的销量和店铺收益。淘宝商品评价页面如图 4-3-1 所示。

2. 影响商品搜索排名

商品好评率的高低会直接影响商品的自然搜索排名。中差评越多，好评率越低，搜索排名就越靠后，导致卖家在同类商品竞争中处于劣势。淘宝网自然搜索排名如图 4-3-2 所示。

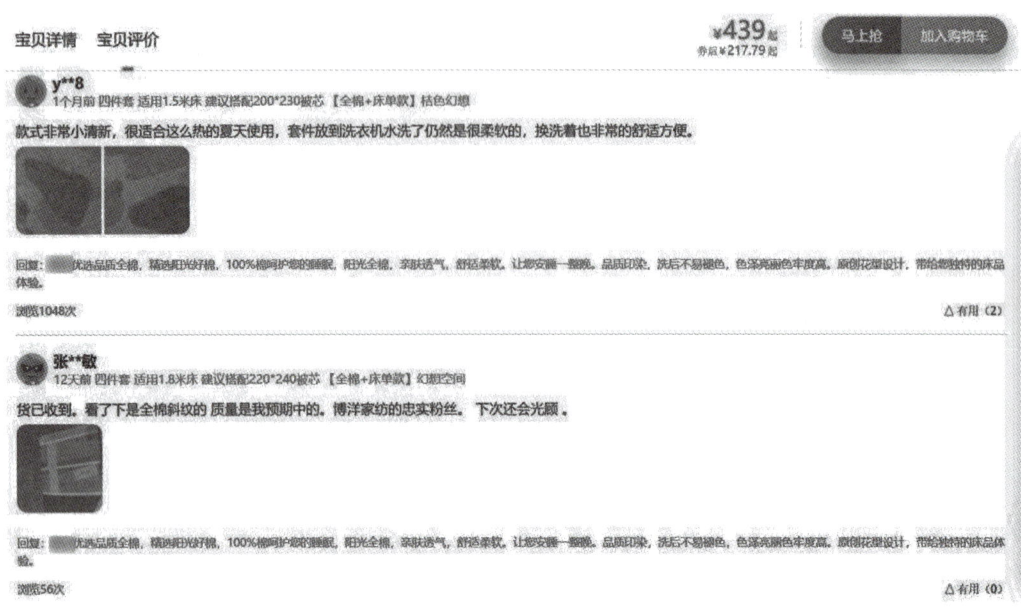

图 4-3-1 淘宝商品评价页面

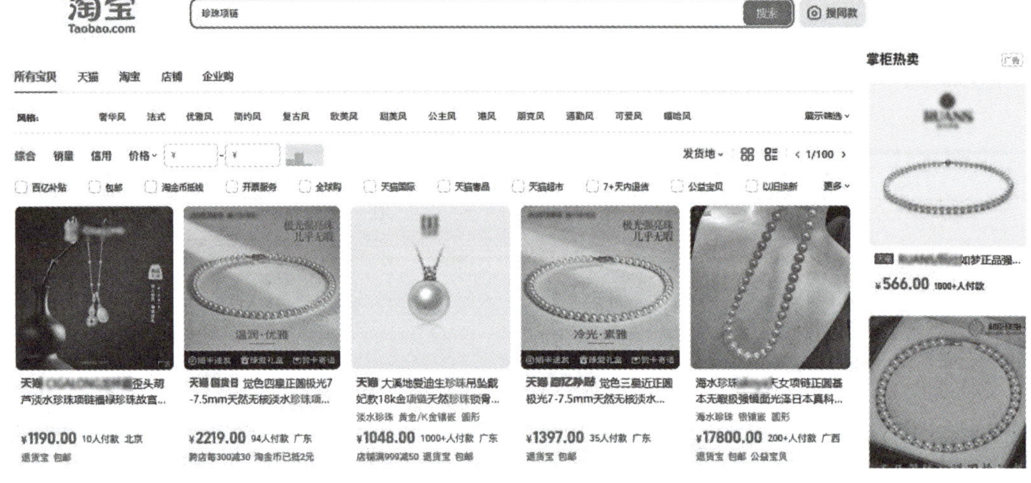

图 4-3-2 淘宝网自然搜索排名

3. 影响活动报名

许多电商活动，如聚划算、淘金币、天天特卖等都对商品好评率有一定的要求，低于这一要求的商品将无法报名参加相应的电商活动。而电商活动是宣传、推广店铺和商品的重要途径，不仅可以大量引流，提高店铺销量，还可以对网店形象等起到一定的宣传作用。无法参加这些活动将限制店铺的发展，影响引流和商品销量。淘宝网官方大促活动商家报名后台，如图 4-3-3 所示。

4. 造成广告资源的极大浪费

网店竞争越来越激烈，推广成本也越来越高。为提高网店商品展现量，店铺往往投入巨额成本引入流量。这些流量吸引来的客户如果因为中差评而流失，将为店铺带来巨大损失。如某商品的利润是 50 元，一个中差评导致商品滞销 10 个，那么店铺的损失就是 500 元。中差评造成了广告资源的极大浪费。淘宝网的付费推广工具如图 4-3-4 所示。

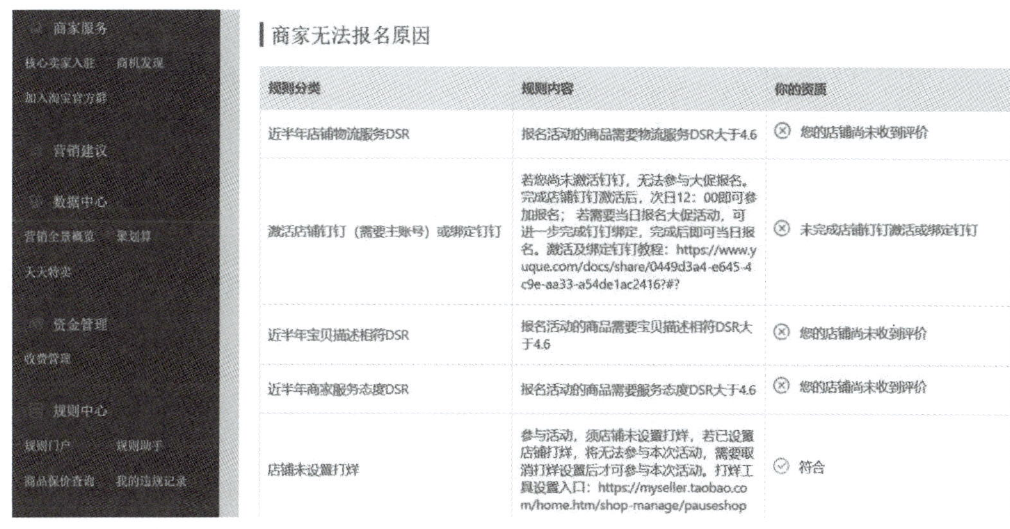

规则分类	规则内容	你的资质
近半年店铺物流服务DSR	报名活动的商品需要物流服务DSR大于4.6	您的店铺尚未收到评价
激活店铺钉钉（需要主账号）或绑定钉钉	若您尚未激活钉钉，无法参与大促报名。完成店铺钉钉激活后，次日12：00即可参加报名；若需要当日报名大促活动，可进一步完成钉钉绑定，完成后即可当日报名。激活及绑定钉钉教程：https://www.yuque.com/docs/share/0449d3a4-e645-4c9e-aa33-a54de1ac2416?#?	未完成店铺钉钉激活或绑定钉钉
近半年宝贝描述相符DSR	报名活动的商品需要宝贝描述相符DSR大于4.6	您的店铺尚未收到评价
近半年商家服务态度DSR	报名活动的商品需要服务态度DSR大于4.6	您的店铺尚未收到评价
店铺未设置打烊	参与活动，须店铺未设置打烊，若已设置店铺打烊，将无法参与本次活动，需要取消打烊设置后才可参与本次活动。打烊工具设置入口：https://myseller.taobao.com/home.htm/shop-manage/pauseshop	符合

图 4-3-3　淘宝网官方大促活动商家报名后台

图 4-3-4　淘宝网的付费推广工具

二、引起中差评的原因

店铺出现中差评时，客服人员应理性对待，分析产生中差评的原因。客户给予中差评的原因通常分为以下几种情况。

1. 买卖双方存在误会

误会是产生中差评最普遍的原因。其症结主要是买卖双方存在言语上的误会，如表达不准确、双方交谈不愉快等，造成客户在购物过程中产生误解，从而在购买商品后给予店铺中差评。

2. 对商品期望过高

客户收到商品后，发现实物与自己的心理预期有较大差距，虽然因各种原因没有退换货，但给予商品中差评。

3. 对商品或服务不满意

客户对店铺的商品或服务不满意，可能是商品质量或客服服务态度问题所致，因气愤而给予中差评。

4. 恶意竞争和“职业差评师”

在激烈的网店竞争中，有些商家为了打击竞争对手，故意对竞争对手的热销商品进行恶意中差评。还有一些人专门以给网店差评为手段，索要钱财牟利，这些人被称为“职业差评师”。

恶意差评和“职业差评师”的行为是电商行业中不诚信的表现，对电商平台生态和商家造成了负面影响。这些行为违背了公平竞争的原则，损害了商家的声誉和利益，同时也会误导消费者，破坏正常的电商交易环境。目前，电商平台和商家都在努力打击这种行为，以维护健康、公平的交易环境。

三、中差评的处理

通常，要分析客户给出的中差评是正常中差评还是恶意中差评。无论哪种情况，客服人员都应迅速采取应对措施：首先查看客户信誉，判断是否为“职业差评师”；其次了解客户给予中差评的原因，积极与客户沟通；最后解决客户问题，争取得到让双方满意的处理结果。

1. 解决中差评的步骤

处理中差评问题，首先需了解客户给予中差评的原因。除“职业差评师”外，一般的客户通常会说明差评原因，如商品质量问题、描述与商品不符、物流速度问题、快递件破损、客服人员态度问题等。一旦明确原因，客服人员就可以提出针对性的解决方案和应对措施，争取在双方满意的基础上促成客户修改中差评。

开网店不可避免会遇到客户的中差评，但很多时候，这些中差评是由于误解造成的。因此，当收到中差评时，客服人员应与客户谨慎沟通，承认工作上的失误，并引导客户修改中差评。如果在与客户积极沟通后，客户仍不愿修改中差评，客服人员也应保持理性态度。因为适量的中差评也是可以理解的，如果商品只有好评，反而会让潜在客户怀疑店铺是通过刷单积累信誉的。解决中差评的步骤如下：

（1）主动回访

收到中差评后，客服人员首先应了解产生中差评的原因，然后主动回访客户，及时发现并处理问题。回访时，客服人员应保持良好的态度，让客户感受到被重视，觉得自己得到了商家热情的服务，从而顺利解决中差评问题。

进行回访时需要注意以下三方面，如图 4-3-5 所示。

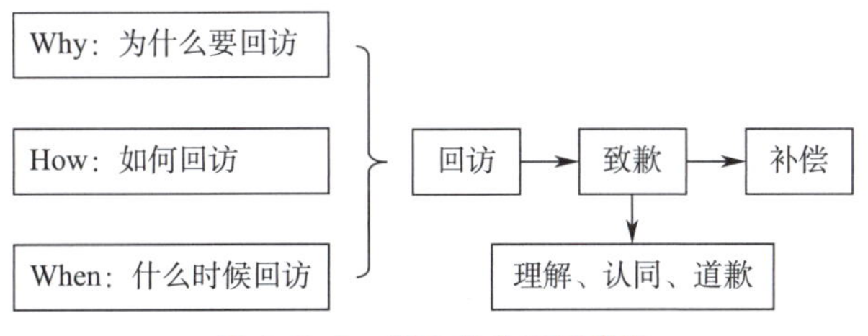

图 4-3-5 解决中差评的步骤

1）为什么要回访

明确回访的目的——了解客户给出中差评的原因，找到问题的根源，以便从根源入手解决问题。回访时，客服人员应端正自己的态度，要明白回访的主要任务是致歉和解决问题，而不是质问客户为何给出中差评。切忌与客户争吵。

2）如何回访

选择合适的回访方式很重要。通过电商平台的即时通信工具进行回访最为常见，而拨打客户的收货电话最直接。使用即时通信工具较便利，更容易被客户接受，所以使用率最高。而大部分客户很反感客服人员直接电话沟通，因此，应谨慎使用电话沟通。

淘宝旺旺在线话术示例如图 4-3-6 所示。

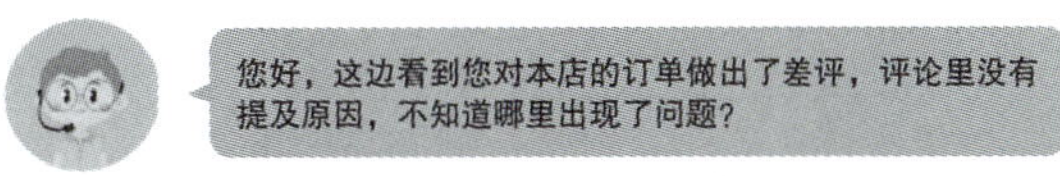

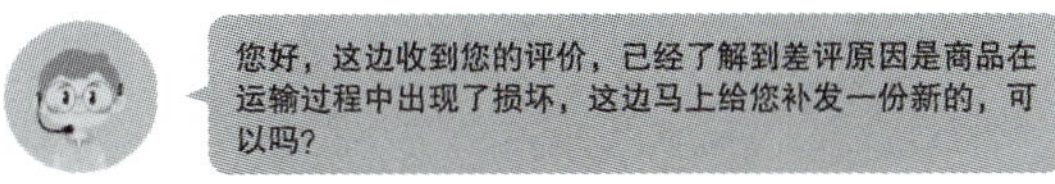

图 4-3-6 淘宝旺旺在线话术示例

电话话术示例如图 4-3-7 所示。

您好，我是××店铺的售后客服，我叫×××，今天打电话是想做一个售后回访，不知道您对近期购买的商品是否满意？

您好，这边是××店铺的客服，您近期在本店购买了××商品，今天给出差评但未提及原因。很抱歉给您造成了困扰，不知道是商品出现了问题，还是客服服务出现了问题呢？我们诚心想要为您解决问题。

图 4-3-7　电话话术示例

在与客户沟通时，客服人员必须善于观察，从客户的情绪符号和语句表达中判断客户的意图。对于情绪激动且不愿修改中差评的客户，不应强迫他们修改，而应诚恳地道歉并尊重他们的决定。对于犹豫不决的客户，可以提供一些优惠或以诚恳谦卑的姿态，赢得客户的谅解来促成其对中差评的修改。对于愿意修改中差评的客户，首先要表示感谢，然后礼貌地请求其尽快修改，因为时间拖延可能会导致情况发生变化。

以下是针对不同情况的回复话术示例：

对于不愿修改中差评的客户：“我们深知未能达到您的期望，对此我们深感抱歉。请接受我们诚挚的歉意，我们会吸取教训，努力改进服务质量。”

对于犹豫不决的客户：“我们非常重视您的反馈，作为对我们服务不足的补偿，我们赠送您一张购物券，以表达我们的歉意。如果您愿意，我们也希望能够得到您的理解和原谅，帮助我们改进。”

对于愿意修改中差评的客户：“非常感谢您的理解和支持。您现在方便上网吗？无论是手机还是电脑，都可以轻松修改评价。如果您现在不方便，我可以在晚上 8 点后给您发送短信提醒，您看可以吗？再次感谢您的支持，期待您提出宝贵意见！”

3）什么时候回访

回访应在收到中差评后立即进行，做到及时发现、及时沟通、及时处理。及时回访体现了店铺对客户的重视，而让客户感受到店铺正视问题的态度是至关重要的。需要注意的是，应避免在不合适的时间点联系客户，以免造成新的矛盾。以下三个时间段联系客户是不合适的，如图 4-3-8 所示。

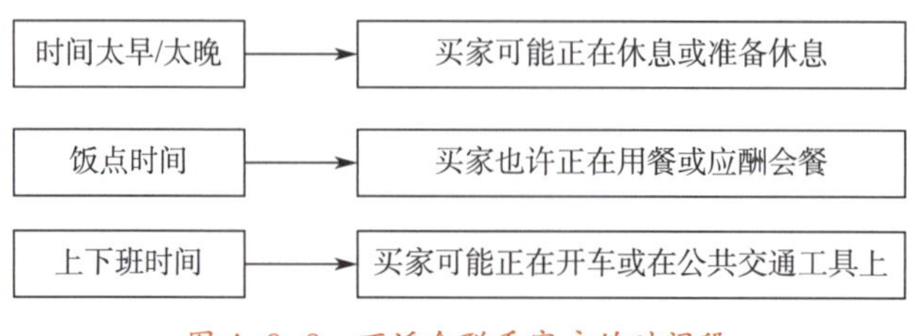

图 4-3-8　不适合联系客户的时间段

（2）真诚地表达歉意

了解客户给予中差评的原因后，无论责任在谁，客服人员都应向客户表达歉意。表达歉意时，可以直接道歉，也可以是站在客户的立场上委婉地认同对方。

道歉话术示例如图 4-3-9 所示。

图 4-3-9 道歉话术示例

（3）适当地给予补偿

对于一些比较好沟通的客户，当客服人员解释了出错原因后，他们通常愿意修改中差评。对于难以沟通的客户，可以适当提供补偿措施，如重新发货、退换货物、赠送优惠券或返现、送礼物等，促使客户修改中差评。需要注意的是，提出补偿时应先给予优惠，再请求客户修改中差评。

给予补偿话术示例如图 4-3-10 所示。

图 4-3-10 给予补偿话术示例

解决问题时，应尽量说服客户不退货，以保留合作机会。因为客户未退货，那么这一订单就已经有利润，即使补偿了客户损失，也只是少赚一点而已。在前述三种回复示例中，每一种回复都有引导客户下次购物的话语。第一种提示“返现”或“补发”；第二种赠送了下次购物的优惠券；第三种在迫不得已退货的情况下，客服人员仍提醒了客户可以换成其他的款式。所以，客服人员应努力促成交易完成，并且为下一单交易埋下伏笔。

2. 处理商品问题引起的中差评

在电商领域，因商品的问题导致客户给出中差评已成为客服工作的常见挑战。分析这些中差评，可以发现，涉及的商品问题主要集中在三个方面：一是商品质量问题；二是商品色差问题；三是商品实物与描述严重不符。

（1）商品质量问题

当客户在 15 日的时间范围内给出差评时，客服人员首先应当查明客户收到的商品是否确实存在质量问题。同时，需要确认这类质量问题是普遍存在，还是个别现象。若确实为商品质量问题，客服应采取相应的应对措施。

1）个别性问题

个别性问题是指提出质量问题的客户数量较少，属于低概率事件。例如，在 1 000 件商品中，可能只有一两件存在质量问题。这通常是由于商品质检过程中的疏漏所致。商品出厂前需经过质量检测，而质量检测通常采用抽样方式，允许一定程度的误差。客户收到的瑕疵商品很可能就是这一误差的体现。

对于这类问题，解决方法相对简单：客服人员向客户说明情况，并立即免费提供一份新的商品。大多数客户在了解情况后，都会表示理解并接受，从而顺利地修改中差评。

2）普遍存在的问题

普遍存在的问题是指商品的问题是客观存在的，并非客户主观感受的问题。例如，尽管大多数人认为商品质量好、性价比高，但仍有个别人认为产品质量不佳。造成这种差异是因为每个人对“质量”的定义标准不同。要客观衡量商品的质量，关键在于商品的价格和价值是否相匹配。

对于这类差评，客服人员应向客户明确解释商品的价值，比较相同价格下的质量，或相同质量下的价格，以证明商品的质量与价格是匹配的。即便客户不修改中差评，在其评价下客服人员这样的回复解释也能让其他潜在客户理解，从而减少差评对他们的影响。

3）确实存在质量问题

如果商品确实存在质量问题，客户给出中差评便属情理之中。此时，无论客服人员如何解释，客户可能都不愿接受任何和解条件。如图 4-3-11 所示客户差评就属于商品确实存在质量问题的情况。

在这种情况下，客服人员应尊重客户的选择，并在交易规则允许的范围内，为客户提供退货退款服务。同时，客服人员应向运营部门提出建议，从根本上解决商品质量问题，如考虑更换供应商，以确保提供优质商品。

s***u（匿名）

大家不要买，试买的巨无霸，开出来数量不多，珍珠超级小。卖家称这也算得上钻石级的珍珠，这不是睁眼说瞎话吗？还狡辩，这本来就是开盲盒，开出啥样不一定。如果盲盒是统一价格还可以理解，但你区分了等级、区分了价格，就应该有对应的品质。产品质量超级差。不要上当，不要买，这好评绝对刷流量刷出来的。

2023年09月12日 22:28　颜色分类：巨无霸多珠蚌1个(蚌大)手工之星　有用 (0)

z***x（匿名）

买了五个巨无霸，详情页上写的是6~9毫米，就一个紫色的大小符合，其他四个尺寸均不达标。商家拒不承认，并且玩文字游戏，说是开出来的都是"6左右"，我尺子都放旁边了，商家竟然还能睁着眼睛说瞎话，都是三四毫米大小的，怎么变成"6左右 的？四舍五入到"6"上了？这种欺骗消费者的商家居然还能存在，简直是离谱。我已经向淘宝平台和12315投诉商家了，相关客服也介入了。退不退钱的无所谓，这种骗人的商家，必须得到应有处罚！

2023年07月20日 04:36　颜色分类：巨无霸多珠蚌5个送真空小蚌　有用 (0)

图 4-3-11　因商品质量问题引起的客户差评

（2）商品色差问题

商品色差问题是电商购物中一个非常重要的问题，引起色差问题的原因可以归纳为以下几点：

1）显示器效果引起的色差

客户在电商平台上购物时，无论是使用计算机、手机还是平板电脑等移动设备浏览商品，由于不同设备的显示器材质和性能差异，可能会导致商品颜色的显示出现差异。因色差引起的差评如图 4-3-12 所示。

（匿名）

抖音推荐的，哇哦，色差大得不得了，这得加多大的美颜才能达到卖家的那种颜色。

2022年11月25日 15:55　颜色分类：粉红色　尺码：均码　有用 (0)

图 4-3-12　因色差引起的差评

因此，店家在制作商品详情页时，应明确提醒客户“不同显示器可能会导致图片颜色有所差异，介意者勿拍”。如果客户在了解这一情况后仍选择购买，并在收到商品后对色差质疑，给予中差评，客服人员可以据此与客户进行沟通。需要注意的是，这里指的是细微的色差，而非显著的色彩差异。如果色差并非因显示效果引起的，客服人员不应以此为由敷衍客户。

2）拍摄和后期处理引起的色差

商品照片的拍摄和后期处理也可能会引起色差。在不同的光线和拍摄环境下，商品的颜色可能会有所变化。许多店铺为了提升照片的美观度，会对其进行调色和美化处理，但过度的修饰可能造成颜色失真，从而误导客户。因此，在拍摄商品照片时，应尽量选择好天气和适宜的光线条件，避免过度依赖后期调色。如果确实因拍摄和后期处理导致细微色差，美工在制作商品详情页时，也应对此进行说明，以减少客户因色差而产生的差评。

3）颜色命名引起的误解

由于男性和女性对颜色的认知差异，以及不同人对同一色系下不同颜色的辨识能力不同，可能会造成颜色命名上的误解。例如，客户购买的是标注为“白色”的商品，实际收到的却是“米白色”。这类色差问题通常与前述两种情况有关联。客户根据商品详情页的照片和颜色名称进行购买，收到商品后发现有色差，就给出中差评。因此，在命名商品颜色时，应确保名称与实际相符。如果因颜色命名问题导致差评，客服人员应主动承认错误，积极与客户沟通，提供退货退款等解决方案，以提升客户满意度。如果客户愿意，可以适时请求修改中差评；如果客户不同意，也应尊重其选择，并在差评下回复致歉。

（3）与商品描述严重不符

与商品描述严重不符的情况虽不多见，但一旦发生，往往会导致客户极度不满。例如，一件标称 M 码的衣服实际尺寸与常规 XL 码相同，或者材质为纯棉的印花被套实际上非但不是纯棉，印花工艺也极为粗糙。这类情况通常源于商品的实际状况与客户在查看商品详情页时所形成的预期相差甚远，从而引发中差评，如图 4-3-13 所示。

（匿名）

版型和图片有差别，特别宽大，就像孕妇装一样。还特别扎人，毛衣的料子还不如一件秋衣，自己质量不好，退货还不让以质量不好的原因退货，发货也等了好几天才发，物流特别慢。客服还一直说是个人原因，跟面料没关系，一直不同意退货申请。

2022年11月20日 14:05　颜色分类：黑色　尺码：均码　有用（0）

[追加评论] 真是垃圾，衣服扎人，客服说洗洗就好了，结果还是扎人。掉色还特别严重。味道还不好闻。真是买过最差的衣服。

确认收货后 6 天追加

图 4-3-13　与商品描述严重不符引起的差评

要实现店铺持续稳步发展，商家必须重视商品质量及描述的准确性。有些商家会亲自到工厂选货，掌握商品的真实情况，以确保符合客户期望。一旦因商品与描述不符导致中差评，客服应尽力为客户提供补偿，并改善售后服务，以挽回客户信任。

3. 处理客服服务引起的中差评

客服服务质量对客户评价有着直接的影响。常见的问题包括客服人员态度在销售前后不一，对客户咨询和售后问题敷衍了事，甚至在客户咨询时态度恶劣，引发冲突。客服服务引起的中差评如图 4-3-14 所示。

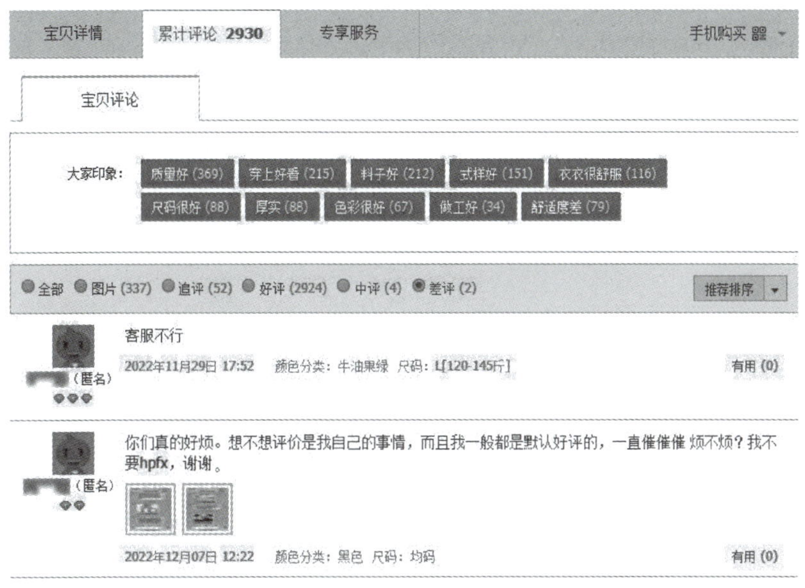

图 4-3-14　客服服务引起的中差评

在处理由客服服务引起的中差评时，客服人员需诚恳道歉，承认服务上的不足，详细解释服务不佳的原因，对服务不佳的责任人进行处理，同时向客户提供相应补偿措施，争取客户的谅解并修改中差评。如果客户不同意修改，客服人员要在差评下方公开回复，并跟进处理，以提高客户满意度，维护店铺声誉。

4. 处理客户自身原因引起的中差评

有时，客户给出的中差评并非由于商品或服务问题，而是出于客户个人喜好、情绪或其他非理性因素。例如，即使商品质量良好、颜色无误，客户也可能因为“不喜欢”而给出差评。面对这类客户，客服人员要善于沟通，耐心解释与说服，引导客户理性评价。

5. 中差评变废为宝

差评是电商不可避免的现象，但优秀的客服人员懂得如何将中差评转化为宣传店

铺的机会。通过在评价下方耐心解释，客服人员不仅能够为其他潜在客户提供参考，还能够展现店铺的诚信和解决问题的能力。

对于无法解决的中差评，可以考虑以下策略：

（1）适量的中差评可以增加评价的真实性，提高总体评价的可信度。

（2）客服人员巧妙利用回复差评的机会，以真诚的态度承认错误，表达解决问题的决心，并向未来客户做出改进的承诺。

（3）中差评转化的具体方法包括：对于因发货或物流慢导致的中差评，可以幽默地解释情况，并强调已经采取的补救措施。对于因客服人员态度差导致的中差评，可以由主管出面，公开承认错误，并表明已对相关客服人员进行批评教育。对于因商品不合适或不满意导致的中差评，可以重申 7 天无理由退换货以及卖家的服务政策，消除后续客户的顾虑。对于因商品质量或描述不符导致的中差评，应先道歉，并提出解决方案，如承担退换货的运费，杜绝类似问题再次发生。因商品质量问题引起中差评的解决方法如图 4-3-15 所示。

图 4-3-15　因商品质量问题引起中差评的解决方法

这里须注意的是，并非所有电子商务平台均支持修改中差评，且修改行为需严格遵循国家法律法规及平台规定。以 Wish 平台为例，该平台明确禁止跨境交易的买卖双方协商后修改中差评。一旦评价提交，便不得更改或删除，除非平台认定评价违规并主动介入处理。另外，国家市场监督管理总局发布的《网络交易监督管理办法》强调了电商平台处理评价的法律责任，明确指出不得虚构交易、编造用户评价；不得采用误导性展示等方式，将好评前置、差评后置，或者不显著区分不同商品或服务的评价等。综上所述，客服人员在处理中差评问题时应遵守法律法规和平台规定，积极与客户沟通，力求减少对店铺的不利影响。

四、促进客户给好评

客户的好评对店铺的信誉有非常积极的影响，而大部分在电商平台购物的客户，都习惯于系统自动默认付款及评价。只有商品及服务超出或低于客户的心理预期时，这些客户才会主动对本次购物活动进行评价。所以，店铺应该采取积极措施，如赠送客户小礼品、好评返现或晒图有奖等，引导客户给予商品好评。客户主动评价的情况如图 4-3-16 所示。

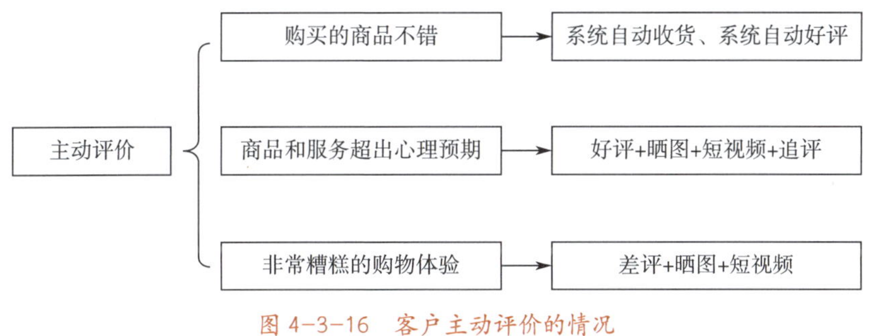

图 4-3-16　客户主动评价的情况

1. 提供小礼品

在商品评价中，很多客户提到店家赠送了礼品，这说明给予客户一定数量的赠品能提升客户的期望。而如何选择成本低、回报高的赠品也是一门学问。

店铺赠送礼品一般有两种方式，一种是直接在商品描述中说明赠品，如图 4-3-17 所示；另一种是没有提及赠送，而直接将附赠的礼品放在快递之中。前一种方式可以刺激客户购买商品，后一种方式可以提高客户收到商品后的满意度。两种情况下客户均收获了超值的礼品，惊喜之余也会认为商品的附加值高，给出好评就是自然而然的事。

选择第二种赠送礼品方式时须注意，一定要每个订单都赠送礼品。否则，有的客户浏览评价时发现别人收到了赠品而自己没有，可能会造成心理失衡，其购物体验反而会变差。随快递附赠小礼品的评价如图 4-3-18 所示。

图 4-3-17　直接在商品描述中说明赠品

b**g
18天前 转运2棵55cm 不含盆

店家包装很好，物流快，还送了一袋肥料。

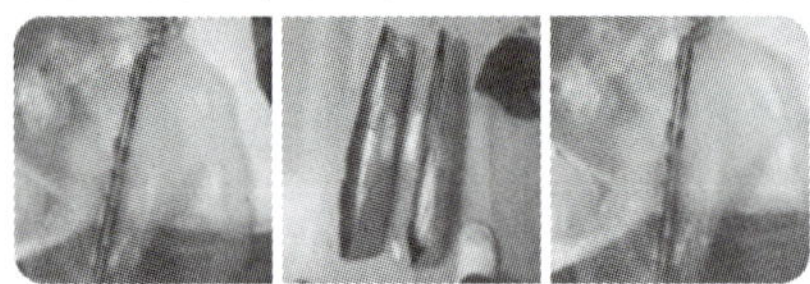

浏览1018次

朵**伞
1个月前 转运竹8棵55cm 含盆

物流包装：好东西，收货后东西完好，一点也没破损， 新鲜度：很新鲜，很漂亮，还送了小灯笼

浏览2898次

图 4-3-18　随快递附赠小礼品的评价

赠品应实用且新颖，满足客户的日常需求，如女性客户可赠送发绳、耳钉，男性客户可赠送卡包、钥匙扣等。另外，也可以从客户购买的商品着手，比如对方购买了核桃，可以赠送用于开核桃的钳子；又如对方购买的是电子商品，可以赠送贴膜、保护壳或支架等。香包、笔记本、钥匙扣和卡贴等属于万能型赠品，适用范围广，如图 4-3-19 所示。

图 4-3-19 万能型赠品

在保证成本的前提下，店铺可以多赠送几种类型的小礼品给客户。因为从心理学来说，赠品数量多比赠品体积大更受欢迎。例如，客户购买了卷发棒，店铺可以赠送客户头绳、发夹、小梳子、小镜子等；如果客户购买了面膜，店铺可以赠送客户束发带、化妆棉或各类护肤品的试用小样等。总之，要让客户在满意商品质量和客服服务的同时，还能享受获得赠品的喜悦，提升客户满意度，为店铺作出好评。

2. 好评返现和晒图有奖

好评返现和晒图有奖是指如果客户确认收货后给予五星好评，并将商品拍照发布在评论中，店铺就会返还一定金额的现金到客户的支付宝账户中。这些方法是促进客户给予好评的方法，也是提高商品销量的有效手段。

在商品评价中可以发现，有文字的评价有更高的参考性；配有图片的评价又比纯文字的评价更形象直观；而配有短视频的评价又比有图片文字的评价更生动，参考性更强。客户在浏览商品评价时，甚至会直接选择“有图”的评价，通过其他客户拍摄的图片来判断商品的真实大小、形态、颜色和效果；或直接选择“差评”的商品，查看其他客户对商品提出不满意见的点在哪里，以此作为是否购买的参考。所以，好评返现和晒图有奖增强了商品的真实性，有助于促进销售、提高好评率、有效减少差评。配有视频或图片的评价示例如图 4-3-20 所示。

3. 回评与追评邀请

客户对商品进行评价后，客服人员可以对该评价进行回复，同时，还可以邀请客户追评订单。这些都是提高商品转化率的有效途径，一方面体现了卖家对客户的重视，另一方面也对某些客户提出的问题进行了回复和解释。客服回评示例如图 4-3-21 所示。

客服人员回复客户评价应讲究语言技巧，对于好的评价及时感谢，对于不好的评价及时回复和解释；应注重个性化，避免千篇一律，从而吸引更多客户的关注。

除了邀请评价，还可以邀请客户追加评价。追评可以在订单交易成功后的 180 天内进行，只能输入文字，不涉及好、中、差评价和店铺的动态评分。由于追加的评价无法进行修改或删除，所以电商卖家可以利用追评机会增加商品评价的可信度。

t**1

3个月前 女-草紫 S

不错，实物挺喜欢的，料子质量各方面都不错呢👍👍👍👍整体可以哈

 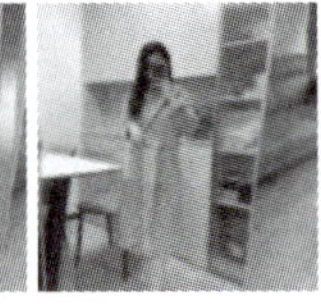    

回复：柔软选 省心更放心

浏览2452次

a**0

3个月前 女-草紫 S

好看哈，还挺暖和的，质量不错，长度也刚刚好呢👍👍👍颜色没什么色差，挺好的。

 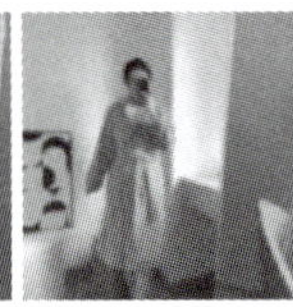   

回复：柔软选 省心更放心

浏览2485次

图 4-3-20　配有视频或图片的评价示例

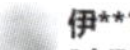

伊**1

2个月前 杏色上衣+咖色连衣裙 XL

质量太好了，这个价钱，这个面料比我预想的好太多了，颜色也是今年流行的，很不错。

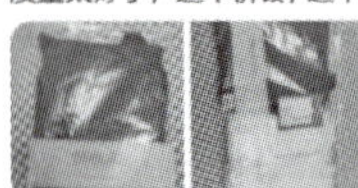 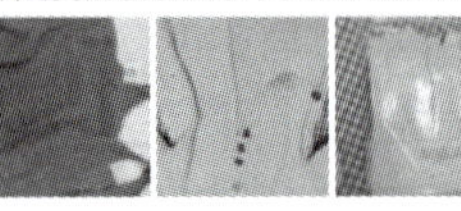

回复：亲爱的客户，感谢您选择 × × 的产品。孕装潮牌 × × 2017 -2022年连续6年全网孕妇裤销量第一。是行业内第一个与 × × 进行品牌联名、与 × 进行深度面料合作的孕装品牌。获得“天猫最具风尚领导品牌”“天猫金麦品质大奖”“金婴奖最受妈妈喜爱品牌”等权威奖项的鼓励和肯定。 × × 不断研发新的产品，提升孕装品质，推动行业发展，成为孕装行业的绝对领导品牌。孕期就穿 × × ，再次感谢您对 × × 的信赖与支持！

浏览1356次　　△ 有用（3）

图 4-3-21　客服回评示例

无论是邀请评价还是邀请追评，都可以通过旺旺消息和短信提示进行，可以适当地提供优惠或补偿作为客户作出追评的激励，如赠送优惠券、赠送积分、返现等。

五、防范“职业差评师”

“职业差评师”靠给订单差评索要网店钱财，或者受其他同行竞争店铺聘请专门给差评，以拉低店铺评分和信誉。不管是哪种情况，其手段和目的都非常恶劣，严重破坏了公平竞争的市场环境，是应当受到严厉打击的违法行为。

1. 识别“职业差评师”

了解“职业差评师”的常见行为和套路对于识别他们是至关重要的。“职业差评师”通常会故意购买商品，在收到商品后百般挑剔，如商品与描述不符、存在质量问题等。他们往往不提供问题商品照片，只一味指责商品缺陷；他们不愿意配合处理问题，反而指责卖家逃避售后责任；他们倾向于使用第三方聊天软件或电话沟通，以避开平台监管；他们要求赔偿的金额远超正常范围。总之，“职业差评师”的信誉不高，卖家对他们的评价低。

“职业差评师”会选择特定类型的店铺作为实施差评的目标。这类店铺具有以下共同特征：

（1）店铺信誉较低（通常在 3 钻以下），或者几乎没有中差评的店铺。

（2）卖家 / 买家所在地区较偏远，为运费较高的地区。

（3）店铺经营价格不高，且所销售商品为易损坏的商品。如果“职业差评师”手中有同款损坏商品，他们可能会再次购买，然后以新商品的名义提出索赔。

2. 规避“职业差评师”

规避“职业差评师”的最好办法就是拒绝和他交易。通过分析差评师的特点和攻击目标，客服人员可以识别潜在的“职业差评师”。然而，仅凭经验总结出的特点和目标并不能保证完全准确，因此客服需要谨慎判断。只有在对方行为明显违规时，店铺才能拒绝交易。在首页和商品详情页声明“无理由恶意差评将拒绝再次交易”，也是规避“职业差评师”的一种有效策略。

3. 与“职业差评师”的正面交锋

如果不小心与“职业差评师”进行了交易，可能面临产生中差评的风险。在这种情况下，客服人员应按照常规流程处理中差评。如果“职业差评师”坚持索要大额赔偿，客服人员应先稳住对方，同时谨慎收集证据并请求电商平台介入处理。如果证据不足，电商平台无法处理的，客服人员可以与差评师正面理论，截屏记录其恶言恶语，并在差评下方回复，或者直接忽略差评，不让其得逞。

任务实施

客户购物后，一般会给商家评价，但这个评价不是立即生效，而是需要商家回评后才能生效。操作步骤如下。

● 步骤 1 单击千牛工作台左侧“交易”栏中的“评价管理”选项，在页面上方选择“评价管理”中的“待卖家评价”选项，选择需要评价的订单，如图 4-3-22 所示。如订单状态为“买家已评”，即表示客户已经对该商品进行了相应的评价。

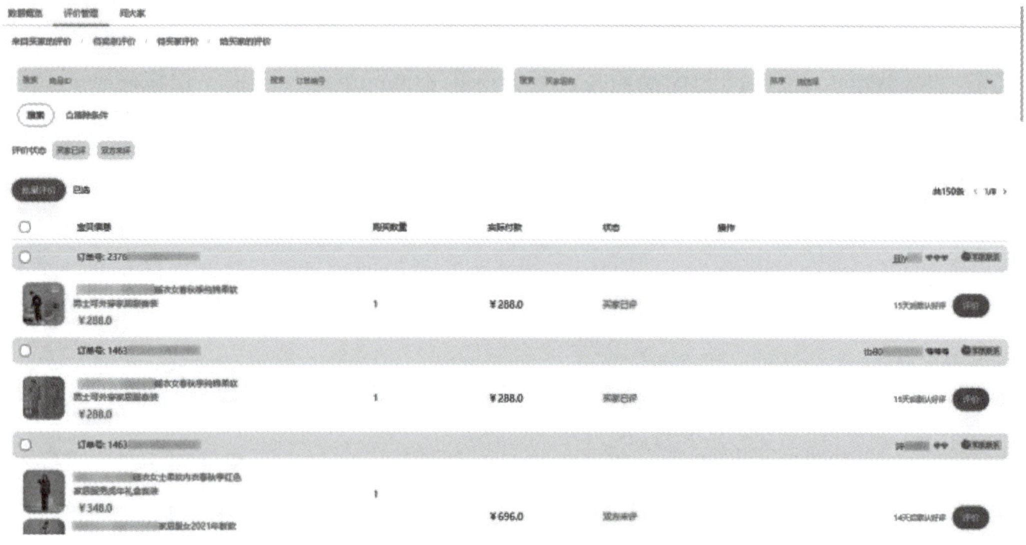

图 4-3-22　选择需要评价的订单

● 步骤 2　单击需评价订单中商品后面的“评价”按钮，在弹出的对话框中，选择“好评”“中评”“差评”中的一项，并输入对客户的评语，单击“确认提交”按钮，如图 4-3-23 所示。

图 4-3-23　对客户进行评价

完成操作后，评价即成功，如图 4-3-24 所示。

图 4-3-24 评价成功

思考与练习

1. 经分析，客户中评、差评的原因其实是客户自身问题，而不是商家责任。此时，售后客服应如何向客户解释？如果客户不同意修改评价，售后客服又应如何处理？
2. 评价回复可以使用统一模板吗？为什么？

项目五 客户关系维护

项目概述

客户关系维护的过程是不断加强与客户交流，不断了解客户需求，不断对商品及服务进行改进以及对客户信息进行汇总、跟踪、管理的过程。良好的客户关系能帮助企业构建精细化的运营闭环，提高客户满意度和忠诚度，提高企业效能。

通过本项目的学习，我们将掌握客户信息收集的渠道和方法，掌握客户信息整理的逻辑和步骤，掌握提高客户满意度与忠诚度的方法和技巧，为建立良好的客户关系打好基础。

任务1 客户信息的收集与整理

学习目标

- 知识目标

1. 掌握客户信息收集的渠道与方法
2. 掌握客户信息整理的逻辑与步骤

- 能力目标

1. 能收集和整理老客户信息
2. 能分析客户并为客户打标签

相关知识

客户对店铺感兴趣就会进店查看，简单地浏览商品，咨询客服人员一些与商品有关的问题，有的客户可能会购买商品。这些客户的数量是庞大的，其中就包含了能够为店铺创造价值的客户，因此，客服人员要做好客户信息的收集和整理工作，从大量的潜在客户中筛选出具有营销价值的客户，有针对性地做好客户关系维护工作，将有购买意愿的客户转化为店铺的老客户，为店铺的经营提供持续不断的稳定收益。

一、客户信息的主要内容

在商务活动中，可以将客户分为个人客户和企业客户两种类型，因此，客户信息也分为个人客户信息和企业客户信息。

1. 个人客户信息

个人客户信息主要包括客户的基本信息、个人特质以及消费行为特征三方面，具体内容见表 5-1-1。

表 5-1-1　个人客户信息的主要内容

信息类型		具体内容	备注
基本信息	客户自身基本信息	包括姓名、性别、年龄、血型、联系方式、住址、邮箱等	会在一定程度上影响客户的消费需求与偏好
	客户家庭信息	包括婚姻情况、配偶生日、结婚纪念日、配偶爱好、是否有子女、子女的姓名、子女的年龄、子女的生日、子女是否与父母同住等	会对客户的购买习惯产生影响
	客户事业信息	包括就业情况、就职单位、工作地点、职务、收入情况、对未来事业的发展规划、个人从业经历等	会在一定程度上影响客户的购买习惯以及购买方式
个人特质	客户的个性信息	指客户独特的心理特征，通常体现为性格特征，如外向、内向、自信、谨慎等	会对客户的购买速度、购买决策产生影响
	客户的生活情况	包括客户的健康状况、兴趣和爱好、饮食习惯、生活态度、度假习惯等	会对客户的购买目标产生影响
	客户的受教育情况	包括受教育程度、所学专业、参加社团的类型等	会对客户的购买偏好、购买习惯产生直接影响
	客户的消费理念	包括是否追求潮流，是否看重产品的品牌，是否追求产品的独特性、个性化等	决定客户对某些品牌或产品的感觉和态度，并由此影响他们对产品或品牌的选择

续表

信息类型		具体内容	备注
消费行为特征	客户的购买动机	挖掘客户购买行为的动机，了解其需求。例如，客户的购买动机或需求是否具有持续性，客户购买商品时主要关注的是什么，商品满足了客户哪方面的需求等	企业需要在商品设计或再次销售中保持或完善这些信息，它们是企业对客户实现再次营销的切入点
	客户的购买种类	商品不会只有一个种类、一种品牌，客户的购买需求也不一定是单一的，而可能是多样化的，因此需要关注客户购买的商品类型、所属品牌	了解客户购买商品或服务的种类，有助于企业了解客户的需求
	客户的购买途径	包括网上购买、实体店购买、网上支付、货到付款、直接自取等	帮助企业了解客户的购买偏好

2. 企业客户信息

企业客户信息包括企业的基本信息、业务情况、交易情况以及负责人信息等，具体内容见表 5-1-2。

表 5-1-2　企业客户信息的主要内容

信息类型	具体内容	备注
基本信息	包括企业客户的名称、地址、创立时间、所属行业、规模、联系方式，以及企业客户的经营理念、销售或服务区域、企业形象、企业声誉等	这些信息会对企业客户的购买行为和偏好产生较大的影响
业务情况	包括企业客户的销售能力、销售业绩、发展趋势和前景、存在的问题等	帮助企业根据客户的不同情况制订具有针对性的商品和销售计划，有利于企业实行“大客户”策略，对那些具有较强运营能力、业绩良好，且有发展前途的企业客户给予更多的关注，并与其建立良好的关系
交易情况	企业客户的历史交易记录，包括交易条件、客户的信用情况、客户的合作意愿、企业与客户的关系紧密程度等	帮助了解企业客户的诚信情况
负责人信息	企业客户主要负责人的信息，包括企业客户的所有者、经营管理者以及法人代表的姓名、年龄、学历、爱好、性格特征等	企业客户的主要负责人在一定程度上影响着企业客户购买决策的制定

二、客户信息收集的渠道和方法

要建立一个成熟的客户资料库，需要有稳定、可靠的信息数据。因此，商家首先需要建立多渠道集成的客户信息收集平台，多方收集客户数据，为后续客户资料库的建立及客户信息的分析提供数据支持。

1. 客户信息收集的渠道

客户信息收集的渠道可以分为直接渠道和间接渠道两种，每一种渠道又包括多种方式，如图 5-1-1 所示。

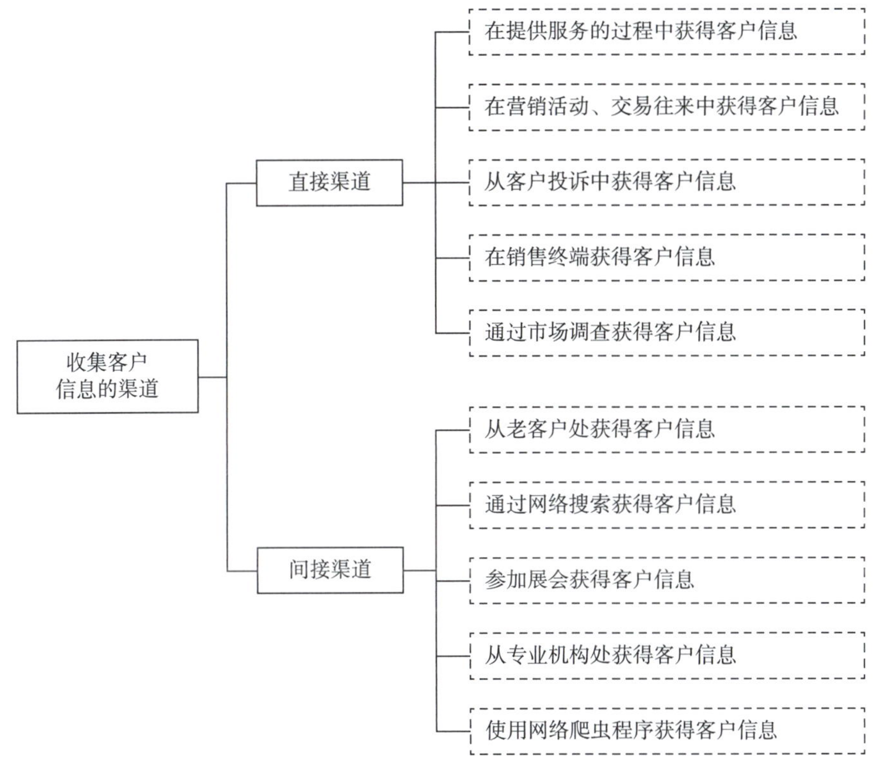

图 5-1-1　收集客户信息的渠道

（1）直接渠道

直接渠道是指商家能与客户产生直接接触的渠道。在为客户提供服务的过程中，商家可以获得丰富的客户信息。

1）在提供服务的过程中获得客户信息

商家可以在为客户提供服务的过程中增加对客户的了解，并收集有效的客户信息。

商家在为客户提供服务的过程中，客户为了满足自己的需求，通常会直接且毫不避讳地向商家表达自己对商品的看法或期望，对服务的评价和要求，对竞争对手的看法，以及身边人的需求和购买意愿等。因此，商家可以在为客户提供服务的过程中获得大量有效且准确的信息。

此外，客户服务记录、企业客户服务中心热线电话记录，以及企业中的其他客户服务系统也是收集客户信息的有效渠道。

2）在营销活动、交易往来中获得客户信息

商家发布广告后，潜在客户或目标客户看到广告后可能会与商家取得联系，商家一旦得到客户的回应，就可以将这些客户信息添加到商家客户数据库中。

在商家与客户的交易往来中，客户的询价、对商品细节的咨询、合同的执行情况、争议处理情况等信息，不仅能反映客户的经营品质、经营作风和经营能力，还能反映客户关注的问题及其对交易的态度。因此，商家在与客户沟通交流中产生的诸多文件、文本也是收集客户信息的良好渠道，可以帮助商家获得有效的客户信息。

此外，谈判过程也能体现企业客户的经营作风、经营能力，以及对交易的态度等。同时，客户的资本、信用、目前的经营状况等资料也会在谈判中有所涉及。因此谈判是收集企业客户信息的有效途径。

3）从客户投诉中获得客户信息

客户投诉也是商家收集客户信息的重要渠道。企业可分析、整理客户的投诉意见，并建立客户投诉档案，为开发新产品、改进服务提供基础的数据资料。

4）在销售终端获得客户信息

销售终端是商家直接接触终端客户的前沿阵地，商家在销售终端能与客户进行面对面的接触，从而收集客户的第一手资料。例如，商家可通过激励客户办理会员卡，让客户提供自己的基本情况，如联系方式、地址、性别和年龄等信息。当客户购物时，商家只需要求客户提供会员卡即可获得客户的购买信息，如客户购买产品的品牌、数量、档次、消费金额、购买时间和购买次数等。这样商家就可以大致了解客户的消费水平、消费风格及其对产品价格和促销活动的敏感度等。

5）通过市场调查获得客户信息

通过市场调查获得客户信息，即企业的调查人员通过电话调查、问卷调查、面谈等方法获取客户的第一手资料。除了以上方法外，调查人员也可借助仪器来对客户的行为进行观察并加以记录，从而有效地获取信息。

（2）间接渠道

间接渠道就是从外部获得有效的客户信息，主要包括以下几种渠道：

1）从老客户处获得客户信息

老客户是企业极具价值的资源，他们通常与商家已经形成了良好的互信关系，而且老客户更加了解客户的需求及其他客户的信息。因此，商家可以通过与老客户之间的沟通来收集其他客户的信息。这种渠道收集来的信息比较具体，且具有较强的针对性，但容易带上老客户的主观情感。

2）通过网络搜索获得客户信息

在互联网时代，网络是收集信息的必选渠道之一，商家可以借助搜索引擎、行业网站等网络平台来收集客户的相关信息。这种渠道的优点是覆盖面广泛，包含的信息量大。但是商家在使用这些信息之前需要对信息进行详细的筛选，以确保信息的准确性。

3）参加展会获得客户信息

各地区或各行业会不定期地举办展会，这些展会通常会吸引很多人参加，客户群体集中，且针对性较强。因此，对于商家来说，各种展销会、博览会、洽谈会都是收集客户信息与达成购买意向的场所。

4）从专业机构处获得客户信息

有些专业的咨询公司会向外界提供专业的分析报告，这些信息有些需要付费，有些是免费的。企业可以与这些专业机构保持联系，以获得有效的客户信息。

5）使用网络爬虫程序获得客户信息

网络爬虫是一种按照一定的规则，根据网页的结构自动抓取不同互联网站点（或软件）信息的程序或者脚本。简单来说，网络爬虫就是按照一定规则编写好的脚本程序，当它开始运行时，它就会按照预定的规则获取相应网页上的信息。为了便于客服人员使用网络爬虫从网络上收集信息，市场上出现了很多网络爬虫工具，如八爪鱼，能使整个爬虫过程简化和自动化，客服人员即使不懂编程也能很轻松地采集网页上的数据，并将采集到的数据转化为符合自己需求的各种格式。

2. 客户信息收集的方法

客户信息的收集是客户信息管理的出发点和落脚点。商家可以广泛利用各种渠道和方法来开展客户信息的收集工作。其中当面访谈法和问卷调查法是常用的客户信息收集方法。

（1）当面访谈法

当面访谈法是指访谈者通过与受访人面对面地交谈来了解受访人的心理和行为的方法。当面访谈法应用范围非常广，商家使用这种方法能够简单、有效地收集多方面的资料。当面访谈法的实施分为 5 个步骤，如图 5-1-2 所示。

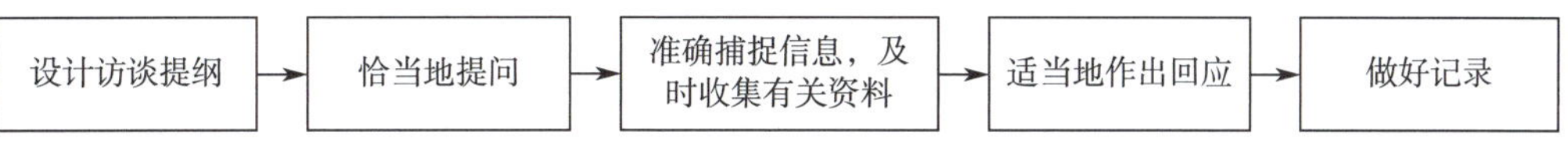

图 5-1-2　当面访谈法的实施步骤

1）设计访谈提纲

一般访谈者在访谈之前要设计一个访谈提纲，明确访谈的目的和所要获得的信息，列出访谈的内容和要提的主要问题。

2）恰当地提问

访谈者要想通过访谈获得所需资料，在提出问题时需要注意三个事项。首先，问题的表述要简单、清楚、明了、准确，并尽可能地适合受访者，访谈的问题应该由浅入深、由简入繁，而且要自然过渡；其次，提出的问题应有开放型问题与封闭型问题、具体型问题与抽象型问题、清晰型问题与含混型问题之分，访谈者要懂得选择合适的提问方式；最后，访谈者要懂得适时、适度地追问，无论是提问还是追问，问的方式、内容都要适合受访者。

3）准确捕捉信息，及时收集有关资料

用当面访谈法收集资料的主要形式是“聆听”。“聆听”可以在不同的层面上进行：表现在态度上，访谈者应该是“积极关注地听”，而不应该是“敷衍地或消极地听”；表现在情感层面上，访谈者要“有感情地听”和“共情地听”，避免“无感情地听”；表现在认知层面上，访谈者要随时将受访者所说的话迅速地纳入自己的认知结构中并加以理解和同化，必要时还要与对方对话，与对方平等交流。

此外，“聆听”还需要特别遵循两个原则：一是不要轻易地打断对方，二是要懂得容忍、沉默。

4）适当地作出回应

访谈者需要做的不只是提问和聆听，还需要将自己的态度、意向和想法及时地传递给受访者。回应的方式多种多样，可以是如“对”“是吗”“很好”等言语行为，也可以是点头、微笑等非言语行为。此外，在回应时要注意避免随意评论。

5）做好记录

访谈者要及时做好访谈记录，以备后续使用。访谈记录可以是文本形式的记录，也可以是录音或录像。

（2）问卷调查法

问卷调查法也称问卷法，是调查者运用统一设计的问卷向被调查者了解情况或征询意见的调查方法。使用问卷调查法时大多用邮寄、个别分送或集体分发等方式发送问卷。问卷调查一般程序如下：设计问卷，选择调查对象，分发问卷，回收和审查问卷，对问卷调查结果进行统一分析和理论研究。

问卷一般由卷首语、问题与回答方式、编码和其他资料四个部分组成。

1）卷首语

卷首语是问卷调查的自我介绍。卷首语的内容包括问卷调查的目的、意义和主要

内容，选择被调查者的途径和方法，对被调查者的希望和要求，填写问卷的说明，回复问卷的方式和时间，调查的匿名和保密原则，以及调查者的名称等。

为了引起被调查者的重视和兴趣，争取他们的合作和支持，卷首语的语气要谦虚、诚恳，文字要简明、通俗、有可读性。卷首语一般放在问卷第一页的上面，也可单独作为一封信放在问卷的前面。

2）问题与回答方式

问题与回答方式是问卷的主要组成部分，一般包括调查询问的问题、回答问题的方式以及对回答方式的指导和说明等。

3）编码

编码就是把问卷中询问的问题和被调查者的回答，全部转变为 A、B、C 或 1、2、3 等代号或数字，以便运用计算机对调查问卷进行数据处理。

4）其他资料

问卷中的其他资料包括问卷名称、被调查者的地址或单位（可以是编号）、调查者姓名、调查开始时间和结束时间、调查完成情况、审核员姓名和审核意见等。这些是对问卷进行审核和分析的重要依据。

此外，有的问卷还有结束语。结束语可以是简短的几句话，用于对被调查者的合作表示真诚感谢；也可稍长一些，顺便征询被调查者对问卷设计和问卷调查的看法。

要提高问卷的回复率、有效率和回答质量，调查者在设计问题时应该遵循一定的原则，如图 5-1-3 所示。

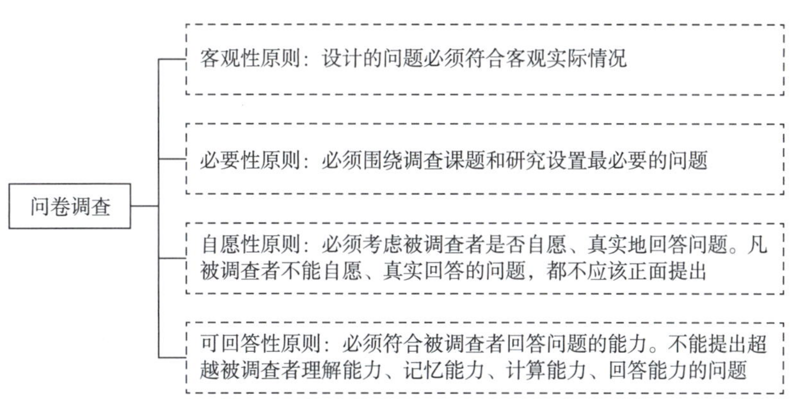

图 5-1-3　问卷调查的问题设计需遵循的原则

三、客户信息的整理

在收集相关客户信息后，客户管理人员应根据具体的企业目标对这些信息进行科学的整理。整理客户信息时，客户管理人员可以不断地挖掘客户、分析客户和筛选客

户，并将企业最优资源匹配到最能为企业带来利润的客户身上。

1. 客户信息整理的逻辑

在整理客户信息时，客户管理人员可以借助现代企业常用的客户漏斗管理模式来对客户信息进行有效的整理。按照客户漏斗模型，对客户信息的整理通常需要经历以下三个阶段。

（1）明确目标市场

根据店铺商品的定位，先确定哪些客户会对自己店铺的商品产生需求，然后根据收集到的客户信息，分析这些客户对自己店铺商品需求量的大小，最后根据分析结果将客户进行合理的分类。客户管理人员通过以上过程可以筛选出对商品需求量大的客户，那么这些客户就可以被列为重要的潜在客户，需要加以认真对待。

（2）明确潜在客户

潜在客户就是目标市场中具有购买意向的客户。客户管理人员需要充分利用公司各项资源对客户是否具有购买意向进行分析，通过分析确定哪些客户具有较强烈的购买意向，哪些客户根本没有购买意向。

（3）明确目标客户

目标客户是指有明确的购买意向、有购买力且可以在短期内达成交易的潜在客户。需要注意的是，整理客户信息必须确认客户是否具有购买力，即客户是否有能力购买我们推销的商品或服务。这主要分为三种情况：第一种是客户的购买意向非常明确，但其暂时不具备购买能力；第二种是客户的购买意向非常明确，也具备购买能力，但购买能力较弱；第三种是客户的购买意向非常明确，而且也拥有较强的购买能力。

显然，客户管理人员需要在第三种客户身上花费较多的时间和精力，以促成交易。对于第一种客户，客户管理人员不必投入过多精力，但仍要与其保持联系；对于第二种客户，客户管理人员同样要与其保持联系，并且要积极地促成交易。

2. 客户信息整理的步骤

在电子商务环境下，商家可以利用数据库对客户信息进行整合和管理，对客户未来的消费行为进行预测。具体来说，客户信息的整理包括以下步骤：

（1）客户信息的筛选

商家运用多种方法收集到的信息并不能直接使用，需要对这些信息进行筛选和分类。这主要是两个方面的原因造成的：第一，商家收集到的信息比较分散，如客户抱怨、投诉之类的信息由售后客服人员掌握着，关于客户的订单价、购买频率和付款时间等信息由售前客服人员掌握着，这些分散于不同部门的信息降低了商家掌握的客户

信息的完整性；第二，不能保证通过多个渠道收集到的信息完全准确，很多时候从不同渠道收集到的关于同一个问题的信息可能是完全相悖的。因此，商家需要对收集到的信息进行筛选，从中找到有价值的信息。

（2）客户信息的收录

完成信息的筛选之后，商家需要将有价值的信息收录到数据库中。在收录信息的过程中，商家需要做好两点：一是给信息编码，这样便于查找和处理信息，同时加快数据运算处理的速度；二是要保证信息收录的准确性，即确保信息在收录的过程中不会产生偏差，既要保证信息来源的可靠性和真实性，又要保证信息收录过程的准确性。

（3）客户信息的分析与整理

只将客户信息收录到数据库中，并不能让这些信息充分发挥作用。收录信息的目的在于让商家更好、更快地对客户信息进行分析，并从中找到对店铺发展有价值的东西。

数据库能帮助商家全面了解客户的信息，例如，了解个人客户的年龄段、消费能力和性别占比等，可让商家更清楚地知道自己面对的客户群的特征。另外，数据库还能帮助商家进行客户行为分析，包括客户整体行为分析及群体行为分析。

（4）客户信息的更新

对商家来说，并非开展一次大规模的信息收集工作就可以一劳永逸了。商家在完成客户信息的收集之后，还需要及时更新。当前市场竞争日趋激烈，客户的需求和偏好随时会发生变化，如果商家不能及时了解客户的最新信息，不利用最新的数据分析客户行为特征，就不能准确掌握客户的最新需求。一旦对客户特征的把握存在偏差，就会严重干扰商品设计和客户沟通策略的设计，使店铺的营销无法达到预期效果。

客户信息的更新要注重及时性。此外，更新客户信息还包括对无用信息的淘汰，以避免数据库长期被无用资料占据导致资源浪费，提高数据库的利用率。

任务实施

一、老客户信息的收集与整理

淘宝网提供了一个专门对客户进行分析与管理的工具——“客户运营平台”，通过该平台，商家可以方便地查看和整理进店客户的手机、邮箱、地址等基本信息。如果客服人员在与客户交流的过程中收集到其他的客户信息，也可存放在会员管理系统中。

下面介绍在网店后台的会员管理系统中收集与整理数据的方法，具体操作步骤如下。

● 步骤 1 登录千牛工作台账号，进入“千牛工作台”页面，单击左侧“私域”栏中的“会员运营”选项，如图 5-1-4 所示。

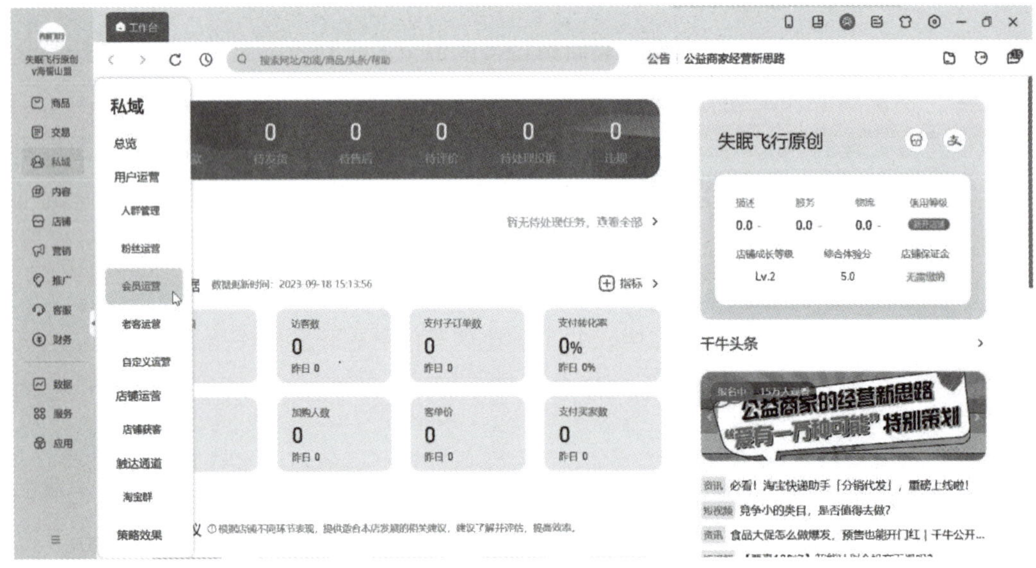

图 5-1-4 单击“会员运营”选项

● 步骤 2 打开“会员运营”页面，单击右上角“进入客户运营平台”按钮，如图 5-1-5 所示。

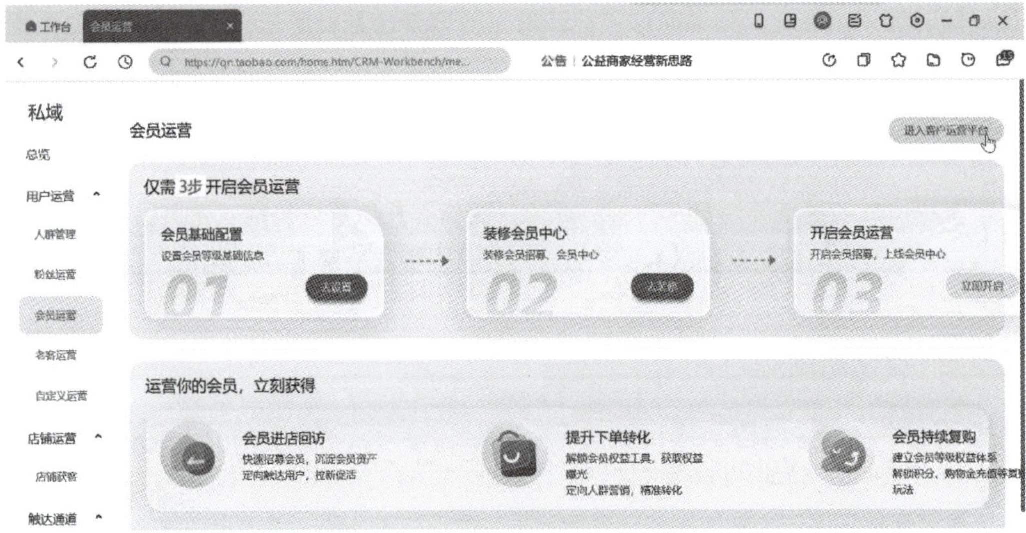

图 5-1-5 单击“进入客户运营平台”按钮

● 步骤 3 进入“客户运营平台”页面，选择左侧“客户列表”选项，如图 5-1-6 所示。

图 5-1-6　选择“客户列表”选项

● 步骤 4　在“客户列表”页面中，在需要查看数据的客户后，单击“详情”按钮，如图 5-1-7 所示。

图 5-1-7　查看数据

● 步骤 5　在打开的客户详细信息页中，单击右上角“编辑”按钮，可编辑客户信息，如图 5-1-8 所示。

图 5-1-8 编辑信息

● 步骤 6 可直接对客户信息进行编辑和补充。例如，给客户添加备注信息，可单击左下角“+ 添加备注”按钮，弹出“添加备注”对话框（见图 5-1-9），在文本框中输入备注信息，单击“确定”按钮，就完成了客户备注信息的添加。

图 5-1-9 添加备注信息

● 步骤 7 编辑完成后，单击“保存”按钮即可，如图 5-1-10 所示。

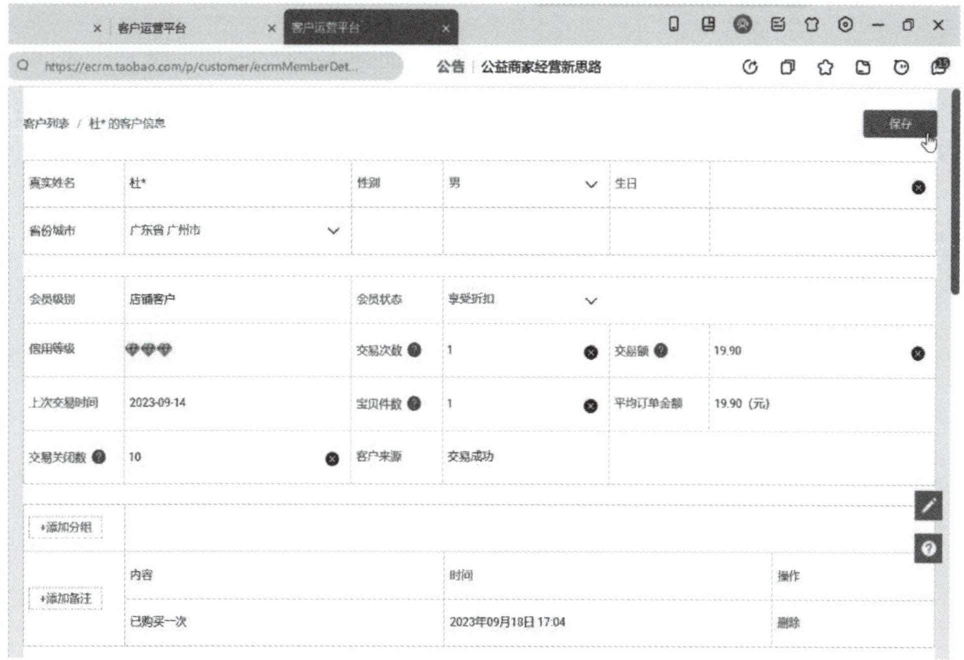

图 5-1-10 保存信息

● 步骤 8 掌握客户信息的查看和编辑方法后，即可使用相同的方法，查看并收集其他客户的信息，然后将其制作成表格以方便存储和查看（见表 5-1-3）。店铺从中筛选出具有价值的客户，将其作为日后的客户维护工作的重点。

表 5-1-3 客户信息表

客户 ID	客户真实姓名	性别	手机号码	电子邮箱	生日	所在城市	会员等级	客户来源	交易次数	交易金额
淘…姐	林…	女	13…2	…@qq.com	1990-11-15	揭阳市	店铺客户	自然搜索	3	152
…铺	倪…	女	15…6	…@qq.com	1989-6-21	北京市	店铺客户	自然搜索	1	91
…	韦…	女	15…0	9…@qq.com	1992-4-15	惠州市	店铺客户	自然搜索	3	110.27
a…伯	白…	女	18…9	3…@qq.com	1990-8-18	驻马店市	店铺客户	自然搜索	5	539.56
凉…主	周…	女	18…6	9…9@qq.com	1988-12-10	滁州市	店铺客户	自然搜索	3	105

二、使用千牛工作台为客户打标签

客服人员在服务过程中会遇到很多不同类型的客户，可以通过打标签的方式对客户进行分类，对同类客户做促销活动的信息推送，进行精准销售，提高工作效率。

以淘宝店铺为例，在与客户进行沟通时，客服人员可以通过千牛工作台给客户打上标签，具体操作如下：

● 步骤 1 登录千牛工作台账号，进入“千牛工作台”页面，单击右侧“接待中心”图标按钮，如图 5-1-11 所示。

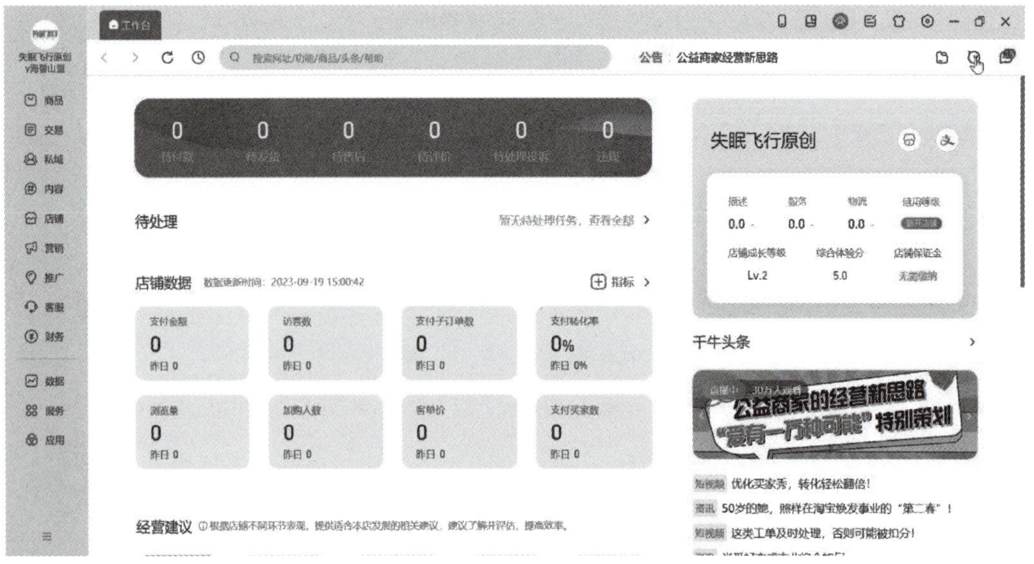

图 5-1-11 单击“接待中心”图标按钮

● 步骤 2 打开“接待中心”页面，单击“客户信息”栏中“添加备注”按钮，如图 5-1-12 所示。

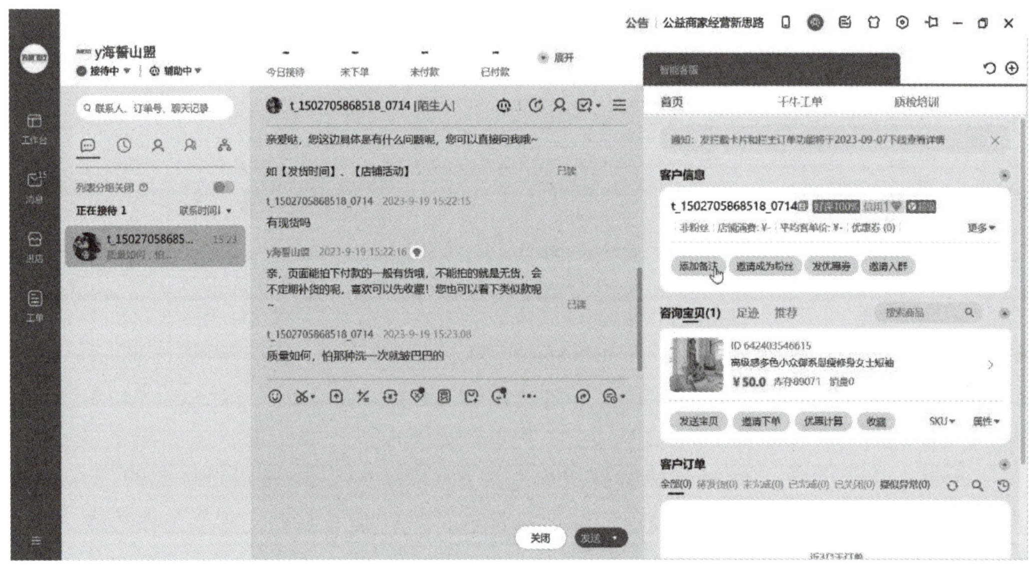

图 5-1-12 单击“添加备注”按钮

● 步骤3 弹出“修改备注”对话框，单击“创建客户关系标签”按钮，如图 5-1-13 所示。

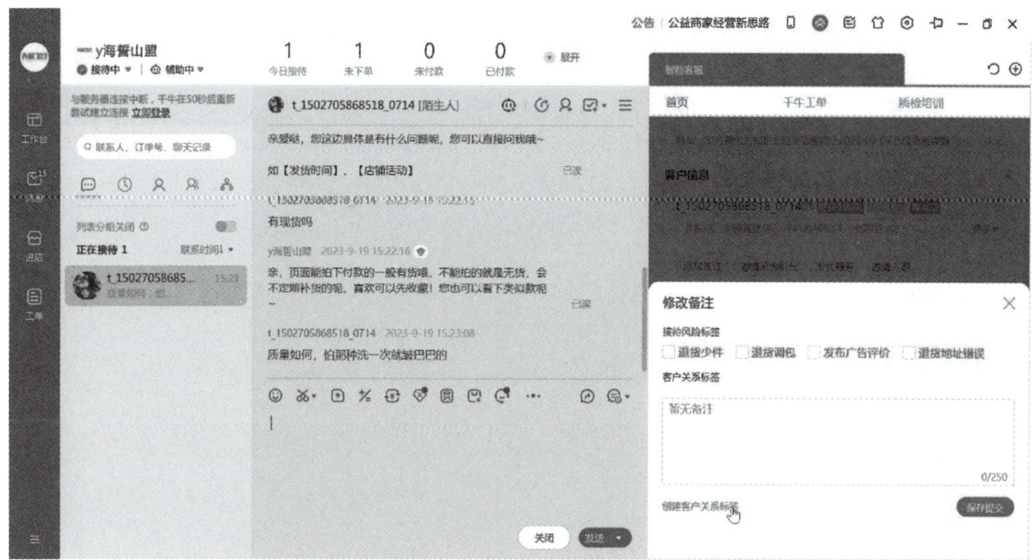

图 5-1-13　单击“创建客户关系标签”按钮

● 步骤4 跳转至“客户运营平台”页面，单击右侧“新增分组”按钮，如图 5-1-14 所示。

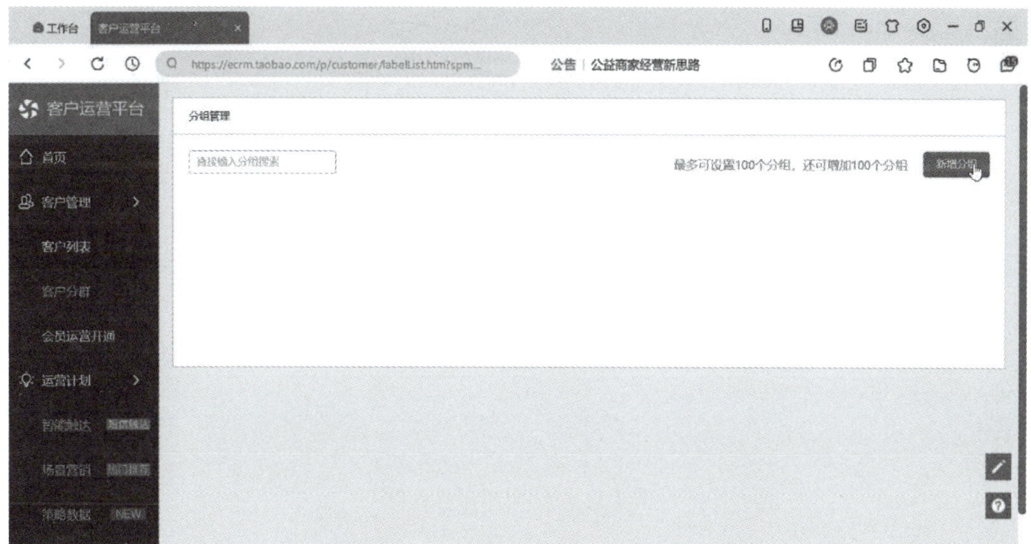

图 5-1-14　单击“新增分组”按钮

● 步骤 5 进入“新建分组”页面，在“分组名称”文本框中输入“新顾客”，勾选“仅创建名称手动打标”单选框，并单击“确定”按钮即可，如图 5-1-15 所示。

图 5-1-15　新建分组

● 步骤 6 若还需创建分组，单击“继续创建”按钮，如图 5-1-16 所示。

图 5-1-16　继续创建分组

● 步骤 7 返回“接待中心”页面，根据店铺实际情况，勾选“客户关系标签”栏中“新客户”复选框，也可在文本框中输入更详细的内容，单击“保存提交”按钮，如图 5-1-17 所示。

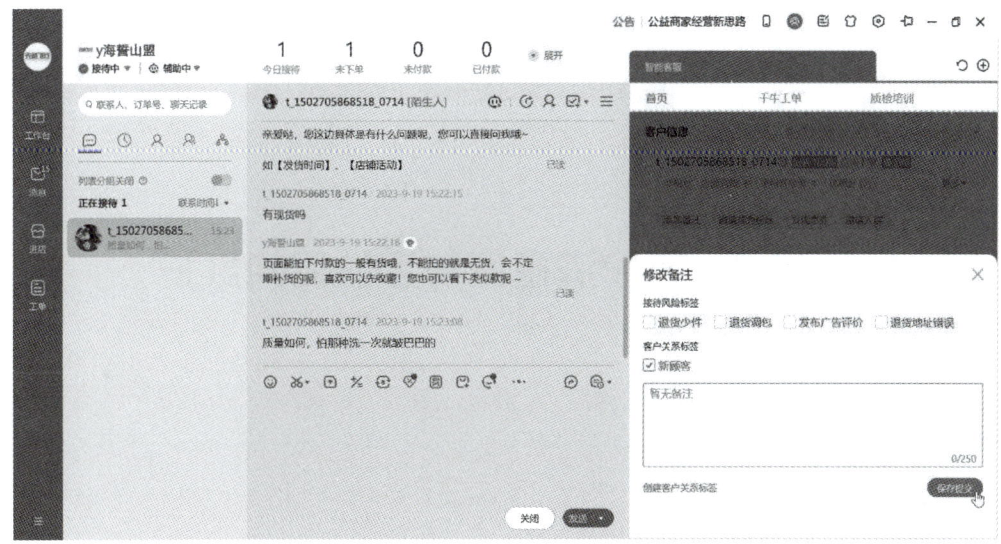

图 5-1-17 填写店铺实际情况

● 步骤 8 返回聊天窗口，在“客户信息”栏中显示了该客户的标签信息，如图 5-1-18 所示。当客户再次联系客服人员，客服人员就可以通过客户标签显示的内容迅速判断该客户的特征，并调整自己的沟通方式。

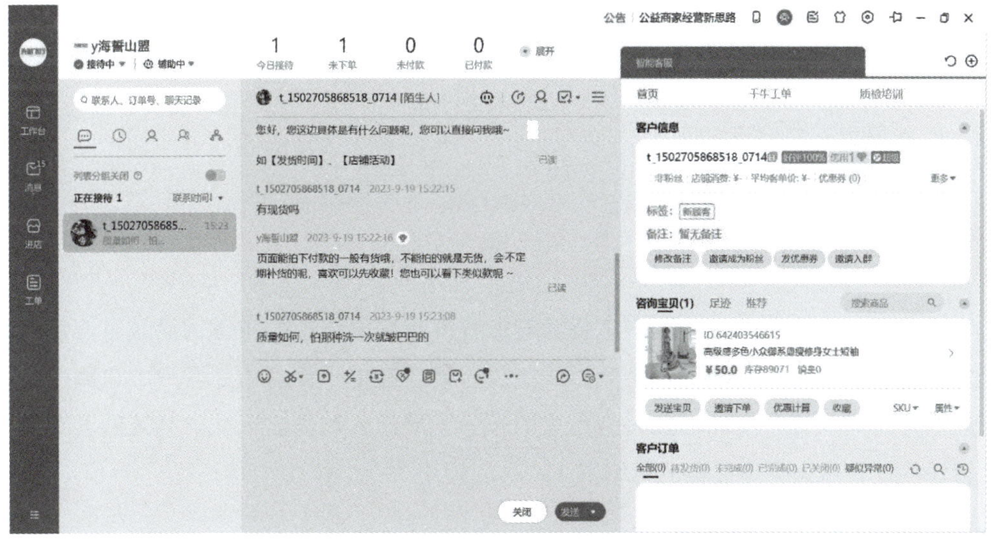

图 5-1-18 添加成功后的效果

思考与练习

1. 随着信息技术的发展，企业可以从哪些渠道获取客户信息？
2. 收集有关个人隐私保护的法律法规、政策文件，思考从国家、企业和社会层面如何保护个人隐私。
3. 简述常用的客户信息收集方法。

任务 2　客户满意度与忠诚度的维护

学习目标

知识目标

1. 理解客户满意度的特征及内容层次
2. 熟悉影响客户满意度与忠诚度的因素
3. 掌握提升客户感知价值的方法
4. 了解客户忠诚度的培养途径

能力目标

1. 能正确认识满意度与忠诚度的价值
2. 能做好客户期望管理
3. 能设计客户关怀短信
4. 能设置客户会员制度

相关知识

在激烈的市场竞争中，客户满意度与忠诚度是商家成功的关键因素。客户满意度更是决定市场占有率、利润和生命力的关键因素。在电子商务中，客户的口碑传播能迅速提升商家的知名度和形象，为商家的长远发展注入动力。因此，有效的客户满意度管理是提升商家竞争优势的关键。

一、客户满意度概述

1. 客户满意度的定义

客户满意度是指客户对一个商品的可感知效果（或结果）与其期望值相比较后所形成的愉悦或失望的感觉状态。如果可感知效果低于期望值，客户就会不满意；如果可感知效果与期望值相当或大于期望值，客户就会满意。总体来说，客户满意度是一种心理活动，是客户的需求被满足后形成的愉悦感或状态，是客户的主观感受。客户满意度的决定模型如图 5-2-1 所示。

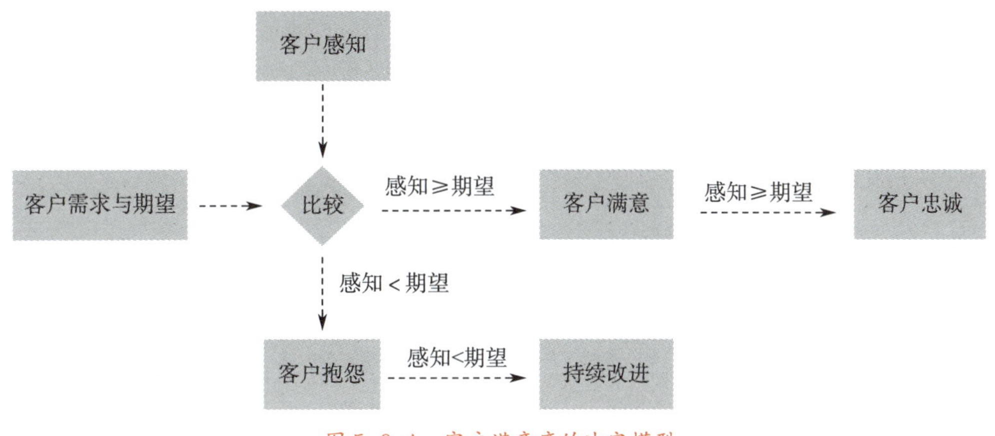

图 5-2-1　客户满意度的决定模型

2. 客户满意度的特征

从客户满意度的概念，可以归纳出客户满意度的四个特征，即主观性、层次性、相对性、阶段性。

（1）主观性

客户满意度的主观性是指客户的满意程度是建立在其对商品或服务的体验上，感受的对象是客观的，而结论是主观的。客户满意的程度既与客户的自身条件（如知识和经验、收入状况、生活习惯、价值观念）有关，又与媒体传播的信息等有关。

（2）层次性

客户满意度的层次性是指处于不同层次需求的人对商品和服务的评价标准不同，因此不同地区、不同阶层的人，或同一个人在不同条件下对某个商品或某项服务的评价也不尽相同。

（3）相对性

客户满意度的相对性是指客户对商品的技术指标和成本等经济指标通常不熟悉，他们习惯于把购买的商品和其他同类商品，或与以前的消费经验进行比较，由此得到

的满意或不满意的感受具有相对性。

（4）阶段性

任何商品都有使用寿命周期，服务也有时间性，客户对商品和服务的满意程度来自使用过程的体验，也是在过去多次购买和提供的服务中逐渐形成的，因而客户满意度呈现出阶段性。

3. 影响客户满意度的因素

影响客户满意度的因素包括商品和服务让渡价值的高低、客户的情感、服务成败归因和对平等或公正的感知等，如图 5-2-2 所示。

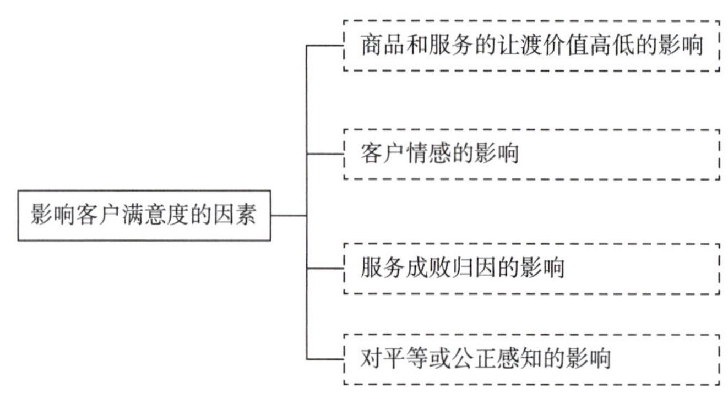

图 5-2-2　影响客户满意度的因素

（1）商品和服务的让渡价值高低的影响

客户对商品或服务的满意度会受到商品或服务的让渡价值高低的影响。如果客户得到的让渡价值高于期望值，就倾向于满意，差额越大则越满意；反之，如果客户得到的让渡价值低于期望值，就倾向于不满意，差额越大则越不满意。

（2）客户情感的影响

客户的情感同样可以影响其对商品或服务满意度的感知。这些情感可能是稳定的，事先存在的，如情绪状态和对生活的态度等。非常愉快的时刻、健康的身心和积极的思考方式等对客户体验或服务的感觉有正向的影响；反之，当客户正处在一种恶劣的情绪中时，就会将消沉的情感带入对服务的反应中，即便商品或服务只出现一个小小的问题，也会引起客户的不满。

（3）服务成败归因的影响

这里的服务包括与有形商品结合的售前、售后服务，归因是指人们对他人或自己行为原因的推论过程。当客户被一种结果（服务比预期好得太多或坏得太多）而震惊时，他们就会试图寻找造成这种结果的原因。而他们对原因的评定会对其满意度造成影响。例如，漏发的商品虽然补发了，但因为没有在客户预期的时间内送

达，客户对出现这种情况原因的判断会对其满意度造成影响：如果客户认为是卖家没有及时处理导致的晚发货，就会不满意甚至是非常不满意；如果客户认为是自己下单时没有仔细检查商品订单，而且补发时物流运输较慢，其不满意程度就会减轻一些，甚至会认为卖家是情有可原的。相反，对于卖家给客户提供的惊喜赠品，如果客户认为"这是卖家应该做到的"或"现在的服务质量提高了"，那么这些惊喜赠品在提升这位客户的满意度上并不会发挥效用；如果客户认为"卖家重视我才会为我提供这种服务"，或"这个品牌重视与客户的情感联结才会这样做"，那么这些惊喜赠品就会大大提升客户对卖家的满意度，进而将这种满意度延伸到对品牌的信任上。

（4）对平等或公正感知的影响

客户的满意度还会受到对平等或公正感知的影响。在购物时客户会问自己："和其他的客户相比，我是否得到了平等对待？与我获得的服务相比，其他客户在购物时是否得到了更好的待遇、更合理的价格、更优质的服务？我为这项服务或商品花的钱是否合理？以我所花费的金钱和精力，我所得到的比其他人得到的多还是少？"公正的感觉是客户对商品或服务满意感知的中心。

二、客户满意度的培养

著名的市场营销学家菲利普·科特勒认为："企业的一切经营活动要以客户满意度为指针，要从客户的角度，用客户的观点而非企业的自身利益的观点来分析消费者的需求，以客户满意作为企业的经营目的。"由此可见，客户满意度已经成为评价商家质量管理的重要指标。

1. 做好客户期望管理

客户期望是指客户在购买、消费商品或服务之前，对商品或服务的价值、品质、价格等方面的主观认识或预期。

由于市场机制的不断完善和行业竞争的日渐加剧，"以客户为中心"理念已成为大多数企业的共识。如果说"客户是上帝"，一方面"上帝"希望以更低的价格获取更好的商品或服务；另一方面企业则需要从"上帝"那里获取适当利润并保持健康发展。随着"价格战""服务战"愈演愈烈，如何管理和平衡客户期望成为很多电商企业面临的关键问题。

（1）客户关系管理三角定律

从商家利益的角度看，商家只有为客户提供他们满意甚至超过其期望的商品或服务，才能在激烈的市场竞争中获得优势。但是，从商家成本的角度来说，客户的期望越高，商家为了满足其期望需要投入越多，甚至会超过商家所能获得的利润。因此，

实施客户期望管理的关键点是在客户满意度和企业成本利益效率之间取得平衡。

根据客户关系管理（Customer Relationship Management，CRM）三角定律，即客户满意度 = 客户体验 – 客户期望值，可以得出客户期望值与客户满意度存在负相关关系，如图 5-2-3 所示。

依据 CRM 三角定律，客户体验与客户期望的差值（可以是正值或负值）可以划分为五个部分，即非常满意、比较满意、一般、比较不满意、非常不满意。当客户体验与客户期望值相同时，客户满意度为一般。客户体验低于客户期望值时，客户满意度越低；反之，客户体验高于客户期望值时，客户满意度越高。

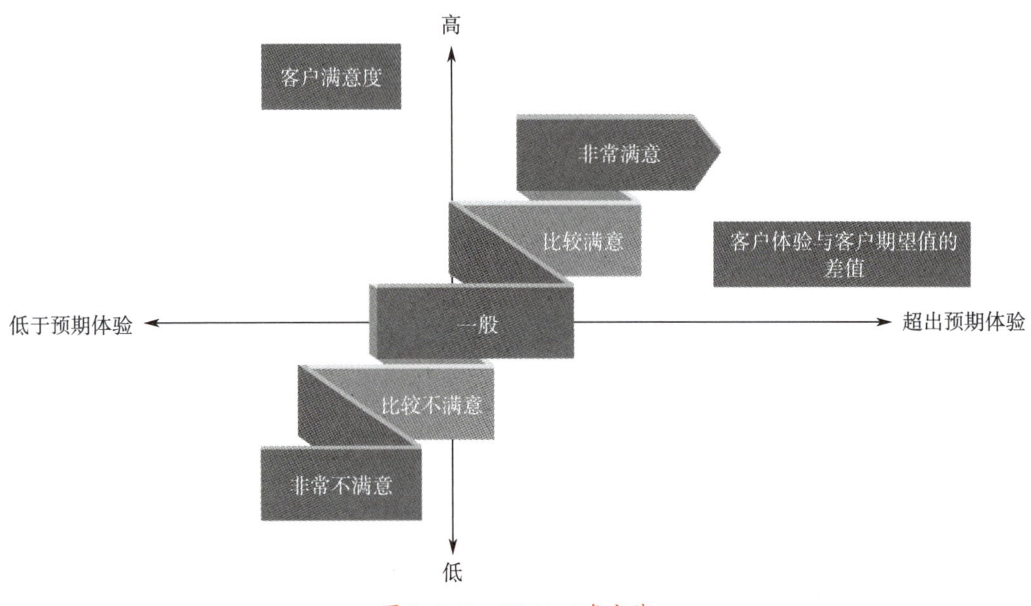

图 5-2-3　CRM 三角定律

（2）客户期望管理的方法

商家对客户期望进行管理是通过了解客户期望、对客户需求进行分析、进行期望管理反馈、开展期望动态管理等一系列客户期望管理流程和机制来实现的。

1）了解客户期望

了解客户期望即了解客户对商品或服务的具体期望和需求。可以通过满意度调查、商品和服务质量现场问卷调查、客户意见反馈及客户投诉等方式收集客户信息，如客户基本属性、客户消费水平、个人偏好、服务反馈等。这些信息是做好客户期望管理的基础，它们能为开展客户需求分析及客户期望水平预估提供数据支持。

例如，一个客户反馈“店铺的会员生日赠品没有特色，不能制造惊喜，而且毫无实用性”。通过该信息可以推断，客户对于会员生日赠品这项服务有着较高的期望。现

实情况可能是会员客户在第一次收到店铺赠送的生日贺卡时感觉非常惊喜，但随着时间的推移，客户每年收到的生日礼物都是贺卡。虽然服务的质量没有降低，但客户已经对这项服务有了心理预期，而且单一的服务形式也可能会导致客户体验逐年降低，最终导致客户的满意度下降，甚至产生抱怨。由此可见，客户对商家服务的反馈意见是评估客户期望管理的重要信息。

2）对客户需求进行分析

对收集的客户期望需求信息进行分析并作出评估和判断，是进行客户期望管理反馈的前提。对客户需求进行分析，主要是分析客户需求的合理性、合法性和重要性，及其可能会产生的后果影响。

合理性是指结合双方实际情况，分析客户提出的需求是否合适。评判的依据主要是社会标准、行业标准和商家自身的承诺。例如商品出现损坏，客户提出 10 倍返还，这显然超出商家既有的服务承诺，是不合理的要求。

合法性和重要性是指假设客户提出来的需求是合法的，商家满足客户的需求不存在违反法律法规的风险。且客户需求对店铺运营造成的影响越大，则该客户的需求越重要。例如，客户为店铺的高端客户，那么与一般客户相比，他们的需求和期望显然更重要一些。再如，有多个客户有同样的需求和期望（在没有相互商量的前提下），那么，这样的需求和期望与那些非常个性化的需求和期望相比也是更为重要的。

后果影响是指假设满足特定客户的需求和期望会对其他客户的期望和感知、对店铺未来的经营和客户期望控制所造成的影响。

根据客户需求或期望的合理性、合法性和重要性及其可能会产生的后果影响进行分析，可以将客户需求划分为五个层次，各个层次客户需求的特点见表 5-2-1。

表 5-2-1　客户需求划分及其特点

客户需求层次	特点表现	示例
客户基本的、必须被满足的需求	商家明确承诺的或符合社会一般标准的需求是理所当然被满足的；假如不能被满足，客户会非常不满意	为客户提供售后服务
客户合理的、应该被满足且可以被满足的需求	客户希望商家能够提供的，但商家对此没有做出明确承诺，而且这种需求也不是社会的一般标准，但这种需求是合理的，是应该被满足的，且商家也有能力满足的	客户希望商家能在规定的时间内对投诉进行回复和有效处理
客户期望的、合理的、应该被满足但无法满足的需求	通常可能是竞争对手能提供，但自己店铺无法提供的，或因为店铺宣传表达不明确导致客户产生较高的期望需求。该类期望部分可能是合理的，但基于现状，商家是没有办法满足的	和竞争对手一样的免邮服务和一样的快速发货

续表

客户需求层次	特点表现	示例
客户期望的、但不应该被满足的需求	客户的需求不合理、不合法，或满足客户的需求会给自己的店铺造成较大的损失或危害	部分客户发现商品损坏后要求巨额赔偿
惊喜需求	大众一致认定该类需求是无关紧要的，对商品或服务本身没有什么影响，但一旦被满足的话，客户会非常高兴和满意	对会员客户赠送生日礼物，会员客户可以享受超值打折

3）期望管理反馈

期望管理反馈是指针对上述提到的五类需求制定具体的措施，并通过各种方式反馈给客户。

首先，制定分级服务标准，针对客户需求的不同层次推出相对应的基础服务、期望服务、惊喜服务等，以满足客户不同层次的需求。对客户的基本需求和期望需求进行优先资源配置，同时要控制惊喜服务的投入成本，采取非周期性、非常规性的实施策略，避免因为较高的心理预期而让客户产生需求层次的“掉落”。

其次，制定分级服务承诺。对于已经广泛推出的、属于客户基本需求层次的服务，应制定统一的标准，并说明服务内容和流程，使客户了解服务的相关信息，从而使客户需求和期望合理化。对于惊喜层次的需求，其服务承诺不能过高，以免商家承诺的服务不能满足客户过高的心理预期；其服务承诺应以达到制造惊喜、提升客户满意度为最终目的。

最后，合理控制服务公开程度，以合理引导客户期望。如果商家无法合理控制服务公开的程度，就容易导致客户产生攀比心理，一旦客户期望与所获得的服务体验差距较大，客户就会产生不满情绪。例如，大肆宣传会员客户可享受的某些专属服务，如果其他非会员客户了解到此消息，觉得自己符合要求却没有得到同等的待遇，就可能产生不满，甚至选择不再购买商品或服务。

4）开展期望动态管理

客户期望会受到社会环境、行业环境、商家服务水平、客户自身经历等诸多因素的影响，并且会随影响因素的变化而变化。因此，对客户期望的管理需要注意动态调整。例如，随着时间的推移，一些以前看似合理但无法被满足的需求现在变成客户的基本期望需求，此时商家应动态调整客户期望管理。

需要注意的是，客户对基础服务的期望是相对刚性的，因此，对于基础服务，一方面要保持稳定的水准，另一方面对于存在的问题要与客户进行充分沟通，向客户解释原因，合理引导和控制客户期望。

2. 提升客户的感知价值

客户感知价值是客户在感知商品或服务的利益之后，减去其在获取商品或服务时所付出的成本，从而得出的对商品或服务效用的主观评价。提升客户的感知价值对提升客户的满意度至关重要。

（1）影响客户感知价值的因素

客户感知价值的核心是感知利益与付出之间的权衡。这一概念包含两层含义：一是价值是个性化的，因人而异，不同客户对同一商品或服务所感知的价值并不相同；二是价值代表着一种效用（收益）与成本（代价）之间的权衡，客户会根据自己感知的价值做出是否购买的决定，而不取决于某单一因素。客户的感知价值会受到多种因素的影响，影响客户感知价值的因素如图 5-2-4 所示。

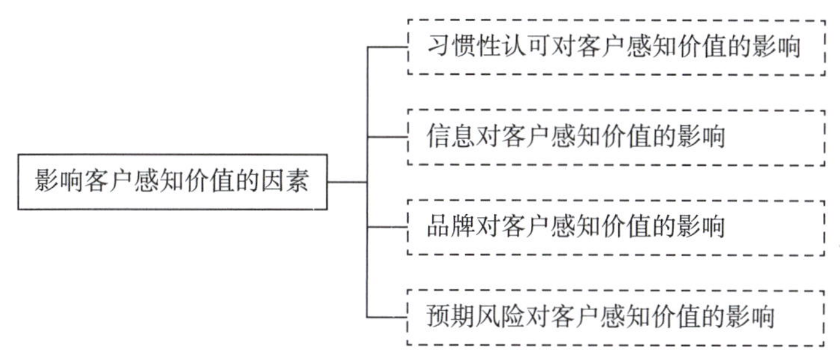

图 5-2-4　影响客户感知价值的因素

1）习惯性认可对客户感知价值的影响

客户在评价某一商品价值大小时，主要凭借的是自己之前购买该商品及相关商品的经历，以及自己获得的市场信息所构成的购买印象，这些就让客户对该商品形成了习惯性认同。虽然商品价值具有客观性，但客户很难对商品提供的客户价值有一个客观、标准的评价，他们只能依赖以往的经验和所获取的信息作出判断。通常，客户对商品的习惯性认同会保持一段时间，并会对客户价值感知造成影响，从而影响客户的购买决策。

2）信息对客户感知价值的影响

信息对客户感知价值的影响表现在两个方面，即感知的水平层面和感知的范围层面。由于客户个人的知识、履历、获得信息的有限性，客户感知价值的水平受到影响，因此无法全面、客观地对商品价值作出判定与评价。例如，客户在购买珍珠项链时，如果不知道珍珠的价值属性是什么，他可能会认为最大的、最美观的才是最具价值的；然而对于一个经验丰富、对珍珠了解比较全面的客户来说，他会根据珍珠的色泽、圆润程度、工艺等因素来评价珍珠价值的大小。

信息对客户价值感知范围的影响是指由于客户对商品信息了解的有限性，导致客户在进行价值感知时只能参照部分商品来进行对比和衡量。

3）品牌对客户感知价值的影响

品牌形象是某个商品价值的浓缩，优良的品牌代表其商品优质的质量特征与服务特性。优良的品牌有利于客户对商品价值作出较高评判，帮助客户节约选购时间和精力，同时减少客户购买商品后不符合需求的风险。当然，商品的品牌特征也能让客户获得超越商品的感知价值。例如，之所以有人愿意高价购买奢侈品，是因为其价值更多地来源于这一品牌所带来的形象价值。

4）预期风险对客户感知价值的影响

客户在购买某件商品之前，需要承担购买之后商品不符合预期的风险，如假冒伪劣商品带来的经济损失或心理损失，以及其他不确定性因素给客户带来的意外损失。

随着客户对商品的了解程度越来越深，他们的购物行为也越来越趋于理性。具体表现为在购买商品时，总是试图降低预期风险。在其他因素稳定的情况下，客户预期风险越小，客户感知价值就越大，反之则越小。

（2）提升客户感知价值的措施

在电子商务环境下，要想有效地提升客户感知价值，可以从以下几个方面入手：

1）增加客户购物的便利性

网络购物打破了时空的限制，省时省力。因此，便捷是电子商务提升客户感知价值的有利因素。要想提升客户感知价值，可以通过优化店铺购物环境、提高关键词匹配度、提高物流配送速度等方式来提升客户购物的便利性。

2）丰富商品种类

在电子商务中，客户可以从比实体店铺丰富得多的商品中选购，获得更好的购物体验。这表明丰富商品种类可以间接达到提升客户感知价值的作用。对此，商家可以积极地收集客户意见，了解客户对商品的需求，或为客户提供定制化的商品。

3）提高商品信息质量

商品信息是客户作出购买决策的依据。因此，商家应保证商品信息的质量，及时对其进行更新，并且要按照客户的反馈和店铺的销售情况进行修正，以保证商品信息的准确性。

4）增加与客户的互动

完善商家与客户的互动方式，让客户更多地参与购买过程。从客户的角度出发，更多地考虑客户的需求，实现与客户的有效沟通，提升客户的购物体验，进而提升客户的感知价值。

5）提升购物安全保障

在网络购物中，客户会面临个人资料与支付环境安全性的问题。因此，商家应该重点关注信息安全问题，为客户提供全面、有效的信息安全保护，安全可靠的网络购物环境可以提升客户的感知价值。

6）减少非金额成本支出

非金额成本支出属于客户体验中的负面因素，要想提升客户感知价值，就要减少客户非金额成本支出。商家应该完善店铺设计，设置更加美观、更具互动性的店铺页面来吸引客户的注意力，激发他们的购买欲望。

7）提高商品质量

在网络购物中，客户只能看到商品的图片信息，无法切身感受商品的实际质量，容易出现商品实物与客户预期不符的情况，此时客户的感知价值就会大大降低。因此，商家应保证商品质量，为客户提供真实的商品图片信息，以消除客户的顾虑，从而提升客户的感知价值。

8）完善售后服务

在网络购物环境下，客户收到的商品可能会出现一些问题，如商品损坏，商品与描述不一致，尺寸、颜色不合适等。如果商家不能及时、有效地为客户解决这些问题，就容易导致客户产生不满情绪。因此，商家必须重视售后服务，这样不仅能提升客户的感知价值，也有利于店铺的后续发展。

三、客户忠诚度概述

1. 客户忠诚度的定义

客户忠诚度是指客户对商家的商品或服务产生了好感，形成偏爱，并长期频繁地重复购买的行为。它是客户对商家的商品或服务在长期竞争中所表现出的优势的综合评价。

2. 客户忠诚度的特征

客户对商家的忠诚度是商家通过长期向客户提供优质的商品或服务而培养出来的。对商家忠诚的客户对其品牌情有独钟，即使其他商家推出了更优惠的同款商品，他们也不会轻易选择其他品牌的商品。通常来说，客户忠诚度具有以下几个特征：

（1）行为特征

客户忠诚一般意味着客户会重复购买商家所提供的商品或服务。这种重复性的购买行为可能来自客户对商家的偏好和喜爱，也可能是出于习惯，还可能是因为商家举办的促销活动。

（2）心理特征

客户忠诚度经常体现为客户对商家所提供的商品或服务的高度依赖。这种依赖来源于客户在之前购买商品或服务的过程中形成的满意度，进而形成的对商品或服务的信任。

（3）时间特征

客户忠诚度具有时间特征，它体现为客户在一段时间内不断关注并购买商家提供的商品或服务。

3. 客户忠诚度的价值

店铺在经营过程中，除了要竭尽全力满足客户的需求外，还要维持和提高客户对店铺的忠诚度。忠诚客户的价值不在于他们一次消费给店铺带来的利润，而在于其在整个生命周期内为店铺带来的所有利润，甚至包括其对店铺的口碑宣传。概括来说，客户忠诚对店铺的价值表现在四个方面，如图 5-2-5 所示。

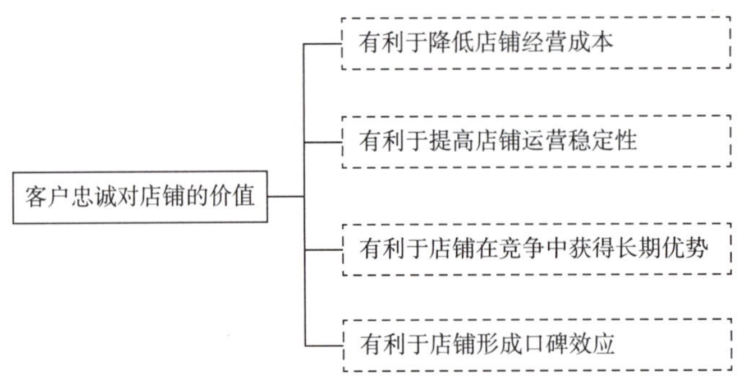

图 5-2-5　客户忠诚对店铺的价值

（1）有利于降低店铺经营成本

忠诚的客户首先愿意继续购买或接受店铺的商品或服务，且愿意为优质的商品和一流的服务支付较高的价格，商家只需花费较少的人力、物力以及较少的时间成本就可完成交易。同时，忠诚客户的重复购买、宣传介绍、点赞推荐等行为可以帮助商家减少广告、公关、宣传等促销费用开支，降低店铺的运营成本，从而进一步增加店铺的销售收入和利润总额。

（2）有利于提高店铺运营稳定性

忠诚的客户会比一般客户更加注重商品的内在价值，且不会轻易受其他因素的影响而更换商家，这就提高了店铺运营的稳定性。同时，忠诚的客户会很乐意尝试店铺的其他商品，这就推动了店铺内商品的交叉销售，有助于实现店铺经营的多元化，降低店铺的经营风险。

（3）有利于店铺在竞争中获得长期优势

拥有高客户忠诚度的商家形成了一种较高的竞争壁垒，竞争对手如果想要吸引其所拥有的客户，就必须投入更多的人力和物力，这种竞争方式往往会令很多竞争对手望而却步。同时，忠诚的客户重复购买店铺的商品或服务，便于商家更好地了解一定时间内客户的需求，以及长时间内客户需求的波动规律，更有利于商家制订长期的经营计划，也为商家进入新市场提供了扩张利器，使其商品或服务达到更高的标准，从而取得长期的竞争优势。

（4）有利于店铺形成口碑效应

忠诚的客户往往会把自己愉快的消费经历和体验直接或间接地传达给周围的人，在无形中成为商家的广告宣传员，他们的这种宣传和推荐比商家自己做广告的效果更好。这种良好的口碑传播能为店铺带来新的客户，更重要的是能有效地提高店铺的知名度及品牌的美誉度。

4. 影响客户忠诚度的因素

在当前竞争激烈的市场环境下，谁赢得了客户，谁就占据了市场。而客户的选择、客户对商家的忠诚度会受到诸多因素的影响。概括来说，影响客户忠诚度的主要因素包括六个方面，如图 5-2-6 所示。

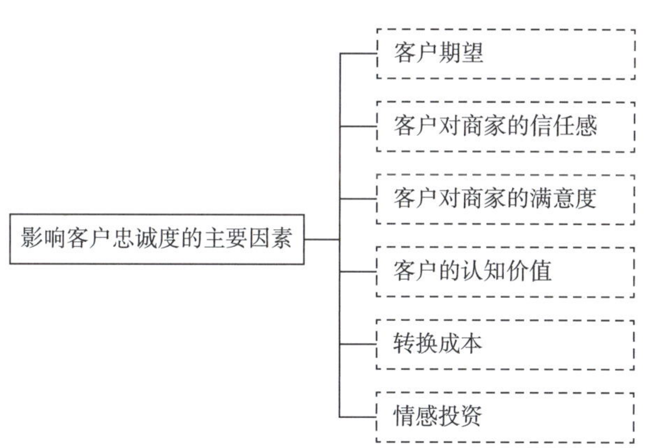

图 5-2-6　影响客户忠诚度的主要因素

（1）客户期望

在电子商务环境下，客户可以通过商家的网络平台了解商家的相关信息，对自己所需的商品或服务提前形成期望。这些相关信息包括网络平台的质量和相关商品信息、网站的交互性（搜索信息的高效性和便利性）、其他媒体和客户的推荐或口碑，以及商品或服务的专业化、个性化、响应速度等。因此，商家应该努力做好各方面的工作，不断满足客户的需求，达到客户期望或超越客户期望。

（2）客户对商家的信任感

客户对商家的信任感是指客户对商家能履行交易承诺的信心。信任感是影响客户首次购买和重复购买行为的主要因素。如果客户对商家缺乏信任感，就不可能产生持续购买商家所提供的商品或服务的行为，而一旦对商家产生信任感，客户的情感忠诚就会体现出来。

在电子商务环境下，影响客户对商家信任感的因素包括网站的支付安全、隐私保护和安全政策、信用制度和法律环境等。

（3）客户对商家的满意度

客户满意度主要是客户对商家的综合评价，包括对商品的满意，对销售人员的满意，对商家售后、技术支持、培训等各方面的满意。在电子商务活动中，令客户满意还应包括各项在线服务，如服务咨询、搜索商品、更改地址、申请售后等能满足网络时代客户追求便利、快速的需求。

如果商家提供的商品或服务等于或超过客户的期望，客户的满意度就高，否则就会导致客户不满意。客户的满意度越高，其购买商品或服务的次数就越多，从而对品牌的忠诚度就越持久。

（4）客户的认知价值

客户的认知价值是指客户对商家为其提供的相对价值的主观评价，包括商品质量、商品价格、商品品牌、客户服务等多方面。

在电子商务活动中，网络在给客户带来巨大便利的同时，也会让客户感受到传统商业模式中所没有的风险，如商品风险（客户在购物时不能切身感受商品质量，不能亲自对商品的质量进行检查）、安全风险（网络交易过程可能产生的数据信息泄露）等。因此，在电子商务环境下，客户的认知价值范围更广，商家更应该努力完善自身服务，提升客户的认知价值。

（5）转换成本

客户在结束与当前商家的联系而与其他商家建立新的联系时，必须付出一定的代价。这些代价的总和就是转换成本，具体包括四种类型，见表 5-2-2。

表 5-2-2　转换成本的类型

类型	释义
时间和精力上的转换成本	客户在转向新的店铺购买商品时，需要重新花费时间和精力去筛选商品，对商品的质量、售后服务等进行评估，最终确定购买，同时还要承担商品不符合自己需求带来的风险

续表

类型	释义
经济上的转换成本	主要涉及原来商家为客户提供的一定的价格优惠的损失
替代限制	客户可选择商品或服务的供应商数量会在一定程度上影响客户的转换行为，这是客户在转换时所面临的客观限制
额外服务或服务恢复	包括商家针对客户需求提供的个性化服务，以及为了弥补客户在经历不满意的服务后感受到的损失所作出的努力。优质的服务能为客户创造价值，可以有效阻止客户因为不满意的服务而流失

（6）情感投资

商家与客户建立牢固的联系，并为维持这种联系进行情感投资，使客户对商家产生感情成为忠诚客户。这种投资包括商家对客户详细资料的了解，建立客户资料库（包括客户的性格、购物习惯、个性、爱好和重要日期记录等），以及为维持联系采取的具体措施，如定期与客户交流，建立便捷的购物搜索方法及安全的付款方式。

四、客户忠诚度的培养

客户对商家的依赖性和忠诚度与客服人员的服务密切相关。最让客户看重的便是客服人员能否在交易之外提供更多的服务，客服人员是否主动奖励客户的购买推荐，以及客服人员能否提供给客户专属的优惠，概括起来就是：客服人员能否让客户感受到那份独一无二的服务。

商家需要理解客户的差异性和其对个性化的追求，继而对现在和将来的客户进行细分，找到最有吸引力的客户群，为他们开发、提供最具有吸引力、说服力的相关产品和服务，即为客户提供超值服务。超值服务就是所提供的服务除了满足客户的一般需要外，还有部分超出了一般需求以外的服务，从而使服务质量超出客户的正常预期水平。提供超值服务既是一种“价格战”，又是一种“心理战”。超值服务可以通过客户关怀和创造惊喜来开展，具体来说，主要包括提供客户关怀和特权体验。

1. 客户关怀

客户关系维护的核心便是客户关怀，客服人员需要在节假日或客户生日期间给客户送去短信祝福，增加客户的好感。当然，让客户感受客服人员关怀的途径很多，如在客户收到商品的 15 天内主动咨询客户的使用效果，是否有不满意之处，主动进行回访并认真记录。例如，有一家淘宝烘焙店的客服人员，在客户购买商品的过程中主动揣摩其购买这些材料具体是要做什么点心，如客户购买了蛋挞皮、黄油、蛋挞器具，他猜测该客户可能要做蛋挞，于是在与客户交流之后，主动赠送了一些烘焙配方和视频，供客户学习。这样的关怀让他的回头客源源不断。

花同样的价格不仅买到了心仪的商品，还买到了最佳的服务，这是客户愿意继续在店铺购物的主要原因。因此，在必要的时候为客户创造一份惊喜，是让客户保持忠诚度的绝佳方法。所谓有付出才有回报，在客户维护中，这个道理同样适用。客服可以不定期为客户送上一些试用产品，或在客户生日之时送上一份小礼物，这种小成本的花费可以让客户感受到购买商品之外的惊喜，对于客户维护相当关键。

2. 特权体验

特权体验主要是让客户感受到一种专项服务，也叫独享服务。顾名思义，是指客服人员所做的服务工作、店铺所放开的优惠权限不是针对所有客户，而只针对极少部分的客户。专项服务的开展可以通过店铺的专享折扣和客服的一对一服务等方式让客户真正感受到自己享有的服务独一无二。

专项折扣是部分客户才享有的优惠，如大多数客户享受 8.8 折，而部分客户享受的是 6.8 折，这样的专属价值必然会在一定程度上留住客户。

客服人员工作忙碌而繁重，在同一时间往往要接待好几位客户，若是客服人员为部分客户提供一对一的服务，及时、快捷的回复效率往往能让客户对店铺心生好感，保持忠诚度。

任务实施

一、建立客户会员制度

建立会员制度能帮助商家更好地维护老客户，防止客户流失。会员制度的消费奖励额度一般根据店内商品的价格而定，力求既能抓住客户，又能保证店铺经济效益。会员可以分为不同等级，如普通会员、高级会员、VIP 会员等，店铺可以针对不同消费能力或消费总额的客户，给予其对应的优惠力度。在客户运营平台上，可通过忠诚度管理来设置店铺的会员制度，其具体操作步骤如下。

● 步骤 1 登录千牛工作台账号，进入“千牛工作台”页面，选择“私域”栏中“会员运营”选项，打开“会员运营”页面，如图 5-2-7 所示。

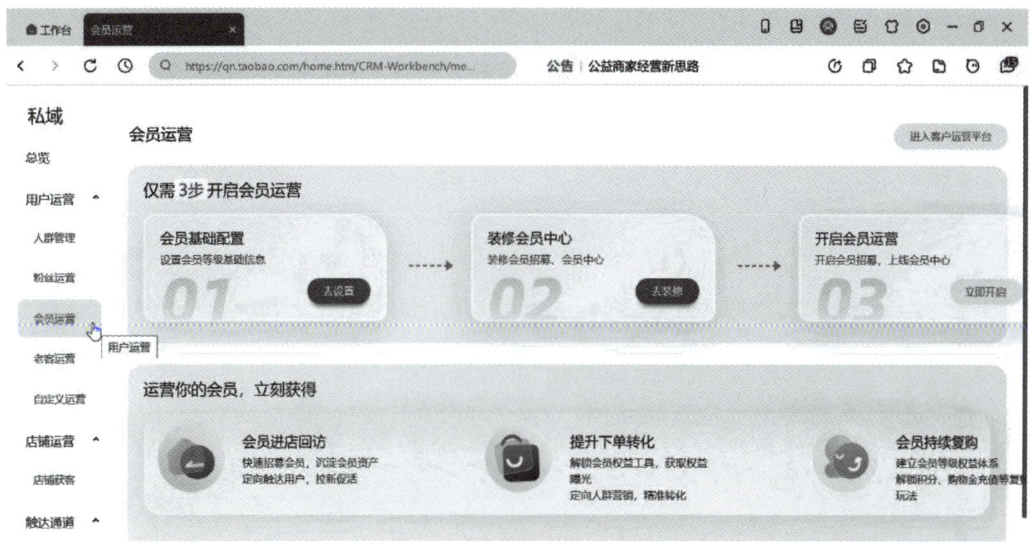

图 5-2-7 会员运营页面

● 步骤 2 单击“会员基础配置”栏中的“去设置”按钮，如图 5-2-8 所示。

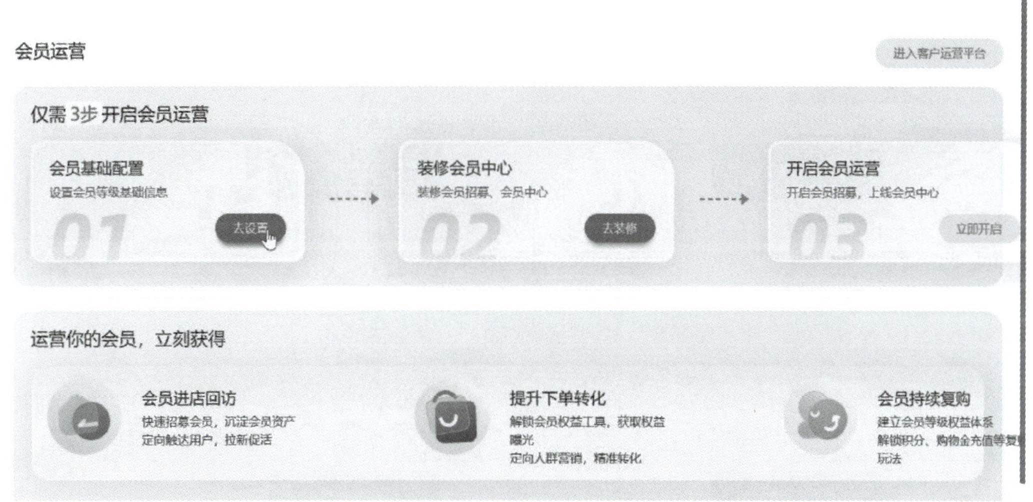

图 5-2-8 单击“去设置”按钮

● 步骤 3 进入“会员基础配置”页面，根据店铺实际情况，设置“会员等级名称”“升级条件”“卡面设置”等信息。例如，设置“会员等级名称”为“普通会员”，“交易额”为“1 000 元”，“交易次数”为“10 次”，如图 5-2-9 所示。各商家的商品价格不一，在设置交易额和交易次数时也应有所不同。

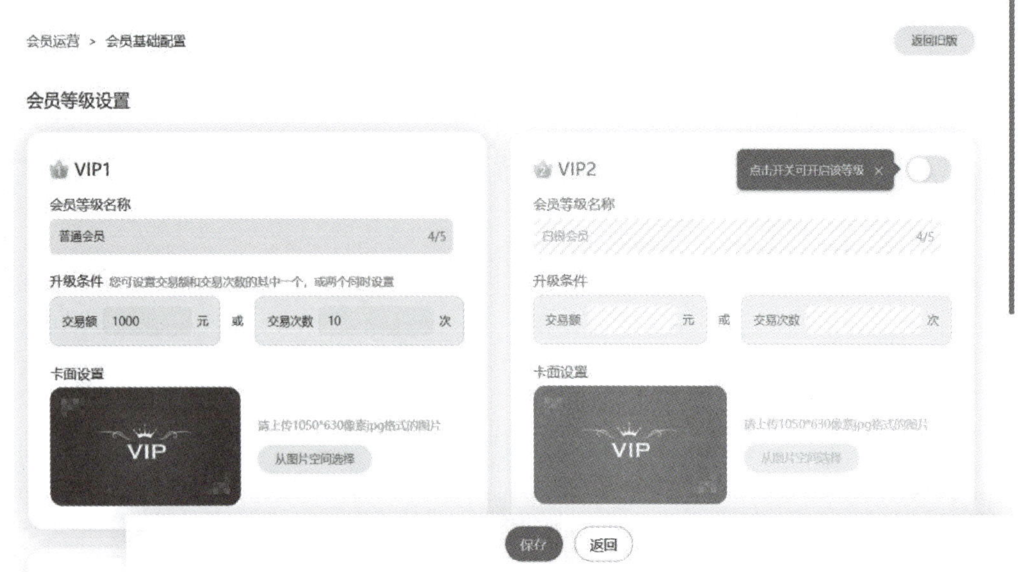

图 5-2-9 普通会员设置

● 步骤 4 若需设置 VIP2 至 VIP4，单击“开启”按钮，根据步骤 3 的操作方法设置不同会员等级，最后单击“保存”按钮即可，如图 5-2-10 所示。

图 5-2-10 不同会员等级设置

● 步骤 5 完成后返回“会员运营”页面，单击“装修会员中心”栏中“去装修”按钮，如图 5-2-11 所示。

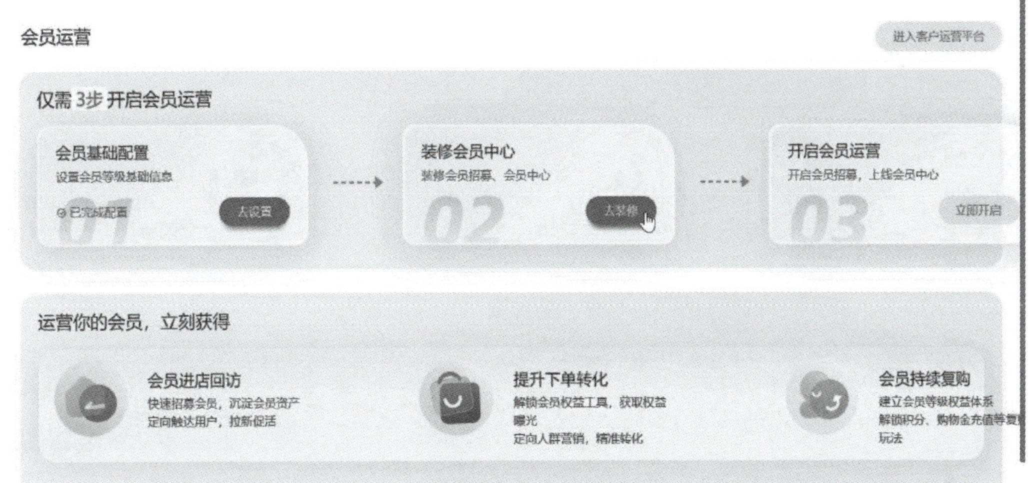

图 5-2-11　单击“去装修”按钮

● 步骤 6　弹出对话框，系统将自动完成装修。若想个性化装修会员中心，带给客户更好的体验，单击“点击装修”超链接，如图 5-2-12 所示。

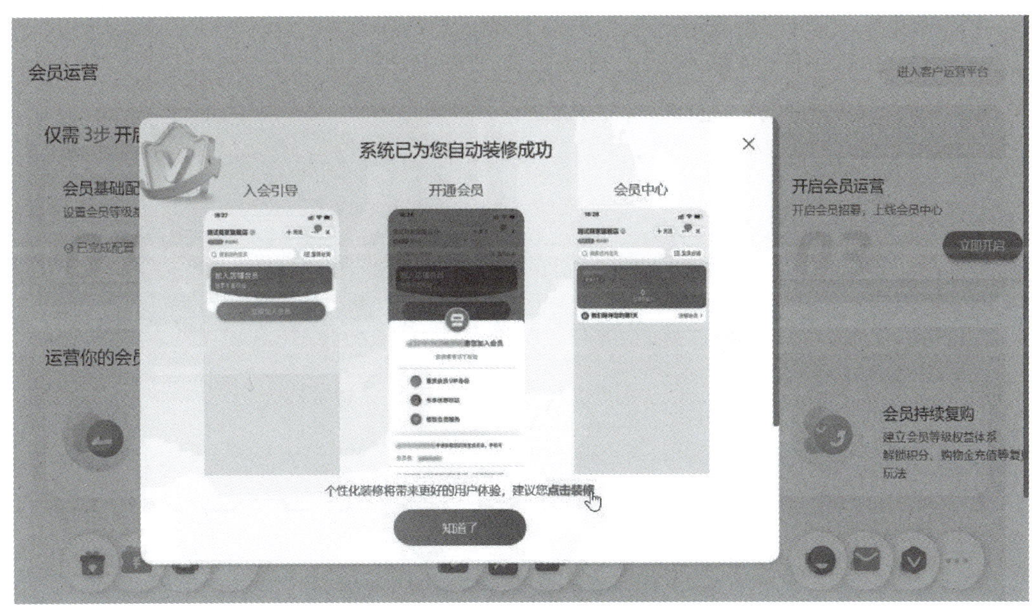

图 5-2-12　单击“点击装修”超链接

● 步骤 7　跳转至“客户运营平台”页面，即可根据店铺实际情况装修会员中心，如图 5-2-13 所示。

图 5-2-13　自定义装修会员中心

● 步骤 8　完成后返回“会员运营”页面，单击“开启会员运营”栏中“立即开启”按钮，如图 5-2-14 所示。

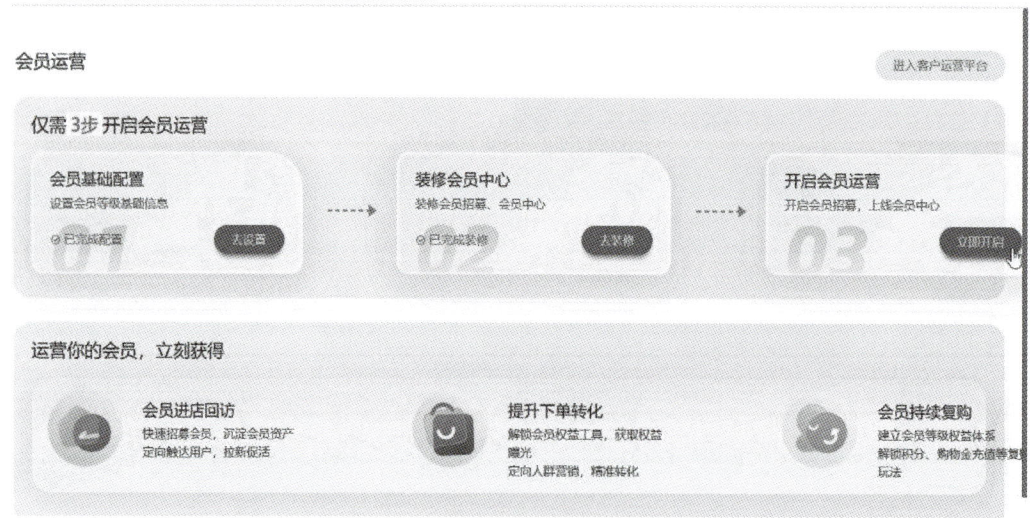

图 5-2-14　开启会员运营

● 步骤 9　成为会员运营后，若完成以下指标还可升级为“优质商家”，获得更多运营机会，如图 5-2-15 所示。

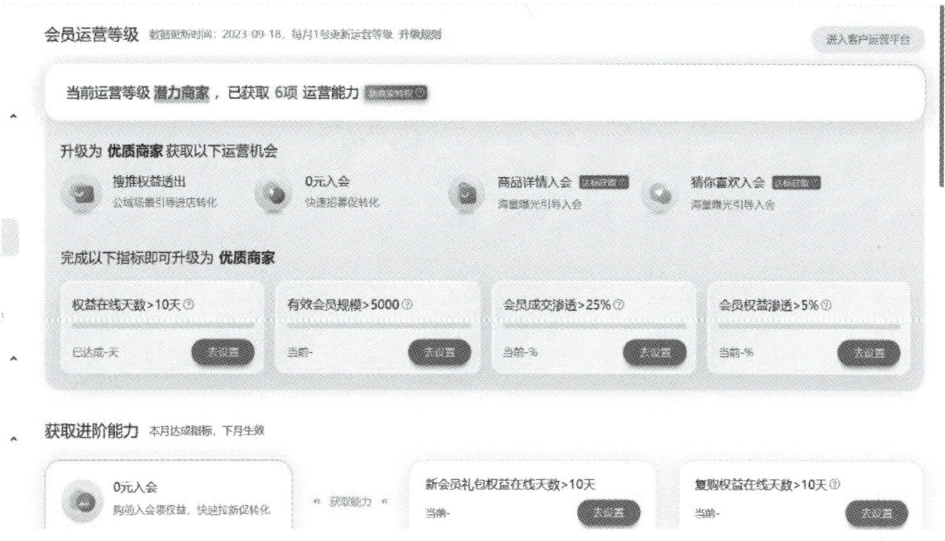

图 5-2-15　升级会员等级

二、旺旺群交流

创建旺旺群后，客服人员可以通过旺旺群向客户宣传网店上新商品、网店优惠活动等信息，而客户也可以在旺旺群与其他客户讨论并分享商品的使用情况。下面介绍在千牛工作台中创建旺旺群“新品促销”，添加客户并将优惠信息推送给客户，具体操作如下：

● 步骤 1　登录千牛工作台账号，进入“千牛工作台”页面，单击右侧“接待中心”图标按钮☺，如图 5-2-16 所示。

图 5-2-16　单击“接待中心”图标按钮☺

● 步骤 2 打开“接待中心”页面，单击左侧“我的群”图标按钮，如图 5-2-17 所示。

图 5-2-17 单击“我的群”图标按钮

● 步骤 3 在“我的群”标签页中单击“我管理的群”栏中“创建群”图标按钮 +，如图 5-2-18 所示。

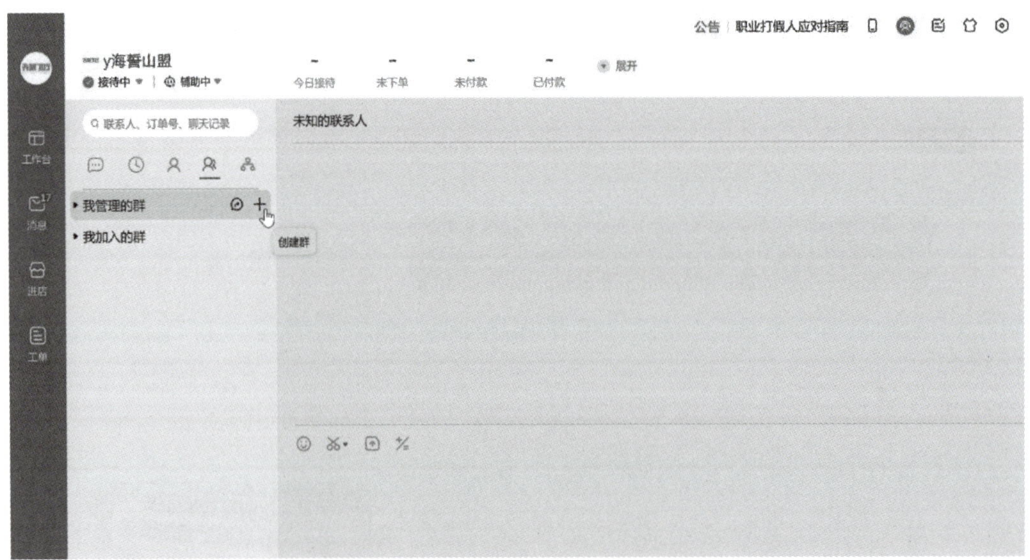

图 5-2-18 单击“创建群”图标按钮 +

● 步骤 4 弹出“创建群”对话框，根据店铺实际情况选择创建群，单击“创建普通群”栏中“开始创建”按钮，如图 5-2-19 所示。

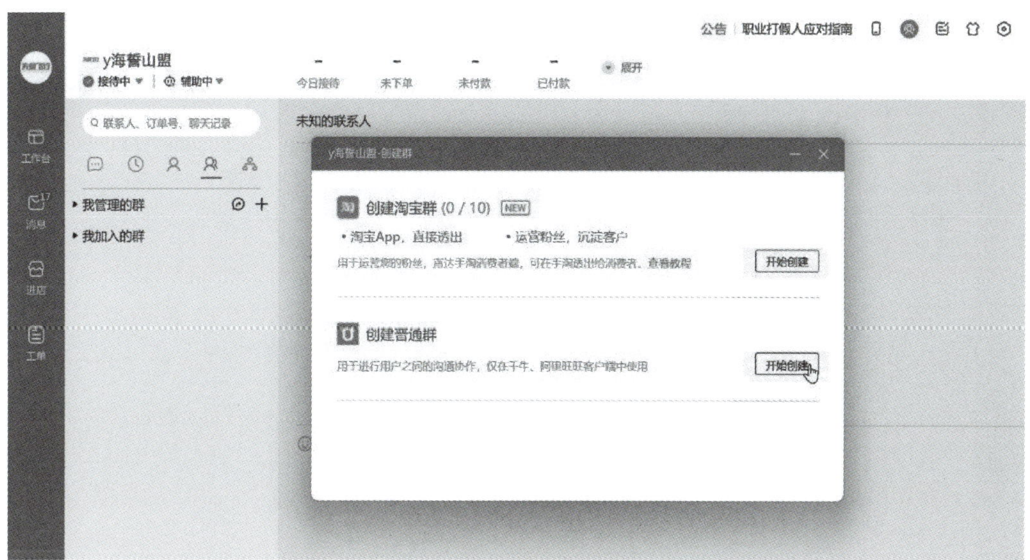

图 5-2-19　创建群

● 步骤 5　弹出“创建群”对话框，根据店铺实际情况，设置“群名称”“群介绍”“入群条件”等，完成后单击“创建”按钮即可，如图 5-2-20 所示。

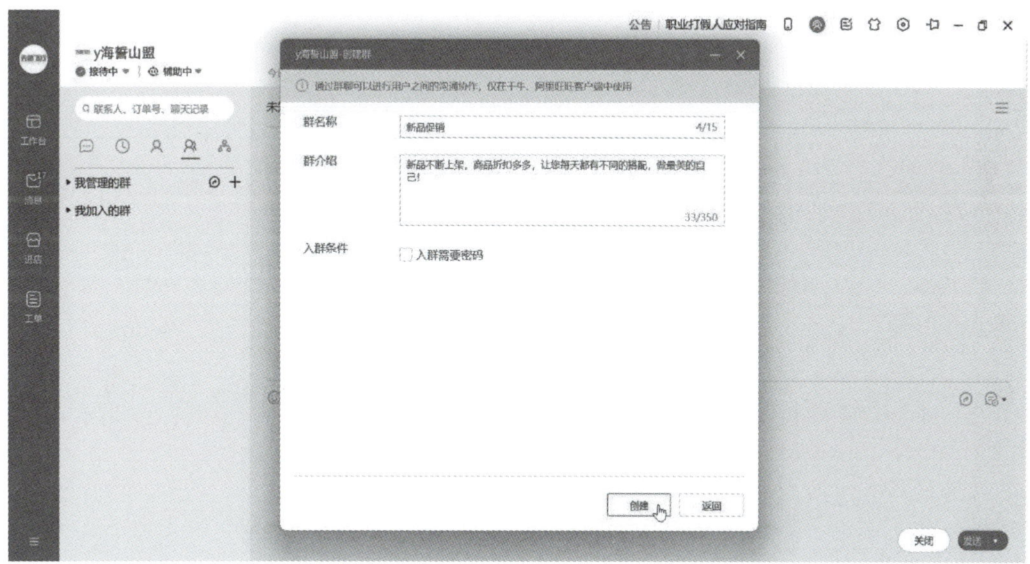

图 5-2-20　设置群名称等内容

● 步骤 6　成功创建“新品促销”群管理后，单击左侧“新品促销”栏中“群组设置”图标按钮◎，如图 5-2-21 所示。

图 5-2-21　单击“群组设置”图标按钮

● 步骤 7　弹出“群组设置”对话框，在“群组资料”栏中显示了该群的链接以及二维码，如图 5-2-22 所示。客服人员可以通过发送信息的方式将群链接或二维码发送给被邀请人，让被邀请人通过点击链接或扫描二维码加入群聊。

图 5-2-22　分享群组

● 步骤 8　客户打开手机淘宝，点击“扫一扫”按钮，扫描客服人员分享的二维码，跳转至“淘宝群”页面，点击“加入群聊”按钮，就加入了店铺的旺旺群“新品促销”，如图 5-2-23 所示。客服人员就可以将网店的优惠活动等信息发送到群中，告知客户。

图 5-2-23　成功加入群

思考与练习

1. 请结合实际谈谈提高客户满意度的方法。
2. 简述客户满意度与客户忠诚度的关系。
3. 你有自己钟爱的品牌吗？说一说你忠诚于它的原因。或者你是否曾经忠诚于某品牌，但是后来转而忠诚于其他品牌，说一说为什么会发生这种转变。

项目六 新型客户服务

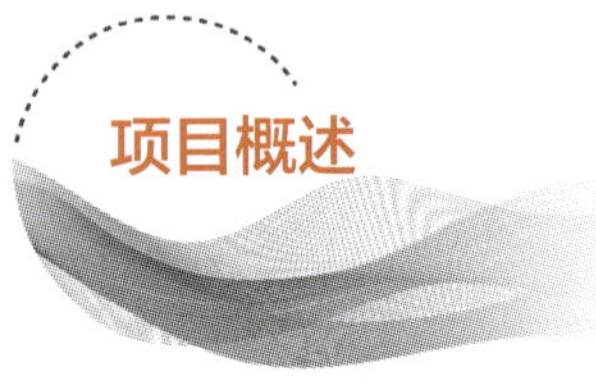

项目概述

近年来，随着智能手机与社交媒体的普及，以社交型、多渠道为显著特征的电子商务蓬勃发展，直播带货成为网络消费增长的新亮点。电商与直播、短视频开展深度融合，各家大型电商平台纷纷推出电商直播。此外，人工智能、5G等新兴技术为电商的未来发展注入了新的动力，相应地对客户服务工作也提出了新的要求。

在本项目中，我们将学习直播电商客服、智能客服等相关内容。

任务1　直播电商客服

学习目标

- 知识目标

1. 了解直播电商的发展现状及未来趋势
2. 了解直播电商客服的类型

- 能力目标

1. 能描述直播电商客服相较于传统客服的特点

2. 能正确区分代播与自播

相关知识

随着传统流量红利的逐渐消失，以直播为表现形式的内容营销全面爆发，直播与电商实现完美融合，产生了直播电商这一商业模式。直播电商对客服工作提出了新的要求。

一、直播电商的发展现状

近年来，直播电商因在网络零售方面具有巨大的宣传和变现能力，不断吸引各类平台和主播加入；同时，直播电商又因空前的直观性、互动性和娱乐性，吸引了大批消费者在直播间购买商品。因此，在买卖双方力量叠加的作用下，直播电商迅速发展为重要的电商新模式，行业整体发展前景广阔。

2025 年 1 月，中国互联网络信息中心发布的第 55 次《中国互联网络发展状况统计报告》显示，截至 2024 年 12 月，我国网络直播用户规模达 8.33 亿人，较 2023 年 12 月增长 1 737 万人，占总网民数量的 75.2%。

就直播平台而言，平台数量持续增加，类型不断丰富。既有传统的电商平台淘宝、京东等在直播领域的探索和发展，也有抖音、快手等短视频社交平台在电商带货领域的尝试和布局，还有微信等社交工具在直播电商方面的拓展。此外，跨境电商直播基地加快建设，助力中国品牌出海。

在直播电商市场快速发展的同时，带货主播阵容也愈加强大。除了各平台的达人主播、网红主播外，一线演艺界人士和企业家也开启了直播带货模式，还有政府部门和官员为当地特色产品开展直播宣传，更有数量众多的“草根”主播不断加入。各路主播在直播间各显神通、吸引流量，花式介绍商品、营造成交氛围。统计数据显示，直播间的成交转化率远高于普通电商渠道。

对于店铺而言，目前开展直播电商的模式主要有两种：一种是代播，即签约达人、演艺界人士等各平台头部主播，借助主播及其直播间的“吸粉”能力和影响力，由签约主播代为推荐和介绍店铺的一款或多款商品，通过商品链接进行引流，实现销售；另一种是自播，即店铺培养自己的主播，通过店铺直播间进行商品介绍、推荐和销售。在代播模式下，客服工作通过链接大量分散给了直播商品所对应的卖家与店铺，直播间客服的工作压力相对减轻。在自播模式下，所有的客服工作都导向了自家店铺，对店铺的客服能力提出了更高的要求。

二、直播电商的发展趋势

直播电商在虚拟的网络环境下，空前地提升了客户的购物体验，发展空间巨大。伴随着 5G 时代的到来，更强大的网络功能和应用持续推出，人们上网浏览信息的速度越来越快，成本越来越低，这为直播电商更方便地进行人、货、场的重构提供了技术支持。直播电商的发展趋势主要体现在以下三个方面。

1. 用户群体日益扩大

体验了直播电商的直观性和强互动性特点的客户，逐渐习惯这种新兴的购物方式，对直播间的依赖程度日益加深。随着设备、网络和技术的不断更新，越来越多的人具备了加入直播的条件，线上与线下购物体验的界限被打破，未来多元化且无处不在的直播场景将吸引更多用户持续关注。同时，国家各相关部门和地方政府也在持续关注直播电商的发展，陆续出台了《直播电子商务平台管理与服务规范》等指导性文件，以保护直播电商各方的合法利益，为直播电商的规范化发展保驾护航。这将进一步提升社会对直播电商的信任度，增强用户对直播电商的信任感，从而促进用户群体持续增长。

2. 行业竞争日益激烈

直播电商带来的丰厚利润不断吸引品牌、平台的加入，同时由于其普惠性，更多普通人实现了主播梦，在直播间走上带货之路。各平台在市场份额上的较量，主播们在“吸粉”能力、“粉丝”留存和激活转化方面的竞争，以及普通用户追求兴趣和更低价格，这些都从不同角度、不同程度地加剧了行业竞争，促使直播电商商家不断优化自身，以谋求在行业中的持续发展。

3. 客户服务等细节要求越来越高

随着客户对直播电商熟悉度的提高，越来越多的人在直播购物中开始回归理性，对购物全过程的体验要求不断提高，对于与购物相关的客户服务、物流等细节越来越关注。无论是淘宝店铺，还是抖音小店、快手小店，都需要更加注重客户服务等方面的工作。

三、直播电商客服的定义

在直播过程中，虽然有主播负责商品的讲解、展示和推荐，通过互动的方式回答部分客户的问题，但相对于客户的服务需求而言是远远不够的，仍需要专业的客服人员为客户提供直播前、直播中和直播后的全过程、全方位的服务，这样才能消除客户的种种疑问和顾虑，使直播电商真正被长久地接受和信任。因此，如何更好地服务客户、更充分地挖掘客户价值、持续地为客户创造价值、吸引客户长时间关注和多次复购，一直都是直播平台、直播团队和借助直播形式开展商品销售的商家应该认真对待的事。

直播电商客服，从狭义上讲，是指通过即时通信工具，及时回复直播间客户、解答相关疑问、处理相关问题的工作人员。从广义角度来理解，直播电商客服应包含围绕直播间客户而提供的所有服务、提供服务的人和岗位，包括直播前后对客户的跟进与关系维护、售后问题的处理、运营数据的分析等。

从发展渊源上讲，直播电商客服是由客户服务和电商客户服务延伸而来的，其核心是以客户为中心，围绕客户兴趣和需求，答疑解惑、推荐引导、解决问题，最终促成交易。目前，大多数传统电商平台的直播电商客服是由原来的网店客服兼任或转化而来的，仍较多地采用原有的客户服务理念和方式来服务直播间客户。抖音或快手等短视频社交平台，直播带货发展势头虽然良好，但客户服务理念、制度建设等相对薄弱，直播客服还有待发展与完善。

四、直播电商客服的类型

直播电商虽然在商品推介形式上有所创新，有别于传统电商，但销售过程仍与传统电商基本一致。直播电商客服按不同的标准，可划分为不同的类型。

1. 按客服所处的销售进程分类

直播电商客服可按客户是否下单付款为界，划分为售前客服、售中客服和售后客服，分别为处于不同购买进程的客户提供有针对性的专业服务，以提升客户的购买体验。

售前客服主要在线负责客户下单前各种疑问的解答、商品的推荐和购买选择建议，使用合适的话术促使客户积极下单，完成转化。售中客服主要负责主动联系下单未付款的客户及时付款，协助客户完成订单价格、收货地址等信息的修改，向客户确认订单，及时安排发货及上传发货信息等工作。售后客服人员一般在发货后开始提供客户服务，如协助客户查询物流信息、进行退换货处理和评价管理等。直播电商中售前、售中、售后客服的范围界定和工作场景举例见表 6-1-1。

表 6-1-1　直播电商客服的类型

类型	范围界定	工作场景举例
售前客服	未下单前	客户：这款粉底液适合油性皮肤使用吗？ 客服：亲，您好！这款粉底液有控油的功效，很适合油性皮肤使用，请放心下单购买哦！
售中客服	下单后至发货前后	客户：已经下单了，但是地址填错了怎么办？ 客服：亲，您好！没有关系哦，请您告诉我正确的地址，我来帮您修改哈。

续表

类型	范围界定	工作场景举例
售后客服	收货前后	客户：衣服收到了，但和我在直播间看到的颜色怎么不太一样啊？我已经申请了退货。 客服：很抱歉哦，亲，让您体验到了不愉快的购物经历。商品颜色受显示器、灯光等因素影响，和实物比会略有色差。亲，若您确实不能接受，商品是有七天无理由退货保障和运费险的哦，您可以放心退回。

在实际运营中，店铺应依据自己的规模和需求来设置客服岗位。有的明确区分了三类客服的岗位职责，有的则将客服岗位职责进行合并处理，如一些小型卖家，通常由少量客服人员负责全过程的客服工作。因此，一家店铺可能没有分别设置三类客服岗位，但仍要完成三类客服的所有工作。

2. 按提供客户服务的主体分类

依据提供客户服务的主体，可以将直播电商客服分为系统客服和人工客服两类。一些流量较高、咨询量较大的店铺，为提高接待效率，节约客服成本，会采用智能客服系统，用预设的“服务助手”或“机器人”代替部分人工客服全天候地对高频问题进行解答。

3. 按客户服务的形式分类

从客户服务的形式看，可以将直播电商客服分为在线客服和语音客服。多数商家都以即时聊天工具为媒介，采用在线客服的形式服务客户。针对淘宝直播，淘宝平台还推出了客服直播功能，即通过直播技术赋能，让在线客服与客户实现“面对面”的导购互动、看货咨询。必要的时候，直播平台或商家还会通过短信或电话的形式与客户取得联系，解决客户问题，维护客户关系。

五、直播电商客服的特点

尽管直播电商客服在服务内容和形式上与传统的网店客服存在一定的相似性，但由于直播带货的方式不同于传统的电商销售，因此直播电商客服具有独特性。

1. 对售前客服的要求发生变化

传统电商中，客服是触达客户的第一人。在所有的客服中，售前客服接待量最大，以商品推介、引导销售为主，他们需要掌握较全面的商品知识、店铺活动等。

在直播电商中，主播才是触达客户的第一人，客服其实是站在主播“身后”服务

于客户的。因为主播对商品进行了全面的讲解和展示，对部分弹幕问题进行了解答和回应，同时，直播间营造了更具紧迫感的购物氛围，所以客户静默下单的比例比传统电商高，售前客服咨询量有所下降，但会随主播的直播时段而趋于集中。另外，直播间客户受直播氛围的影响，"抢""秒"的行为倾向明显，咨询问题更加注重效率，相应地，也要求客服响应速度更快。售前客服的回复话术也要根据直播间客户的需求，进行相应的调整。

直播电商的售前客服除了需要全面掌握商品知识、店铺活动外，还要了解主播的风格、节奏和直播间客户的购买心理，随时配合主播有效回应客户的需求。

2. 对售中客服的要求更高

统计数据显示，直播电商的整体转化率较传统电商要高。但同时有研究发现，在直播间下单的客户群体中，冲动型客户占比更高，带来的相应结果是退单率较高。为稳定这部分客户的转化率，比较有效的方法之一是提高售中客服的订单处理能力，即在冲动型客户回归理性之前及时确认订单、安排发货。相当一部分冲动型客户在发货后会选择接受订单、确认收货。

另外，售中客服能力的提升，也有利于提高店铺的整体运营能力，加快库存周转率，节约经营成本。同时，售中客服订单处理能力的提升，也是提升客户购物体验的重要方面，对店铺的人气积累和忠诚客户的培养都有帮助。

3. 售后客服工作压力加大

如前所述，在直播间的下单客户中，冲动型客户占比更高。虽然通过售中客服的努力成功留住了部分客户，但直播电商的退货率仍高于传统电商。同时，因主播、平台或设备原因，交易投诉率也较传统电商高。众所周知，当下众多平台都已加入直播电商的行列，主播们在直播间更是奇招频出，流量争夺空前激烈，这也给了客户们更多的购买渠道选择。因此，直播电商的客户关系维护和忠诚度培养难度持续加大，给售后客服带来了不小的压力。

综上所述，直播电商客服与传统电商客服既有联系，又各具特色。在直播电商发展中，应根据直播电商的形式要求和客户需求对客户服务的内容和职责作出相应调整。

【任务实施】

选择淘宝平台上的一个直播活动，观看电商直播，体验与直播电商客服的互动。

● 步骤 1 进入淘宝直播。利用网络工具查找进入淘宝直播的方法，将其进行整理并填入表 6-1-2 中。

表 6-1-2　进入淘宝直播的方法

方法	工具（计算机或移动通信设备）	备注说明
方法 1		
方法 2		
方法 3		

● 步骤 2　观看淘宝直播。分别寻找采用代播模式和自播模式的直播间进行观看，完成表 6-1-3 的填写。

表 6-1-3　淘宝直播观看记录

直播电商模式	直播间名称	直播商品种类	在线观看人数	直播商品数量	其他
代播					
自播					

● 步骤 3　体验与直播电商客服的互动。在线咨询一款代播商品和一款自播商品，体验与直播电商客服的互动，完成表 6-1-4 的填写。

表 6-1-4　体验与直播电商客服的互动记录

直播电商模式	商品基本信息	你的问题	客服响应时间	应答客服的类型	回复内容	其他
代播						
自播						

思考与练习

1. 什么是直播电商客服?
2. 简述直播电商客服的类型及其主要工作。

任务 2　智能客服

学习目标

- 知识目标
  1. 了解智能客服的发展历程
  2. 熟悉智能客服的知识管理
  3. 了解影响智能客服服务质量的关键要素
- 能力目标
  1. 能正确认识智能客服的价值
  2. 能配置及应用相应的智能客服

相关知识

随着人工智能和数字化技术的不断升级，服务行业正经历着巨大的变革。优质的客户服务系统不仅有助于企业维护客户关系、树立良好形象，还能为企业带来更多商机。智能客服机器人作为新型的智能产品，已成为网店客服场景中的标配，能够帮助网店解决大量重复、可自动化的客服工作，提高工作效率。因此，优秀的网店客服人员不仅要掌握基本知识和操作技能，还需学会运用智能客服，以应对各种促销活动，为客户提供更优质的服务体验，增强客户对网店的黏性。

一、智能客服的定义

智能客服是指依托大数据、人工智能、云计算等技术，运用客服机器人协助人工客服与客户对话，为客户提供相关服务，从而节约人力资源，提高客服响应效率的客

户服务形式。随着各类技术的不断发展，智能客服的外延也不断拓展，它不仅包括商家提供的客户服务，还包括客户服务系统的管理及优化。

二、智能客服系统的发展历程

智能客服系统的发展经历了单个关键词精准匹配、关键词模糊匹配、自然语言及语义分析、深度学习四个阶段。

第一阶段：单个关键词精准匹配。

在第一阶段，从严格意义上来讲，此时的客服系统还不能被称为智能客服，而应该被称为机械客服机器人。此类机器人是基于单个关键词的精准匹配来回复客户的，客户只有输入精准的关键词，客服系统才能弹出相应的解答，如果客户输入的关键词稍有偏差，则无法获得相应的解答。此阶段的客服系统适用于极其单一的业务场景。

第二阶段：关键词模糊匹配。

第二阶段的智能客服系统是关键词触发问答的升级版，能回复与所输入的关键词词义相近的客户询问。即智能客服系统基于关键词的相似程度，对系统中预先定义的问答数据与关键词进行模糊匹配，从而实现对不同关键词的相似询问的回答。

在这个阶段，智能客服系统需要具有数据量庞大的问答数据库，维护成本较高。此外，由于汉语博大精深，相同的文字可能代表不同的语义，而客服系统难以准确区分，因此，在该阶段，智能客服系统做出的回答准确率较低。

第三阶段：自然语言及语义分析。

自然语言分析是指智能客服系统将一个句子进行拆分，然后对每一个词语进行分析，并给每一个词语赋予一定的权重，根据权重的综合算法来匹配系统数据库中的答案。例如，智能客服系统的数据库中设定了一个语句“我要去除冰箱异味”的回答，当客户输入“如何去除冰箱异味”时，智能客服系统就可以理解这句话的意思，并给出相应的答案。

智能客服系统发展到这个阶段时已经比较先进，其依托系统复杂的算法和庞大的数据库，能够针对客户较为复杂的提问给出比较精准的回答。当前市面上大多数智能客服系统都处在此阶段。

第四阶段：深度学习。

在深度学习阶段，智能客服系统不仅能理解句子的意思，更能理解客户的意图。此阶段是智能客服系统发展的高级阶段。当前先进的机器学习算法架构，包括循环神经网络、卷积神经网络、长短期记忆人工神经网络等。深度学习算法可以对语句的上下文进行建模，更精准地识别上下文语义，从大量未标注的数据中学习并理解上下文内容，再对从语句中提取的客户情绪进行分析，从而对语句给出准确的解答。

当前，部分智能客服系统虽然运用了深度学习技术，但对深度学习的运用仍处于浅层，足够智能、易用的智能客服系统尚在开发中。

三、智能客服的价值

融合了人工智能、云计算、大数据等技术的智能客服能让客服工作的各个环节实现自动化和智能化。具体来说，智能客服对电子商务商家的价值主要体现在以下几个方面。

1. 为客户提供全时段的客服支持

人工客服有固定的上下班时间，他们只能在上班期间为客户提供服务。而智能客服能保持 7×24 小时在线，能为客户提供全时段服务，客户可以随时获得自己所需要的信息。

2. 提高客服接待率

智能客服能独立接待客户，引导客户进行自主查询，快速获得相关信息，从而提高客服接待率。智能客服能帮助人工客服解决一些答案标准且重复率高的问题，使人工客服专注于处理更加复杂、个性化程度更高的客户咨询，从而有效提高客服接待率。

3. 节约人力成本

客服接待率的提高同样也会减少商家对人工客服的需求，从而帮助商家节约人力成本。此外，客服中心的工作人员的离职率一般较高，人工客服的离职在无形中会增加商家招聘和培训人工客服的成本。而智能客服具有较高的稳定性，可以使商家减少对人工客服的需求，这能在一定程度上降低了商家招聘和培训人工客服的成本。

4. 提高客户服务质量

智能客服能从多个方面提高商家的客户服务质量。在售前环节，智能客服通过分析客户与智能机器人的互动行为和内容，对客户进行精准分类，并智能分配给相应的人工客服，确保为客户提供更个性化的服务。在售后环节，智能客服能对客服对话进行监控，及时发现并预警客服对话中的问题，使客服管理人员能够快速介入，保证问题得到及时且准确的解决，从而提高客户满意度。此外，智能客服还能提供标准化、规范化的回复，确保客户得到准确的信息。在客服质检方面，与人工质检相比，智能客服的质检成本更低、效率更高、质检范围更广，有助于提高人工客服的工作效能。

5. 提升访客转化率

在电子商务交易中，智能客服有利于提升访客转化率，这主要表现在以下几个方面。

（1）主动建立联系

当客户访问网页时，智能客服能主动向客户发起会话，吸引客户的注意力，与客户建立初步联系。

（2）提供全程服务

在客户浏览网页的过程中，智能客服能全程为客户提供服务，为客户购物提供必要的指导，避免客户由于自己的咨询未被及时回复而退出的情况。

（3）提供个性化服务

智能客服能有效提高客服的响应速度和服务效率，能让更多的人工客服去为客户提供个性化、高附加值的服务，解决更多与客户转化相关的问题，从而促进访客转化率的提升。

（4）精准推荐

随着人工智能、云计算、大数据等技术的不断发展，智能客服的功能不断完善，使用体验也不断优化。智能客服能抓取客户行为数据，结合客户历史消费数据绘制客户画像，为客户进行个性化推荐，并根据客户的反馈不断优化客户画像，为客户进行更精准的推荐，促进客户购买并提升访客转化率。

（5）提升复购率

智能客服的价值不仅仅在于能提升访客转化率，更重要的是有助于提高客户的忠诚度，从而提升客户的生命周期价值。在客户购物的过程中，智能客服能为客户提供全流程服务，为客户创造良好的购物体验，提升客户忠诚度。

客户完成购物后，智能客服能为客户提供物流信息、退换货处理等相关问题的查询，为客户提供良好的售后服务，提高客户满意度。客户的满意度和忠诚度对客户的复购率有直接影响，客户的满意度和忠诚度越高，就越有可能形成二次转化。

6. 支持商业决策

在与客户对话的过程中，智能客服能进行自主学习，不断完善知识库。此外，智能客服还能通过规则模型和深度学习来跟踪销售线索，并对销售线索进行分析，智能识别高价值客户，为商家的商业决策提供支持。

四、影响智能客服服务质量的关键要素

在智能客服运作与发展的过程中，影响智能客服服务质量的关键要素有两个：一

是合理的运营体系及高水平的运营人员，二是具备高水平人工智能训练师。

1. 合理的运营体系和高水平的运营人员

随着人工智能技术的不断发展和应用落地，各类智能服务产品也不断出现，如智能在线机器人、智能语音机器人、智能质检设备、智能预判设备、人机辅助设备等。但是，在各类智能服务产品不断发展和落地应用的过程中，出现了一个奇怪的现象，即使用智能服务产品的商家对智能服务产品所提供的服务越来越不满意。出现这种现象的原因是一些商家认为智能服务产品的技术尚未成熟，很多产品的功能有待完善，于是他们不断地升级智能服务产品，不断地更换智能服务系统。其实这是一种错误的认知，目前智能服务产品质量较低的根本原因是智能服务产品背后的运营体系的搭建和运作存在不足之处，运营人员的能力有待提升。

智能服务产品好比一种“武器”，智能服务产品运营体系的搭建过程就是学习使用这种武器的过程，运营人员提升自身能力的过程就是修炼“内功心法”的过程。一个人如果只有功能强大的武器，却没有使用这种武器的能力和内功的支持，那么这个武器只是一个无法发挥功效的工具而已。因此，商家要想使这个功能强大的武器发挥功效，就要搭建与之匹配的运营体系，并提升运营人员的能力。

2. 人工智能训练师

人工智能训练师是指对智能客服产品构架、知识库有深刻理解，并能根据实际使用场景不断调整更新知识库的人员。具备高水平的人工智能训练师是保证智能客服产品良好运作的关键要素。

人工智能训练师需要对人工智能行业涉及的知识有一定的认知，了解人工智能的业务需求，明白智能客服的服务场景，根据不同的技术实现逻辑提供相应的结构化数据。简单来说，人工智能训练师要通过不断地分析与优化智能客服的数据端，不断地调整参数、优化算法，从而让智能客服变得更“聪明”，能更好地提供服务。

以电子商务应用场景中的智能客服为例，人工智能训练师必须了解电子商务人员在售前、售后等不同环节经常处理的问题，然后将可以由智能客服解答的问题筛选出来并进行整理，作为智能客服知识库中的素材。此外，人工智能训练师需要根据智能客服知识库中问题的脉络和预期的实现效果来判断问题解答的技术实现方式。

由此可见，人工智能训练师在智能客服的落地应用中发挥着至关重要的作用。企业要想让智能客服充分发挥作用，就必须对人工智能训练师予以高度重视。

五、智能客服的知识管理

知识作为人类在实践中认识客观世界的成果，包括事实、信息的描述或在教育和实践中获得的技能等，可以分为陈述类知识和程序操作类知识。智能客服的知识不是凭空而来的，是由数据进化后得到的。因此，要想提高智能客服对客户问题的识别率和回答的准确性，就要对其知识库进行管理。

1. 智能客服知识整理

智能客服知识整理即收集人工客服的知识来源，形成知识素材，再对知识素材进行优化和整理，最终加工形成智能客服可以对外发布的知识。智能客服知识管理的内容主要包括知识分类和知识库分类。

（1）知识分类

完成知识的收集工作后，将收集的知识分为问答知识、图谱型知识和文档知识三种存储形态。

1）问答知识

问答知识包括客户与客服之间的问答对话。从交互形式来看，问答可分为单轮对话和多轮对话。

① 单轮对话。指智能客服与客户进行一问一答的交互式对话，一般适用于简单信息获取类知识及简单操作类任务（如客户咨询某一产品的功能）。单轮对话的优势是知识整理工作简单，但存在两轮以上的问答交互难以匹配准确答案的情况。因此，在进行知识分类时，可将客户标准问题与标准答案进行一一匹配。单轮对话举例如下。

客户：修改发票。

客服：订单完成前，支持修改的发票类型为电子发票，可修改的内容为“电子发票添加税号”“电子发票内容明细改大类及改明细”“电子发票公司抬头更改为个人抬头及个人抬头更改为公司抬头”“电子发票修改为增值税专用发票”等。订单完成后，365 天内可支持修改。

② 多轮对话。指智能客服能够与客户进行两轮以上的信息交互沟通，并从交互过程中识别、筛选客户问题的应答结果，一般适用于操作流程类或任务执行类场景。多轮对话能有效避免直接给客户发送小论文样式的答案，而是通过流程引导，帮助客户快速完成操作任务，从而提升客户体验感。多轮对话举例如下。

客服：请您选择需要修改发票的订单。

（客户选择订单操作）

客服：您的订单为未完成状态，之前您选择的为电子发票，请选择您具体修改的内容，如“电子发票添加税号”。

客户：电子发票添加税号。

客服：请您填写新增的税号内容。

（客户填写新增税号操作）

客服：您的发票修改申请已提交，请您后期关注发票修改结果。

2）图谱型知识

基于知识图谱技术，智能客服通过对客户问题的理解，将这些自然语言问题转换为知识图谱上的查询语句并执行，最终得到答案。这种图谱型知识通过提供结构化的知识表示，辅助深度学习技术，可以减少智能客服在意图识别任务中对大量客户原始语料的依赖。此外，图谱型知识对于处理复杂的客户意图问题特别有效，因为它能够提高问题解决的效率。然而，构建和维护基于图谱型知识的结构是一个复杂的过程，这对人工智能训练师的专业知识和技能提出了较高要求。

3）文档知识

文档知识是客服中心的原始知识状态，客服中心的文档包括产品文档、服务文档、业务文档等。文档知识针对的是某一项业务或某一项产品，知识涵盖面广，需要进行复杂的结构化提取工作。问答知识是文档知识结构化拆解后的体现，文档知识结构化拆解工作比较费时，无法做到及时制作和整理。

（2）知识库分类

知识的分类决定了知识库的分类，但在划分知识库时，不能简单地将知识的三种类型直接划分为三种知识库，而应该根据知识的应用场景来划分，将知识库划分为业务知识库、多轮对话知识库和闲聊知识库。

1）业务知识库

文档知识、问答知识，或者所有闲聊以外的知识均可以存储到业务知识库。

2）多轮对话知识库

多轮对话知识库，实质上是对业务知识库的一种补充，即当某些知识用问答形式展现的交互效果不理想时，就需要调用多轮对话知识库，所以业务知识库中的某一部分知识需要跟多轮对话知识库中的知识进行匹配。例如，“修改订单”问答本身是存储于业务知识库中的，但也要将与之相似及相关的标准问答和知识场景存储于业务知识库中，当智能客服识别出客户的意图是咨询修改订单时，就可以从业务知识库中的“如何修改订单”跳转至多轮对话知识库中的“订单修改流程”，从而触发订单修改任务操作的知识。

3）闲聊知识库

闲聊知识库存储的是业务内容以外的闲聊知识，目的是增加问答的乐趣。例如，客户说“我想吃苹果”，智能客服就会这样回答：“苹果中富含粗纤维，可促进肠胃蠕

动，多吃苹果有益身体健康”。事实上，大部分企业是将用于闲聊的智能客服作为独立的部分进行维护的，这样可以避免因为加入闲聊语料而导致智能客服的识别准确率降低。

2. 业务文档知识库管理

文档知识需要结构化整理后再导入业务知识库中，但有一些文档知识无法及时整理为问答形式，需要借助机器阅读技术来解决。目前，机器阅读大都基于深度学习技术，可直接让客户针对文档知识内容进行提问，由智能客服自动在知识文档中匹配检索出正确答案，并将答案推送给客户。

机器阅读技术作为智能客服的组成技术之一，其实现方式也参考了人类阅读理解文档的逻辑。人类阅读理解文档的大致思路如下：

（1）阅读一篇文章，首先要理解文章的中心思想和大体内容。

（2）弄清楚这篇文章的主要内容，是否有不理解的地方。

（3）带着问题再次阅读文章并寻找答案，在这个过程中将问题同文章进行关联，并结合主题理解问题重点。

（4）定位可能的答案（该答案可能是在文章中直接找到的，也可能是在文章中找不到的，需要自己去总结、分析），再次重点阅读相应文字，找出答案后进行筛选，最后选出正确答案。

根据上述思路，可推断出智能客服是如何实现文档阅读理解的：首先，智能客服要明确客户的问题意图。接着，智能客服带着问题对所有文档知识进行一次全面的检索，从而确定目标文档。成功确定目标文档后，智能客服针对客户的问题再次阅读目标文档。然后，识别该问题大致属于哪个段落，对目标段落进行重点阅读，并运用训练好的模型，将整个段落中各个句子的内容与客户问题之间进行相似度计算和排序。最后根据预设阈值，输出相似度值最高的那句话作为答案。

3. 多轮对话知识库管理

多轮对话是指智能客服与客户进行多轮交流后，将最终答案推送给客户的一种交互过程。而多轮对话知识库则是一种在理解客户意图的前提下，获取必要信息，以解决客户问题的知识管理结构。必要信息不一定要通过与客户的对话来获取，更多的是来源于说话人的身份、当前的时间或地点等一系列场景信息，因此，多轮对话的信息收集不局限于智能客服与客户的对话内容，还包括客户的其他相关信息。多轮对话知识库的管理有以下三种方式：

（1）槽位构建

多轮对话中的“槽”是指对话过程中智能客服需要收集的信息工具。槽位分为词槽和接口槽。其中，词槽是指对话信息中的可变关键词，接口槽是指可以不通过文字，而直接通过其他方式（如数据埋点）获取信息的“槽”。例如，客户通过智能客服“查询 ×× 款书桌的尺寸”时，智能客服就会将“×× 款”“书桌”分别填入“查询款式”“查询商品”词槽中，将“尺寸”填入“尺寸查询”接口槽中。

（2）澄清话术创建

澄清话术是指多轮对话中的信息收集不够完整，或者信息收集完整后，任务确认执行前的反问话术。

客户：“帮我推荐一条适合 20 岁女生穿的裙子。”

客服：“请问您喜欢的风格、价位、颜色分别是什么呢？”

客户：“200 元以内的吧。”

客服：“请问您喜欢的风格和颜色分别是什么呢？”

客户：“休闲一点，浅色系。”

客服：“好的，请您确认您喜欢休闲一点、价格在 200 元以内、浅色系的裙子。”

客户：“确认！”

客服：“根据您的购买需求，已为您找到以下 3 条适合您的裙子……”

在上述对话中，第一次澄清话术的使用是智能客服解决客户问题信息收集不完整时触发的反问机制；第二次澄清话术的使用是问题信息收集完成后，执行任务前的确认澄清话术。

（3）话题继承下的多轮对话

话题继承是指在多轮对话中，根据客户咨询的内容，可以自主选择对应话术来解决多种意图的问题。

客户：“帮我推荐一双女式凉鞋。”

客服：“请问您想要哪一种材质、多少价位、鞋跟款式是哪一种的凉鞋？”

客户：“牛皮，500 元以内，平跟的吧。”

客服：“根据您的要求，为您推荐以下 3 双凉鞋。”

客户：“不是很喜欢，换一批看看。”

客服：“根据您的要求，以下 3 双凉鞋非常适合您。”

事实上，不同网店中智能客服的多轮对话系统设计各不相同，可以在上述三种方式的基础上，结合实际情况设计符合网店要求的多轮对话。

4. 智能客服知识客户化

在设计智能客服知识文本话术时，需要站在客户的角度编写，也就是知识客户化。一般而言，客户化是指对现有知识在描述语言、呈现形式、编辑模式等方面进行加工，

使客户在现有产品或服务方式方面拥有更好体验感的优化过程及方法。人工智能训练师在知识编写的过程中，可以运用以下四项原则，以客户为出发点，更好地管理智能客服的知识。

（1）通俗易懂。越是复杂难懂的知识，其表现形式越应简单且朴实。

（2）思路清晰。预设问题的路径一定要清晰，尽量避免客户出现看不懂、听不明白的情况。

（3）答案一目了然。最终推送给客户的答案一定要阅读方便。对于复杂、长篇的答案，人工智能训练师可以通过分块、打序号、加粗等视觉效果加强工具，降低答案的阅读难度。

（4）内容准确。内容准确是编写知识话术的基本准则，尤其是答案知识，切忌含糊不清。

六、智能客服系统的选择

智能客服系统涉及人工智能技术的应用，包括知识库的搭建、智能客服的长期训练等，开发门槛较高，且开发周期长，资金投入多，一般只有龙头科技企业或在人工智能领域布局的企业才会投入资金进行自主研发。对中小型企业来说，比较科学的选择是从智能客服系统供应商处购买标准化的智能客服系统。电子商务企业在选择智能客服系统时，需要重点考虑以下几个因素。

1. 对接渠道

当前，电子商务企业的营销渠道除了企业官方网站以外，还有微信、微博等。为了与客户实现多渠道沟通，智能客服系统最好能覆盖企业官方网站、微信公众号、微信小程序、微博等渠道。

2. 操作的简便性

在与客户沟通的过程中，客服的响应速度非常重要。如果智能客服系统的工作后台界面非常复杂，客户备注、访客对话、快捷短语等功能切换不便，就会增加客服人员的工作压力，降低客服的响应速度。因此，企业在选择智能客服系统时，最好选择操作界面简单、功能相对集中的产品，这样既能降低客服人员的学习成本，也便于客服人员操作，从而提高工作效率。

3. 系统的稳定性

智能客服系统的稳定性是保证客服工作顺利进行的基础，如果智能客服系统的稳定性较差，经常出现消息延迟、消息发送失败等现象，不仅无法实现与客户良好沟通的目的，还容易导致客户对企业产生不良印象。因此，企业在选择智能客服系统时，不要忽视系统的稳定性，要重点考察智能客服系统的消息接入是否及时。

任务实施

阿里店小蜜是阿里巴巴官方推出的商家版智能客服机器人，能够帮助商家更好地管理网店，减少客服的工作量。对于网店而言，只要开启了阿里店小蜜功能，这个智能客服就能每天 24 小时持续工作。下面以阿里店小蜜为例介绍智能客服的使用方法。

一、启用阿里店小蜜

为了让阿里店小蜜更好地为网店服务，提高网店商品的转化率，网店在启用阿里店小蜜前，需要对千牛工作台进行一些设置。

1. 启用阿里店小蜜前的准备

在成功开启阿里店小蜜智能机器人前，网店需要进行旺旺分流设置，具体操作如下。

● 步骤 1　登录千牛工作台账号，进入“千牛工作台”页面，在页面上方的搜索栏中输入“旺旺分流”，打开搜索列表并单击“应用服务”栏中的“旺旺分流”按钮，如图 6-2-1 所示。

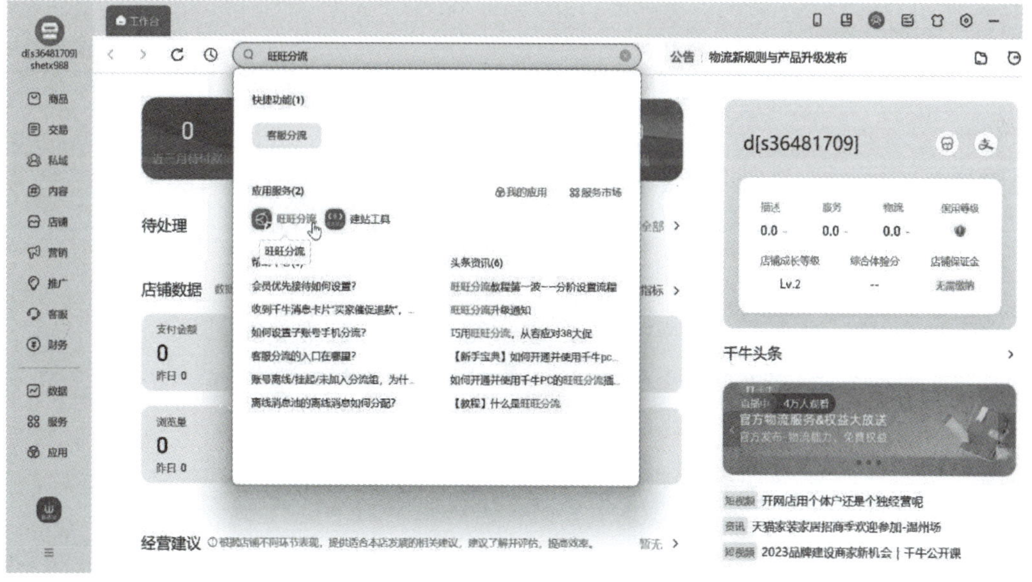

图 6-2-1　单击“旺旺分流”按钮

● 步骤 2　打开“旺旺分流”页面，单击右侧“+ 新增分组”按钮（见图 6-2-2），即可新建一个分组。

图 6-2-2　新增分组

● 步骤 3 在新建分组中，将分组名称更改为“售前客服”，单击“保存”按钮，如图 6-2-3 所示。

图 6-2-3　更改分组名称

● 步骤 4 若需设置售前客服接待范围，单击“接待范围”栏中的“设置”超链接，如图 6-2-4 所示。

图 6-2-4　单击“设置”超链接

● 步骤 5 弹出“售前客服”任务栏，单击右侧“+ 范围类型”按钮，在下拉列表中选择“订单状态”选项，如图 6-2-5 所示。

图 6-2-5　设置范围类型

● 步骤 6 弹出“指定订单状态”对话框，勾选“售前”复选框，单击“确定”按钮，如图 6-2-6 所示。

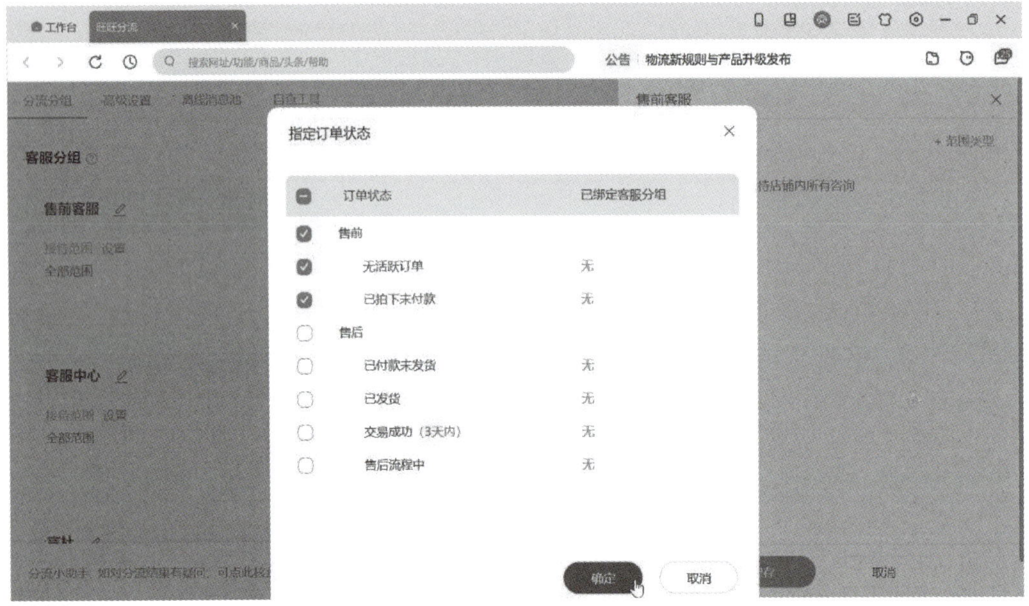

图 6-2-6 设置订单状态

● 步骤 7 返回“售前客服”任务栏，即可查看已设置的订单状态，单击“保存”按钮，如图 6-2-7 所示。

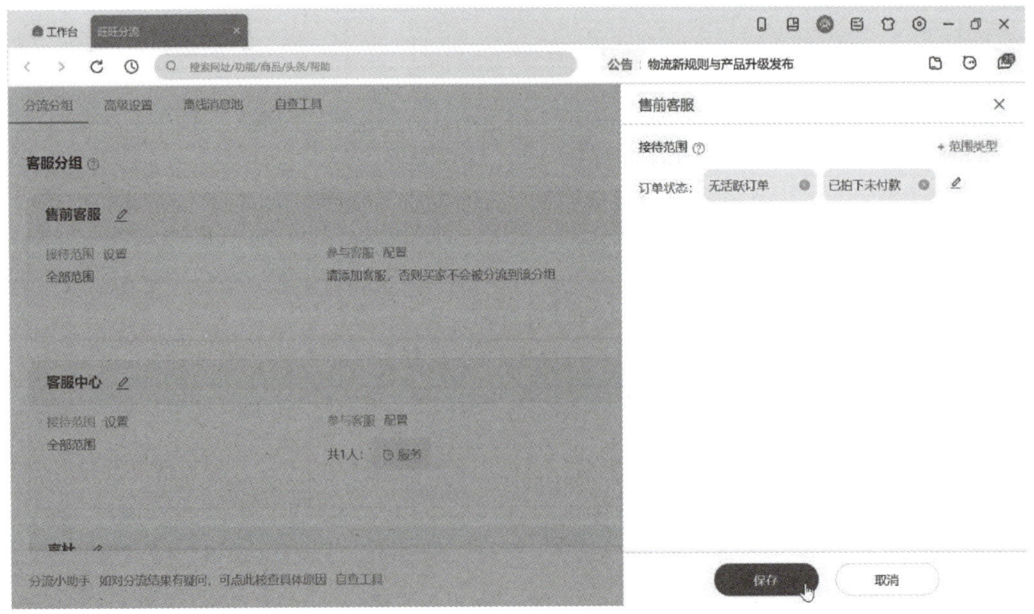

图 6-2-7 查看已设置的订单状态

● 步骤 8　若需设置参与客服，单击“参与客服”栏中的“配置”超链接，如图 6-2-8 所示。

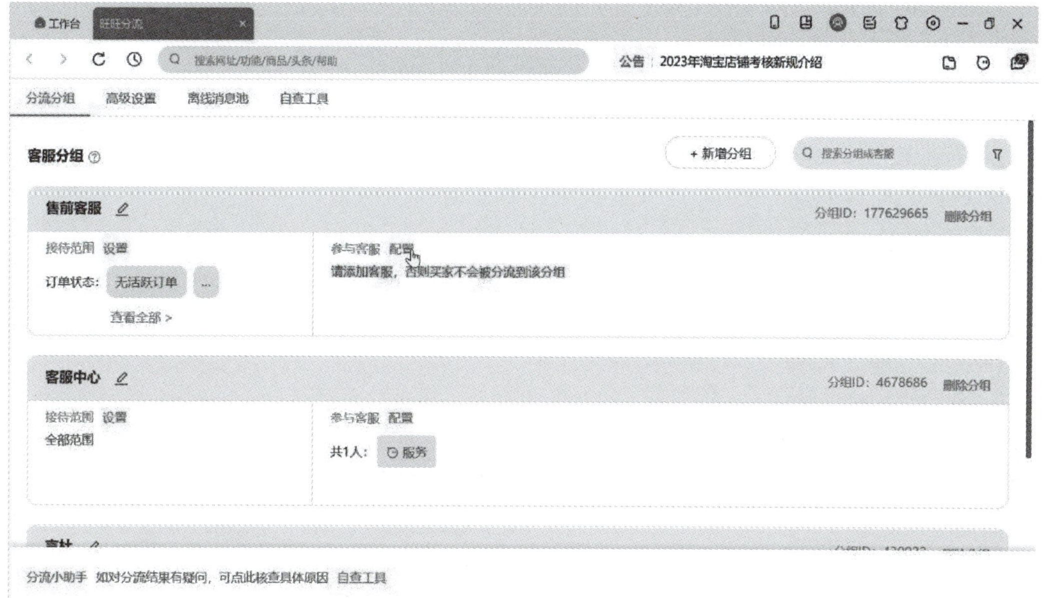

图 6-2-8　单击“配置”超链接

● 步骤 9　弹出“售前客服”任务栏，单击“+ 新增客服”按钮，如图 6-2-9 所示。

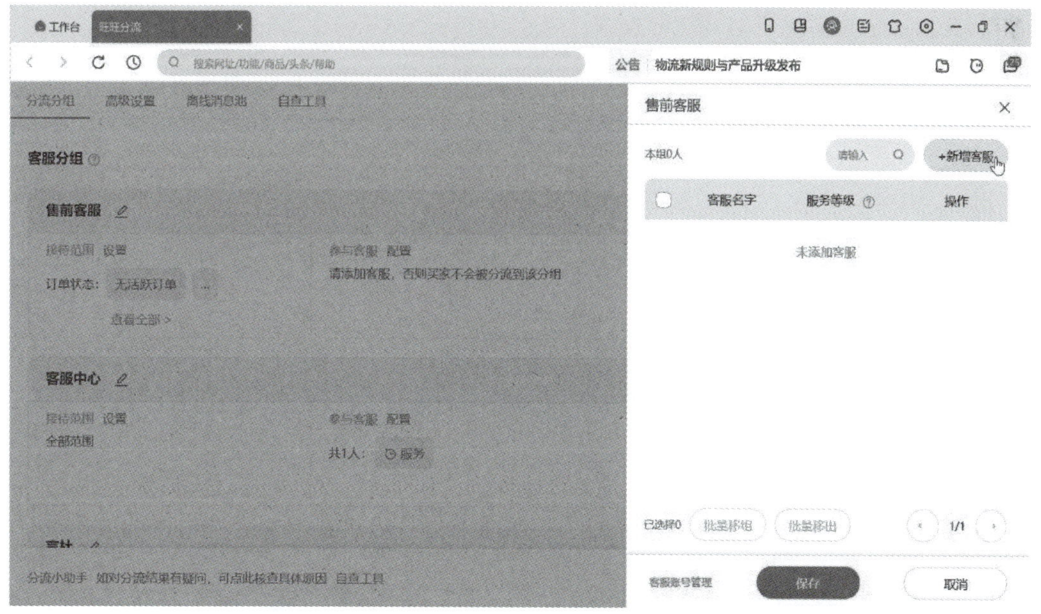

图 6-2-9　单击“+ 新增客服”按钮

● 步骤 10 弹出“添加客服”对话框，根据店铺实际情况，勾选所需客服前复选框，并单击“添加到本组”按钮即可添加成功，如图 6-2-10 所示。

图 6-2-10 添加客服

● 步骤 11 返回“售前客服”任务栏，若添加的客服需接待多人，需将“服务等级”调整到“5”，那么该客服分配的概率就越大；反之服务等级越低，分配到的人数就越少。也可对该客服进行“移组”“移出”等操作，设置完成后单击“保存”按钮，如图 6-2-11 所示。

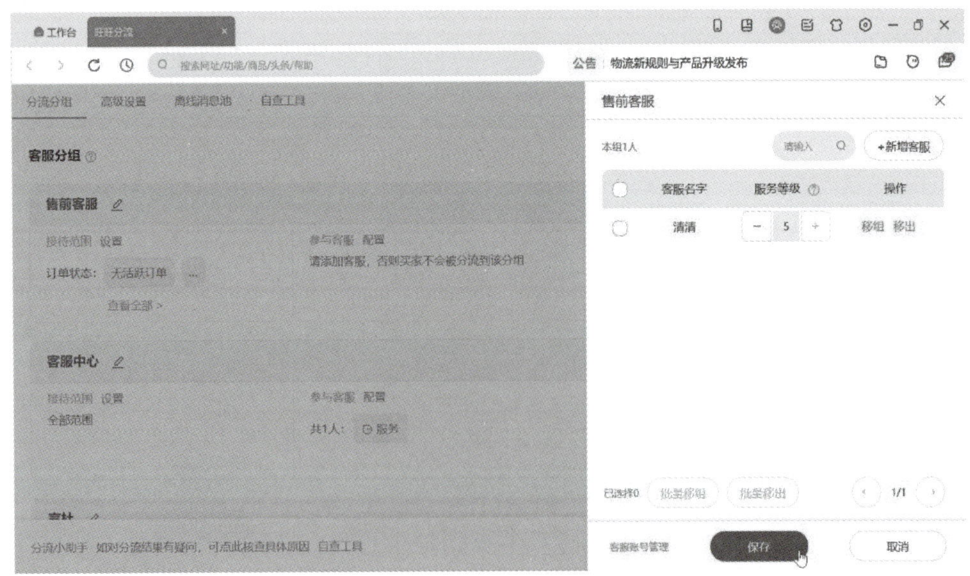

图 6-2-11 保存设置

完成的售前客服设置如图 6-2-12 所示。

图 6-2-12　完成的售前客服设置

2. 开启阿里店小蜜

设置阿里店小蜜后，还需要启用阿里店小蜜，其具体操作如下。

● 步骤 1　登录千牛工作台账号，进入“千牛工作台”页面。在页面上方的搜索栏中输入“旺旺分流”，打开搜索列表并单击“应用服务”栏中的“旺旺分流”按钮，打开“旺旺分流”页面，选择页面上方的“高级设置”选项卡，如图 6-2-13 所示。

图 6-2-13　选择“高级设置”选项卡

● 步骤 2 跳转至“高级设置”选项卡，单击“机器人配置”按钮，如图 6-2-14 所示。

图 6-2-14 单击“机器人配置”按钮

● 步骤 3 跳转至“我的机器人”页面，单击“官方机器人”栏中的“立即免费使用”按钮，如图 6-2-15 所示。

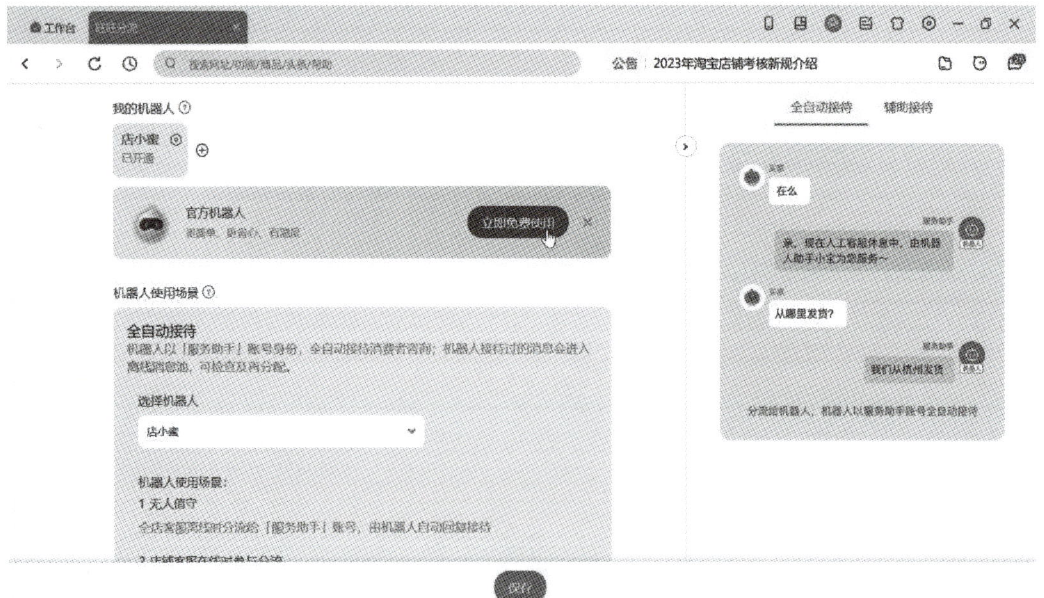

图 6-2-15 添加机器人

● 步骤 4 跳转至“欢迎使用官方机器人”页面，勾选“我已阅读并同意”复选框，单击“启用官方机器人”按钮，如图 6-2-16 所示。

图 6-2-16 启用官方机器人

● 步骤 5 跳转至“高频问题 1/3”页面，根据店铺实际情况，设置相对应问题的答案，单击“下一个问题”按钮，如图 6-2-17 所示。

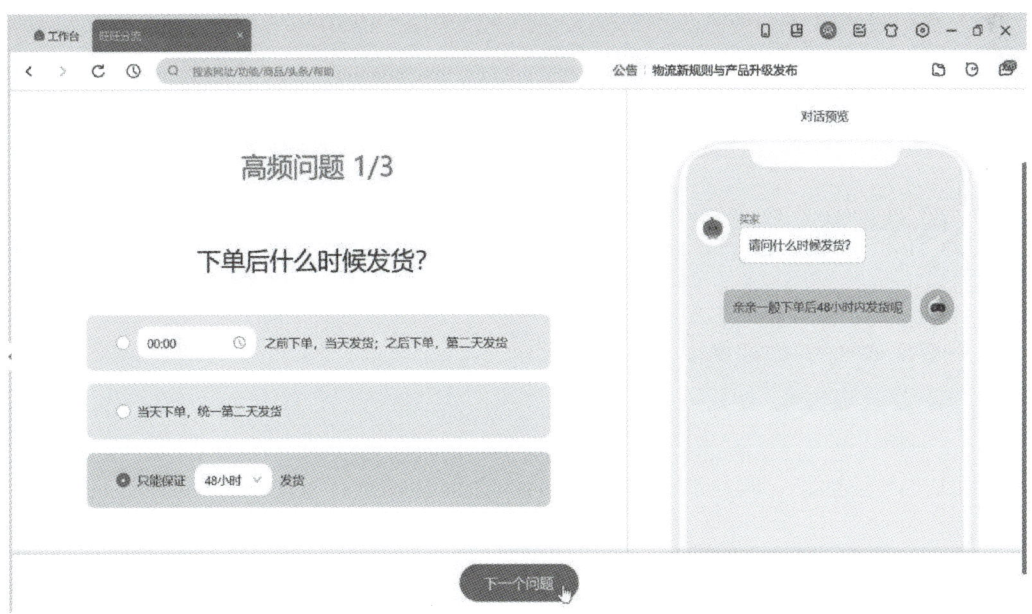

图 6-2-17 设置高频问题的答案

● 步骤 6　设置完成后，单击“回答完毕，进入机器人的使用”按钮即可，如图 6-2-18 所示。

图 6-2-18　机器人设置完成

● 步骤 7　若想查看机器人是否在辅助中，打开接待中心的聊天窗口，在旺旺名称下方会显示“辅助中”的标志，表示该网店已启用官方机器人的智能辅助功能，此时若有客户进店咨询，机器人将会第一时间与其对接，如图 6-2-19 所示。

图 6-2-19　查看机器人辅助功能

二、配置阿里店小蜜

启用阿里店小蜜只是意味着将其添加到千牛工作台中，若想顺利使用阿里店小蜜，则还需为其配置知识库。知识库是阿里店小蜜的核心功能，能否精准识别客户咨询的问题取决于知识库的完善程度。阿里店小蜜知识库的配置与完善过程比较复杂，且需要花费客服较多的时间，下面介绍两种常用的配置方法。

1. 基础接待配置

客户首次提问时，阿里店小蜜会自动接入并回复欢迎语，给客户带来良好的服务体验。欢迎语的设置方法具体操作如下。

● 步骤 1　登录千年工作台账号，进入“千年工作台”页面。在页面上方的搜索栏中输入“阿里店小蜜”，并单击“阿里店小蜜”按钮进入阿里店小蜜首页，单击首页上方“标准模式”按钮，如图 6-2-20 所示。

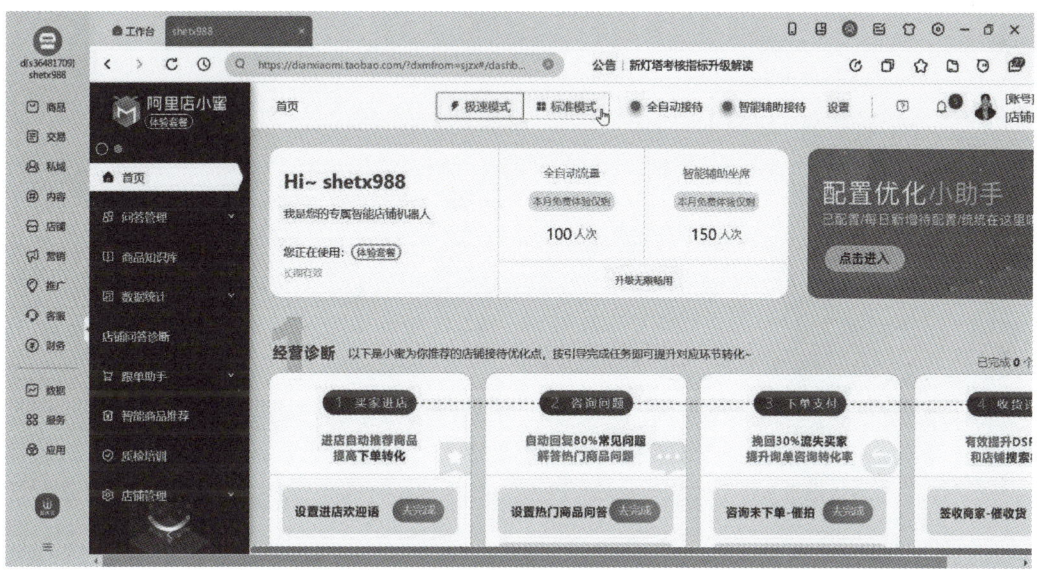

图 6-2-20　单击“标准模式”按钮

● 步骤 2　弹出“选择适合您的工作台模式”对话框，选择右侧“标准模式”选项，并单击“确认使用”按钮，如图 6-2-21 所示。

● 步骤 3　跳转至“标准模式”页面，单击“买家进店”栏中“去完成”按钮，如图 6-2-22 所示。

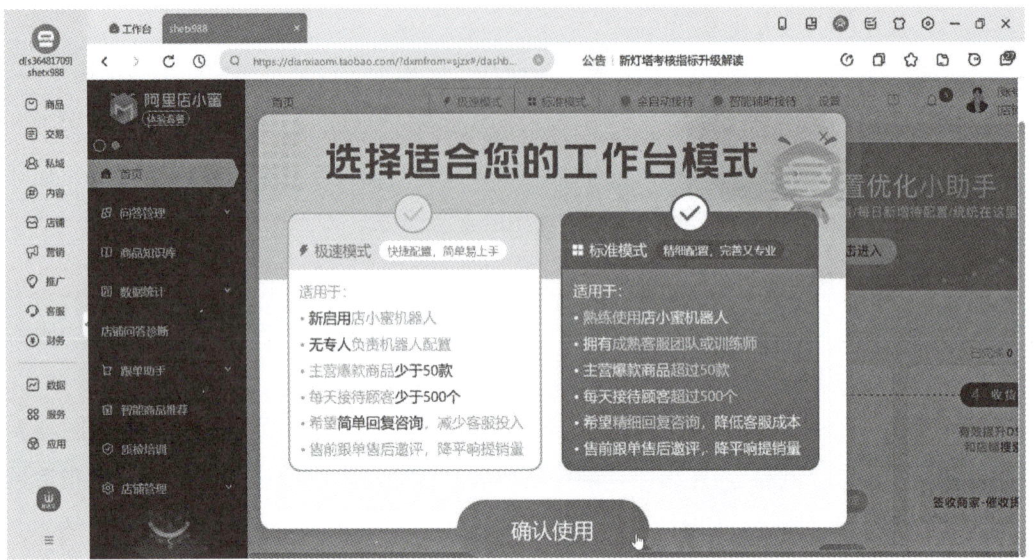

图 6-2-21　选择适合的模式

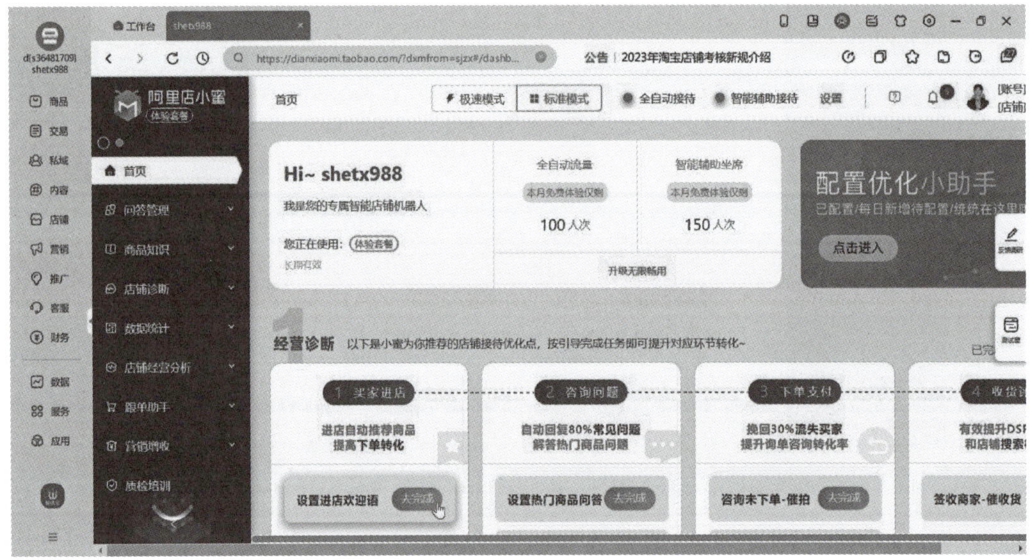

图 6-2-22　单击“去完成”按钮

● 步骤 4　进入“全自动接待设置”页面，根据店铺实际情况，设置“欢迎语卡片设置”“相关问题推荐”“转人工配置”等，移至下方“欢迎语”文本框中输入欢迎语，如图 6-2-23 所示。

● 步骤 5　向下滚动页面，单击“卡片问题”栏中“+ 新增卡片问题”按钮，在弹出的选项区域中，单击“卡片问题”右侧的按钮✎，如图 6-2-24 所示。

图 6-2-23　设置“欢迎语”

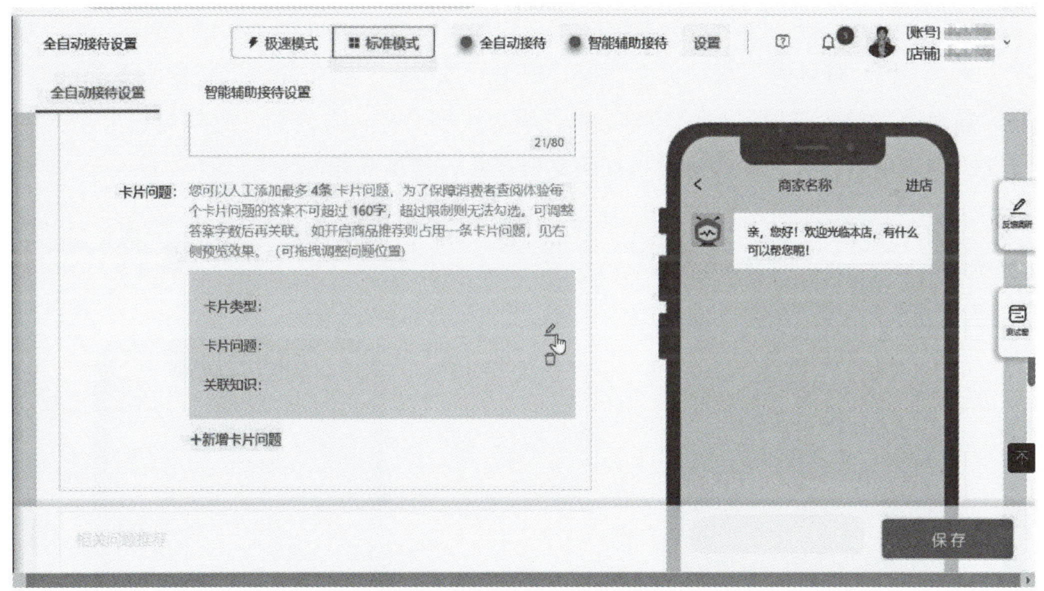

图 6-2-24　单击“卡片问题”右侧的按钮

● 步骤 6　弹出“卡片问题编辑”对话框，其中提供了“人工配置”和“智能预测”两种形式，这里保持默认设置。页面中还提供了一些行业高频问题预置答案，如果对预置答案不满意，网店客服可以自行设置。即在“卡片问题”文本框中输入要添加的问题名称，这里输入“活动优惠”，在“搜问题”下拉列表框后输入“活动”，然后单击“搜

索”按钮，在显示的搜索结果页面中可以看到相关的问题答案，并勾选对应的复选框，最后单击“确定”按钮，即可添加一张新卡片，如图 6-2-25 所示。该卡片最多添加 4 张。

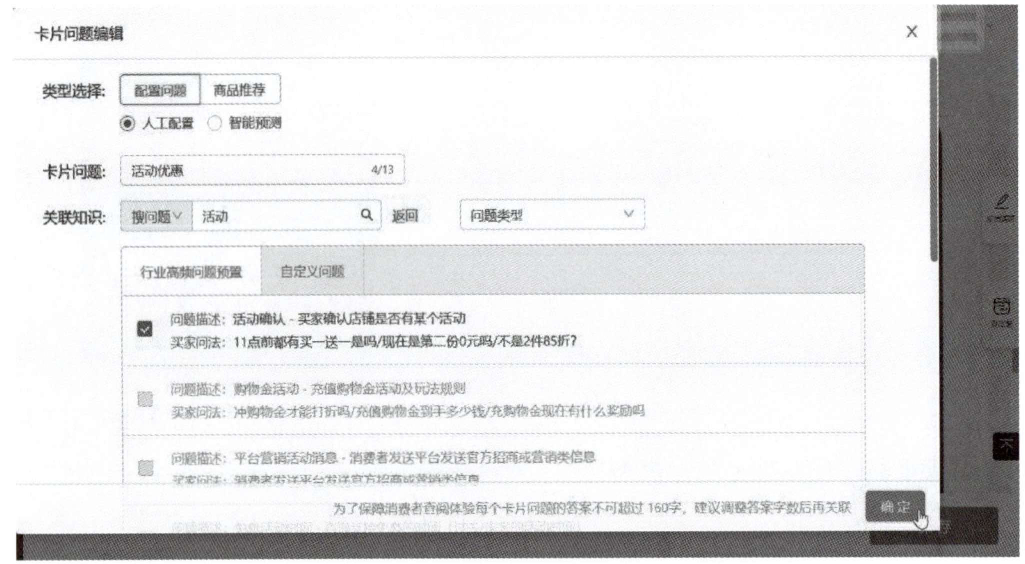

图 6-2-25　设置“卡片问题编辑”内容

● 步骤 7　继续向下滚动页面，在“相关问题推荐”栏中勾选“机器人无答案时”与“答案引导转人工时”后“开启”单选框，如图 6-2-26 所示。这样就设置了当阿里店小蜜不能回答客户问题时会根据语义自动进行相关问题的推荐。

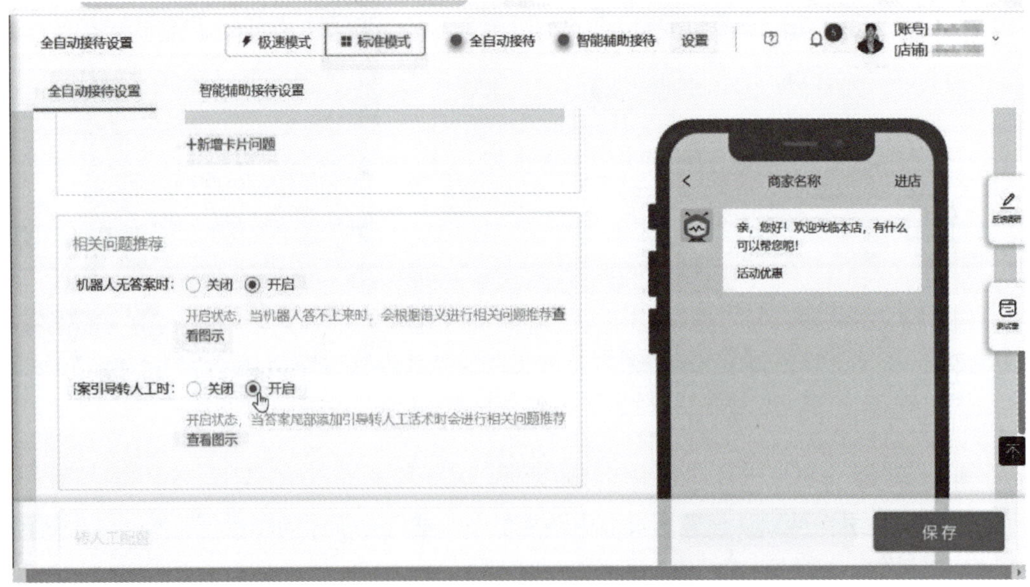

图 6-2-26　设置“相关问题推荐”

● 步骤 8　向下滚动页面，在“转人工配置”栏中勾选“机器人转人工”后“自动”单选框，并设置“转人工引导语”和“转人工失败提示”话术，如图 6-2-27 所示。这样就设置了当阿里店小蜜不能回答客户问题时系统自动转人工客服，并显示对应的预置话术。

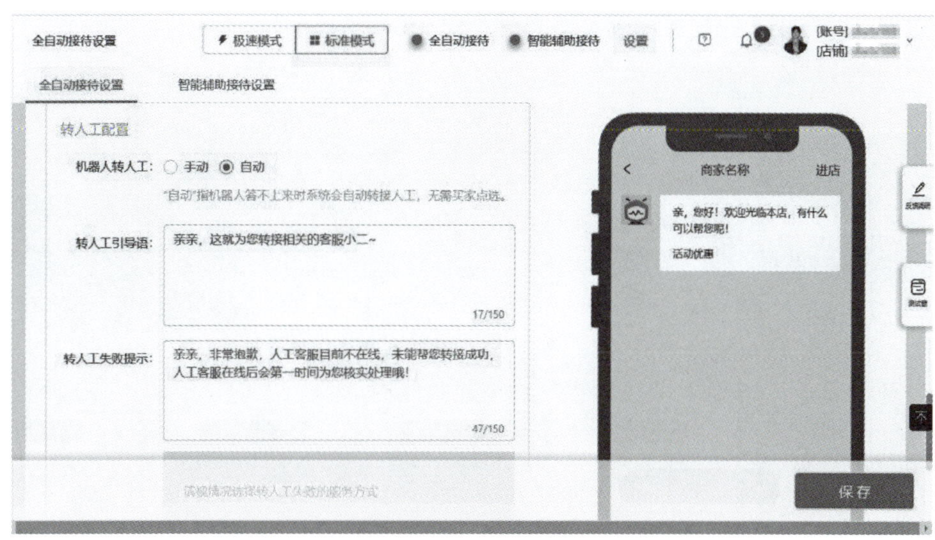

图 6-2-27　设置转人工客服

● 步骤 9　向下滚动页面，在“请视情况选择转人工失败的服务方式”栏中勾选“当买家无明确问题时……”与“当买家有明确问题时……”复选框，并根据店铺实际情况，设置多少个小时内跟进。最后单击右下角“保存”按钮即可完成基础接待配置，如图 6-2-28 所示。

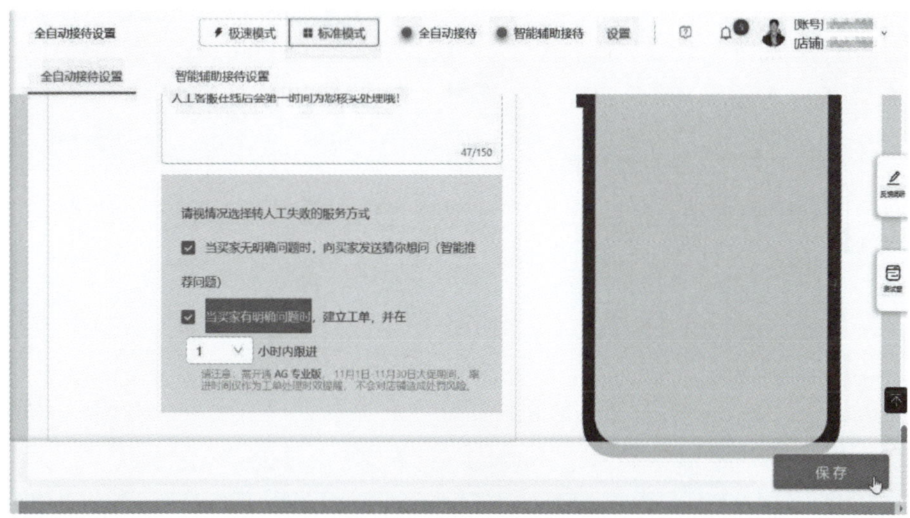

图 6-2-28　完成基础接待配置

2. 常见问题配置

常见问题配置包括聊天互动、商品问题、活动优惠、购买操作、物流问题、售后问题等，其具体操作如下。

● 步骤 1　进入阿里店小蜜首页后，单击左侧“问答管理”菜单，在打开的下拉列表中选择“常见问答配置”选项，如图 6-2-29 所示。

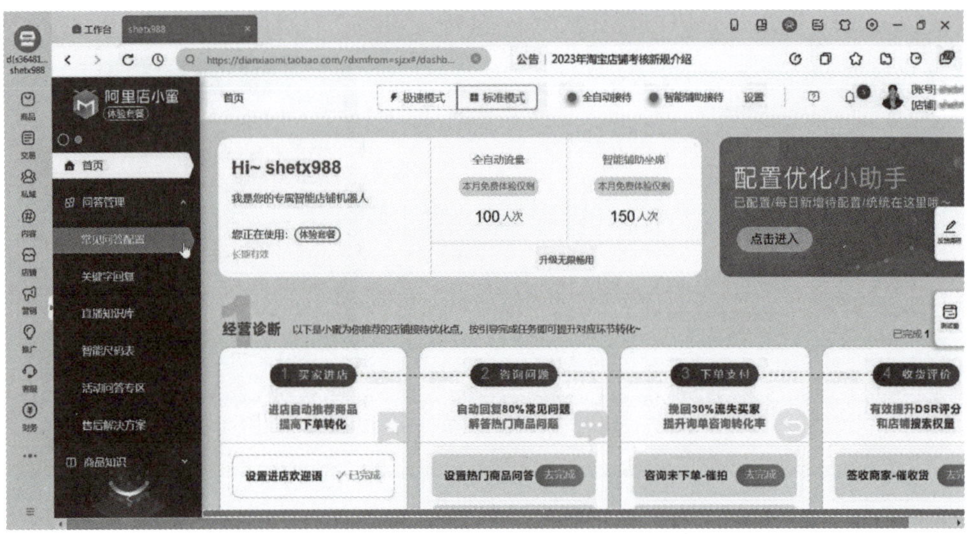

图 6-2-29　选择“常见问答配置”选项

● 步骤 2　打开“全部知识”页面，页面中的相关热度问题答案均显示为空，需要网店客服手动添加答案，单击第一个问题中的“+ 增加答案”链接，如图 6-2-30 所示。

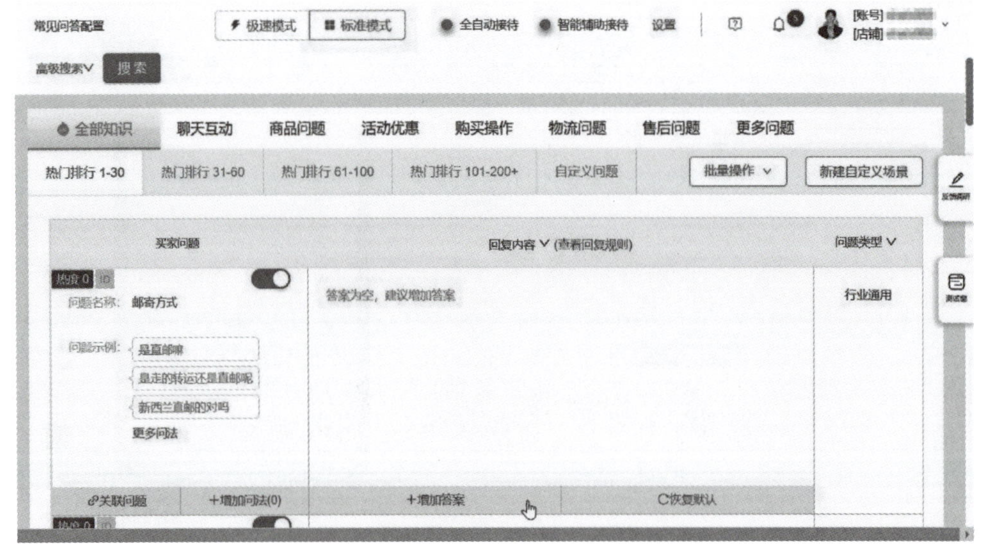

图 6-2-30　单击“+ 增加答案”链接

● 步骤 3　弹出“答案编辑器”对话框，根据店铺实际情况，设置“当顾客咨询问题”“满足以下条件”“可采用以下形式回复”等内容，完成后单击左下角“确认”按钮即可，如图 6-2-31 所示。针对客户提出的问题，在“文本内容”文本框中手动编辑答案。

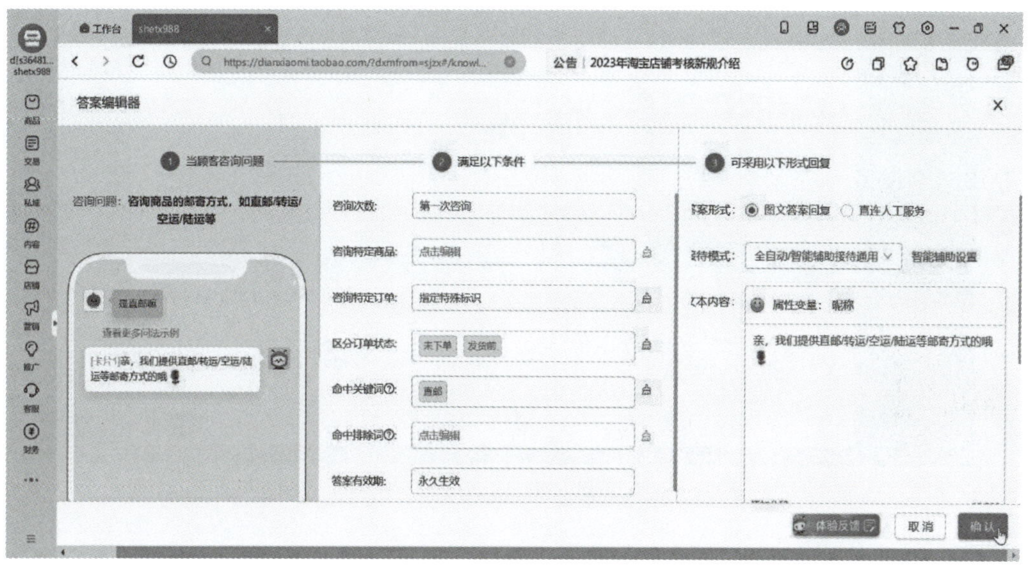

图 6-2-31　设置问题条件及答案

● 步骤 4　返回“全部知识”页面，此时，第一个热度问题中将显示添加的答案。单击“关联问题”链接，如图 6-2-32 所示。

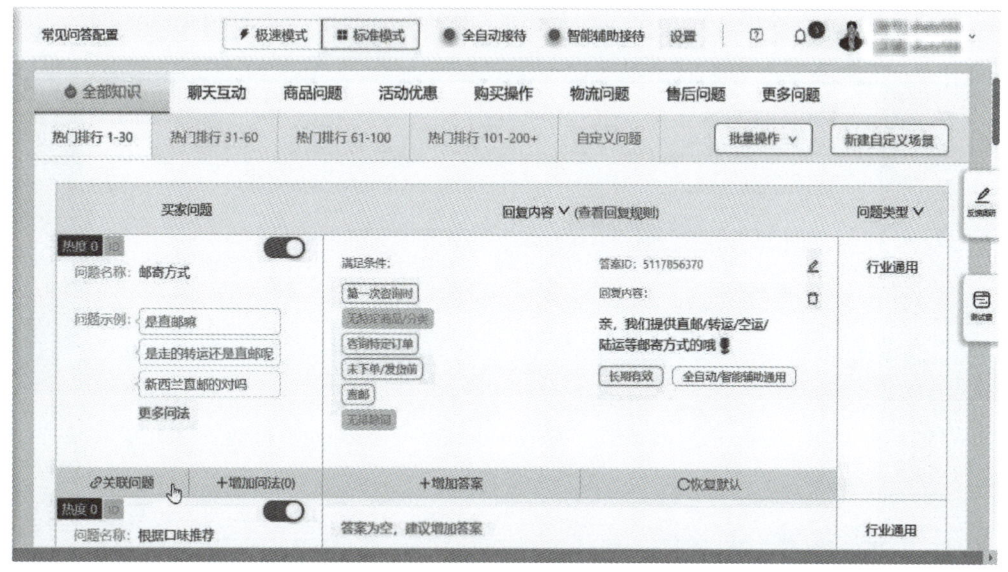

图 6-2-32　单击“关联问题”链接

● 步骤 5 弹出“关联其他问题”对话框，单击“+ 新增关联问题”链接，如图 6-2-33 所示。

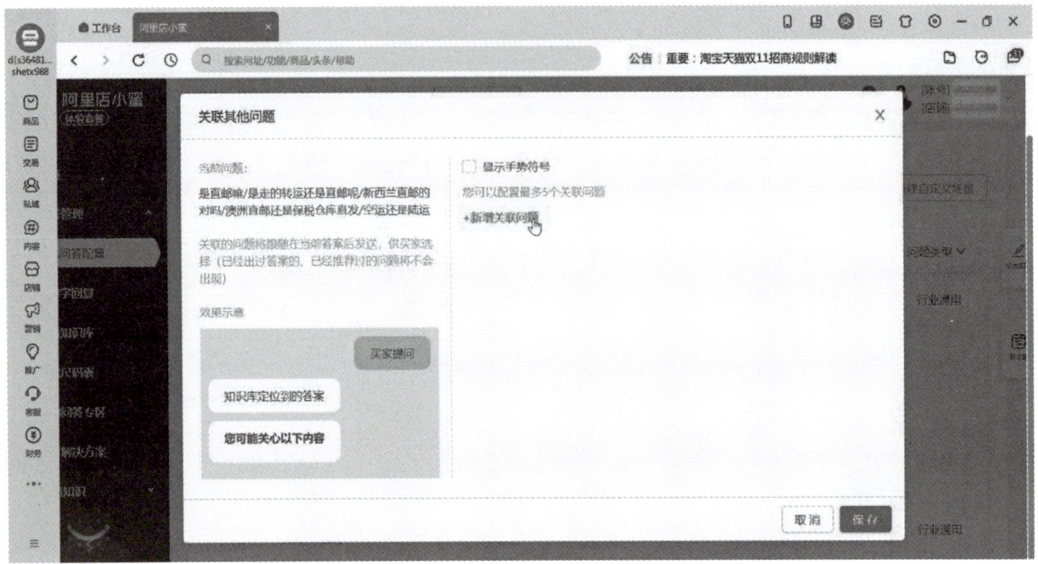

图 6-2-33 单击“+ 新增关联问题”链接

● 步骤 6 弹出“关联知识编辑框”对话框，根据店铺实际情况选择不同类型的关联问题，同时选择关联问题的回答，然后单击“确定”按钮即可，如图 6-2-34 所示。需要注意的是，不是所有关联问题都有多个备选答案，绝大部分关联问题只有一个备选答案。

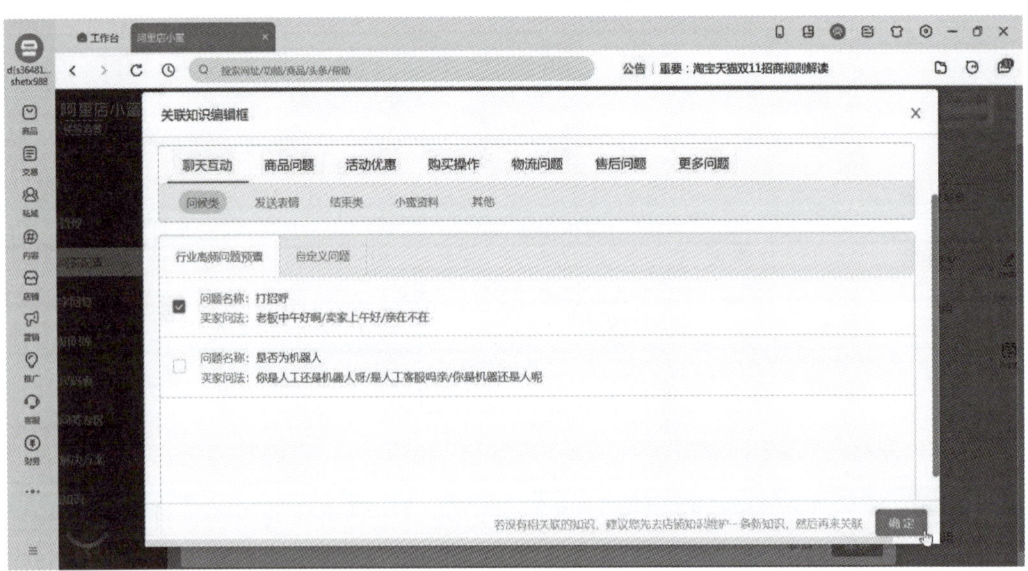

图 6-2-34 编辑关联问题及其回答

三、阿里店小蜜的基本功能

阿里店小蜜的常用功能包括问答管理、商品知识中的商品知识库、跟单助手、营销增收中的智能商品推荐等内容。

1. 问答管理

阿里店小蜜中的问答管理包括常见问答配置、关键字回复、直播知识库、智能尺码表、活动问答专区五个方面，其中前三项是常用功能。常见问答配置的操作方法在前面做了详细介绍，这里主要介绍关键字回复和直播知识库两项功能的设置方法。

（1）关键字回复

关键字应根据网店的商品定位和属性进行选择。一个标题里关键字的多少决定了这个商品能有多高的曝光率。需要注意的是，关键字不能随意捏造，要与商品的属性息息相关。下面介绍针对促销活动设置关键字回复，具体操作如下。

● 步骤 1 进入阿里店小蜜首页后，单击左侧“问答管理”菜单，在打开的下拉列表中选择“关键字回复”选项，如图 6-2-35 所示。

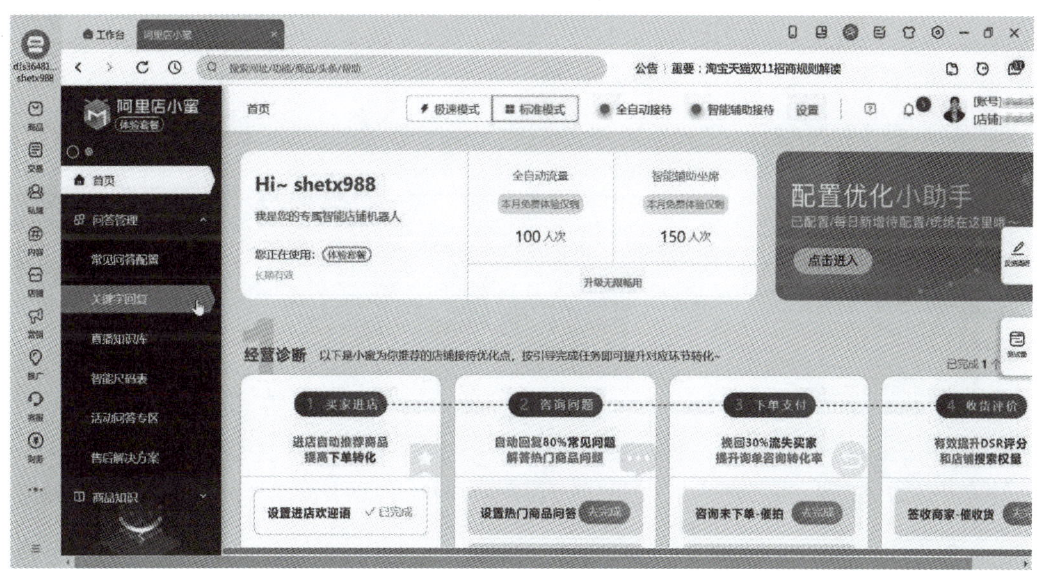

图 6-2-35 选择“关键字回复”选项

● 步骤 2 跳转至“关键字回复”页面，单击右侧“添加关键词组”按钮，如图 6-2-36 所示。

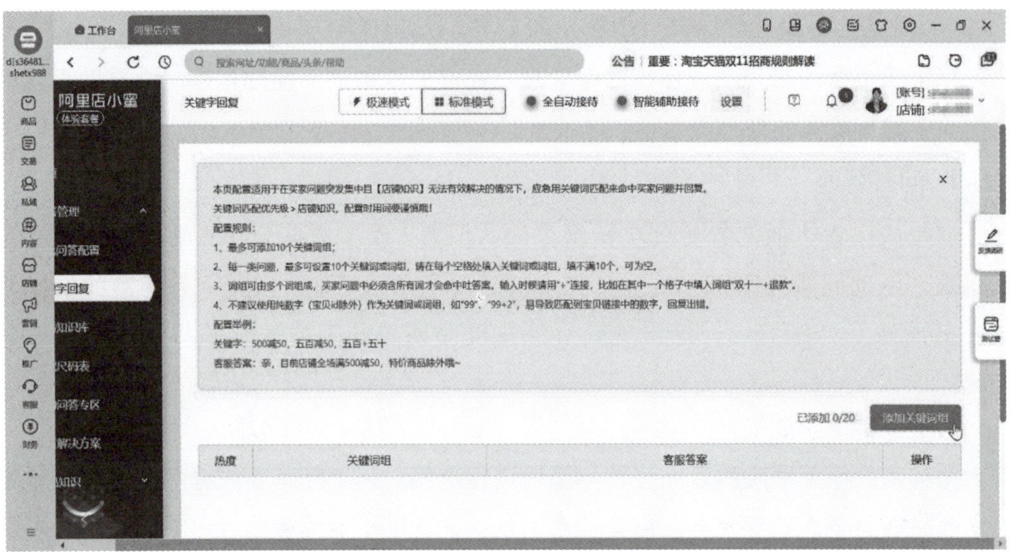

图 6-2-36　单击“添加关键词组”按钮

● 步骤 3　弹出“关键词编辑”对话框，分别在“关键词”和“客服答案”文本框中输入相关内容。这里以客户询问好评返优惠券为例，客户可能会有多种问法，但都离不开好评或者优惠券两个词，所以可把这两个词设为关键词，然后输入“客服答案”，以及设置“图片答案”和“关联时效”，最后单击“保存”按钮，如图 6-2-37 所示。

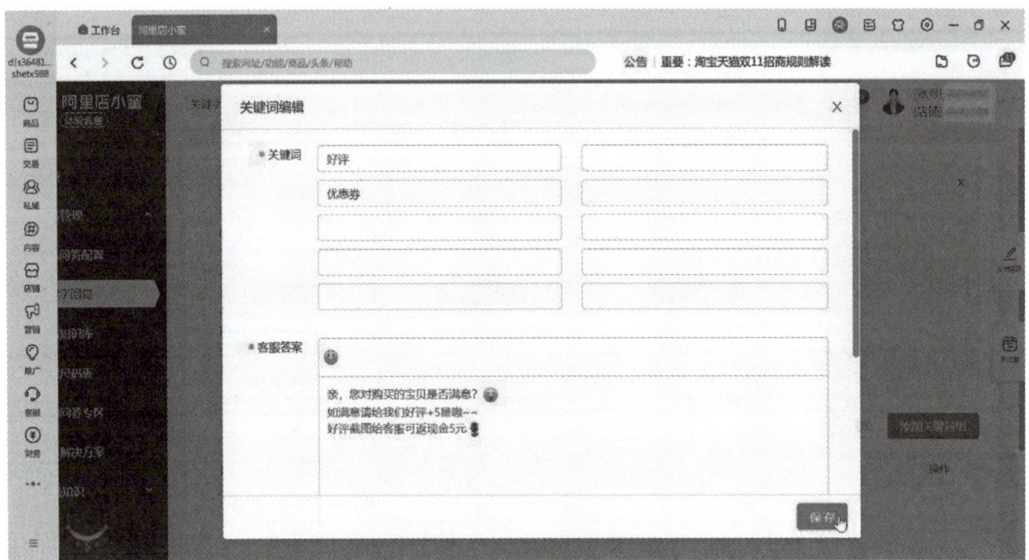

图 6-2-37　编辑关键词回复

● 步骤 4　返回“关键字回复”页面，其中显示了新添加的关键词组，如图 6-2-38 所示。可继续单击“添加关键词组”按钮，为网店添加其他关键词组。

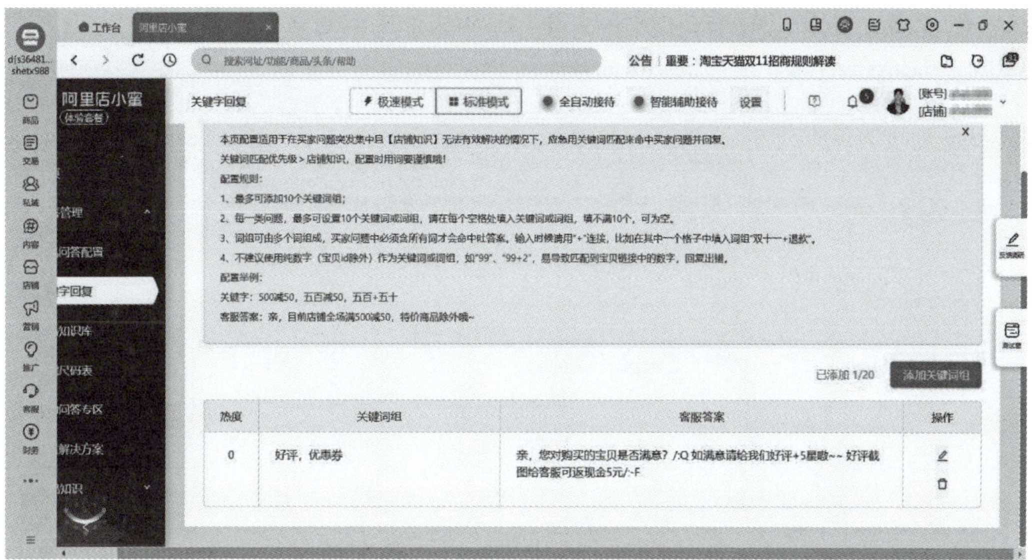

图 6-2-38　查看添加关键词组

（2）直播知识库

阿里店小蜜的直播知识库中包含大量直播间中使用频率较高的问题，下面为一些高频问题添加相关答案，具体操作如下。

● 步骤 1　进入阿里店小蜜首页后，单击左侧“问答管理”菜单，在打开的下拉列表中选择“直播知识库”选项，如图 6-2-39 所示。

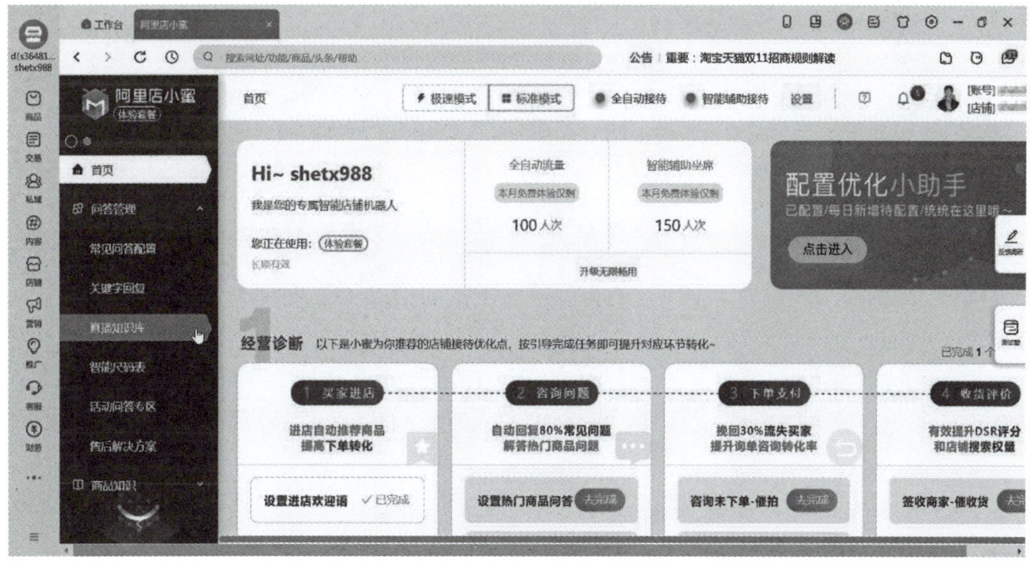

图 6-2-39　选择“直播知识库”选项

● 步骤 2 打开“直播知识库”页面，其相关热度问题答案均显示为空，需要网店客服手动添加答案。单击第一个问题中的“+ 增加答案”链接，如图 6-2-40 所示。

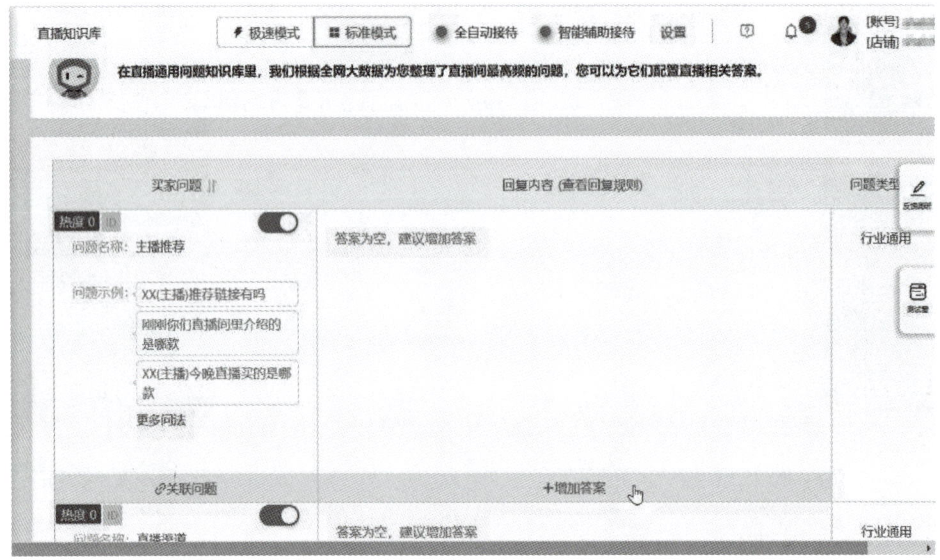

图 6-2-40 单击“+ 增加答案”链接

● 步骤 3 弹出“答案编辑器”对话框，根据店铺实际情况，设置“当顾客咨询问题”“满足以下条件”“可采用以下形式回复”等内容，完成后单击左下角“确认”按钮即可，如图 6-2-41 所示。回复内容可在“可采用以下形式回复”区域的“文本内容”文本框中编辑图文答案。

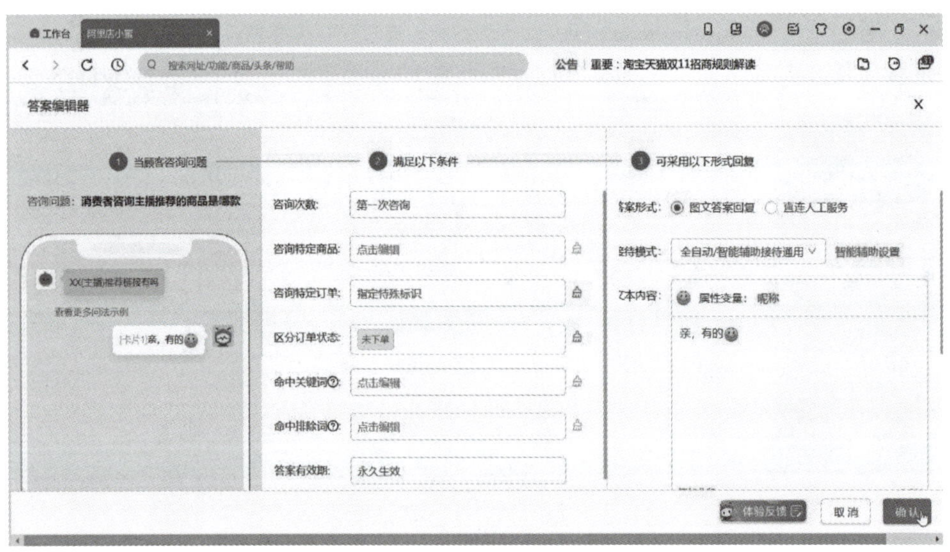

图 6-2-41 编辑问题条件及答案

● 步骤 4　返回“直播知识库”页面。此时，第一个热度问题中将显示添加的答案，如图 6-2-42 所示。根据店铺实际情况，还可继续为当前问题添加其他答案。

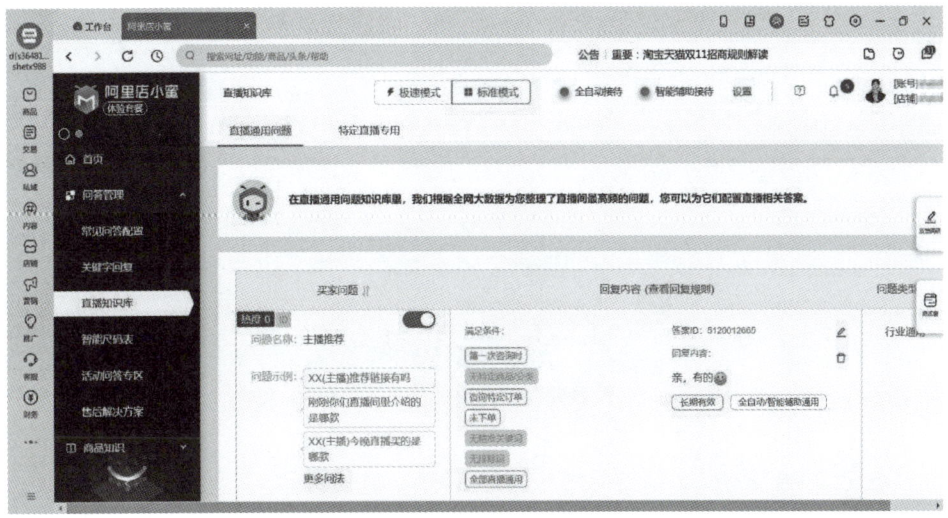

图 6-2-42　查看添加的答案

2. 商品知识库

商品知识库相当于阿里店小蜜的商品“智能大脑”，里面储存了阿里店小蜜回复客户时使用的商品知识信息，因此，创建和维护商品知识库对阿里店小蜜的使用来说至关重要。下面对阿里店小蜜中的商品知识库进行管理，具体操作如下。

● 步骤 1　进入阿里店小蜜首页后，单击左侧“商品知识”菜单，在下拉列表中选择“商品知识库”选项，如图 6-2-43 所示。

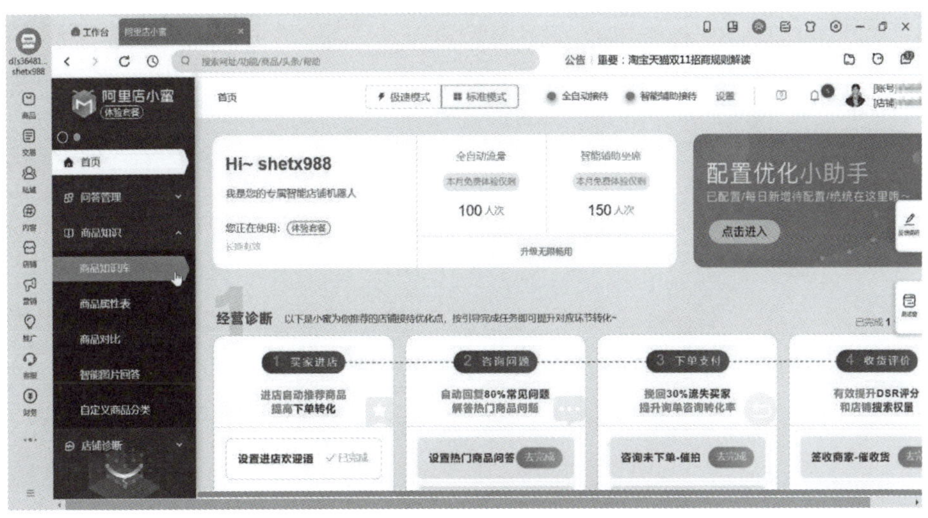

图 6-2-43　选择“商品知识库”选项

● 步骤 2 打开“商品知识库”页面，选择上方“全部商品”选项卡，然后单击其中一件商品后的“新增自定义知识”超链接，如图 6-2-44 所示。

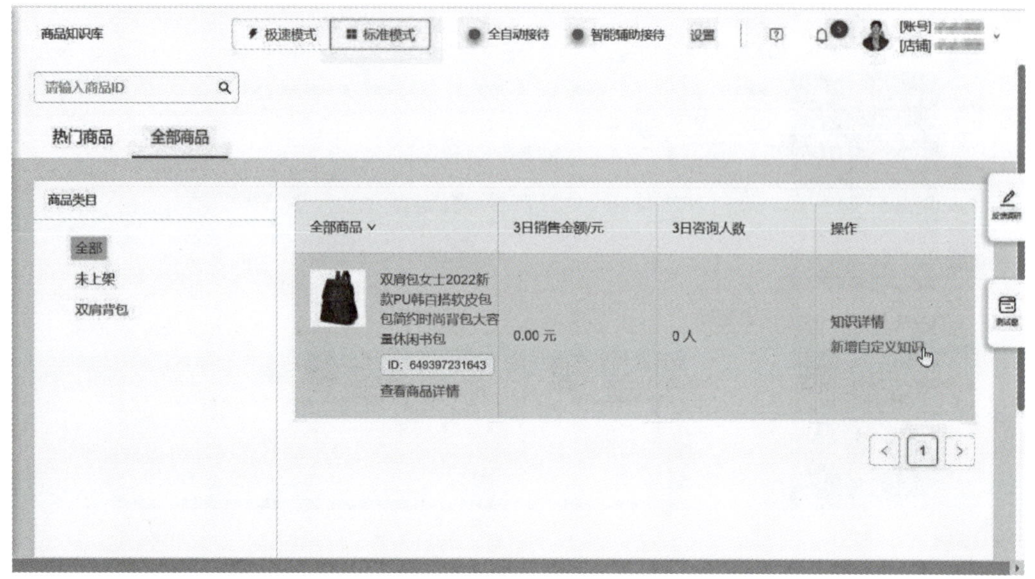

图 6-2-44 单击“新建自定义知识”超链接

● 步骤 3 弹出“新增自定义知识”对话框，在“问题类型”栏中选择商品分类后，根据店铺实际情况，依次编辑“问法”，设置“回复方式”“文字答案”“图片答案”等，如图 6-2-45 所示。完成后单击“确定”按钮即可。

图 6-2-45 设置“新增自定义知识”内容

3. 跟单助手

阿里店小蜜中的跟单助手功能可以协助客服跟进交易的各个关键环节。目前，阿里店小蜜已经增加了【催付】下单未支付、【催付】预售尾款未付、【催拍】咨询未下单、【追单】单后推荐关怀、【催收货】签收未确认、【说明书】发送使用说明、【物流】缺货通知、【物流】延迟发货协商、【拒签】未收货仅退款拒签、【物流】拆包发货通知等多个跟单场景任务，如图 6-2-46 所示。

下面介绍跟单助手的使用方法，具体操作如下。

● 步骤 1　进入阿里店小蜜首页后，单击左侧“跟单助手”菜单，在下拉列表中选择“跟单场景任务”选项。

● 步骤 2　打开“跟单场景任务”页面，选择上方“配置面板”选项卡，单击“促进增收”栏中“【催付】下单未支付”对应的“新建任务”按钮，如图 6-2-47 所示。

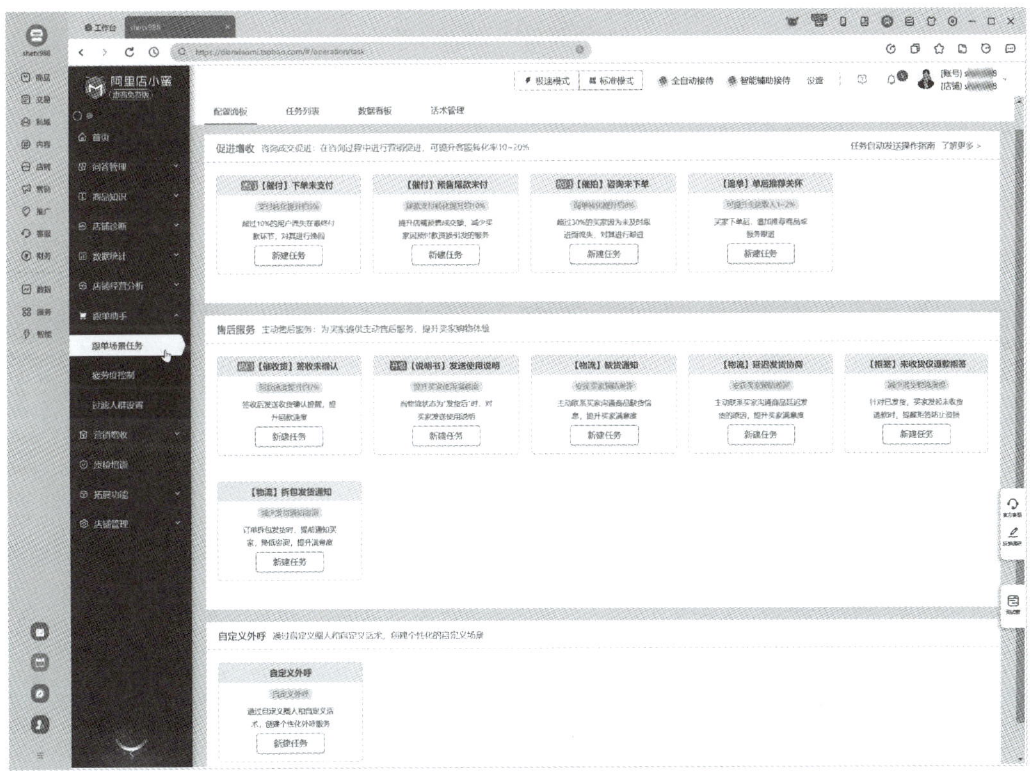

图 6-2-46　跟单场景任务页面

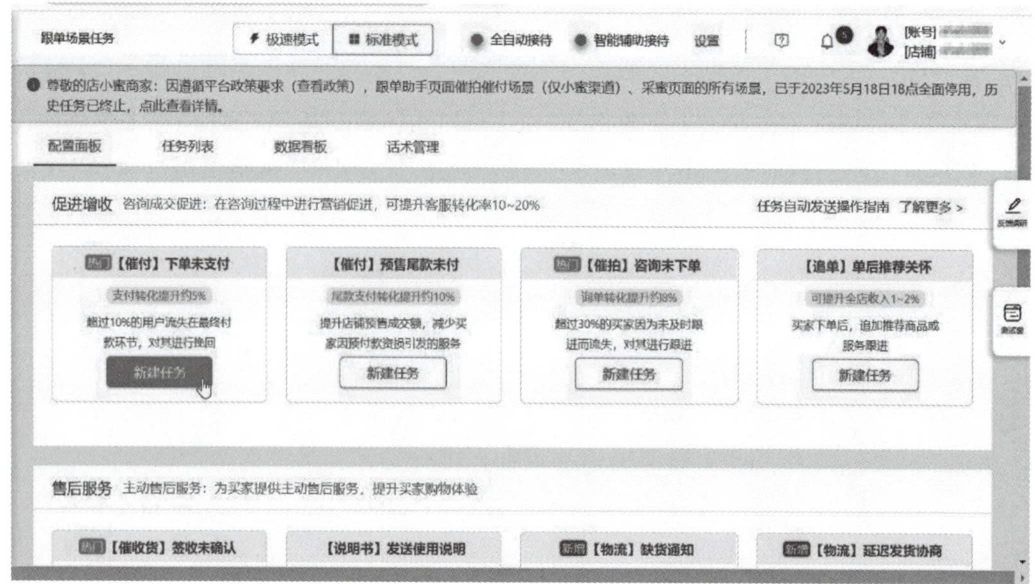

图 6-2-47　单击“【催付】下单未支付”的“新建任务”按钮

● 步骤 3　弹出“请选择渠道”对话框，单击“千牛自动”栏中“新建任务”按钮，如图 6-2-48 所示。

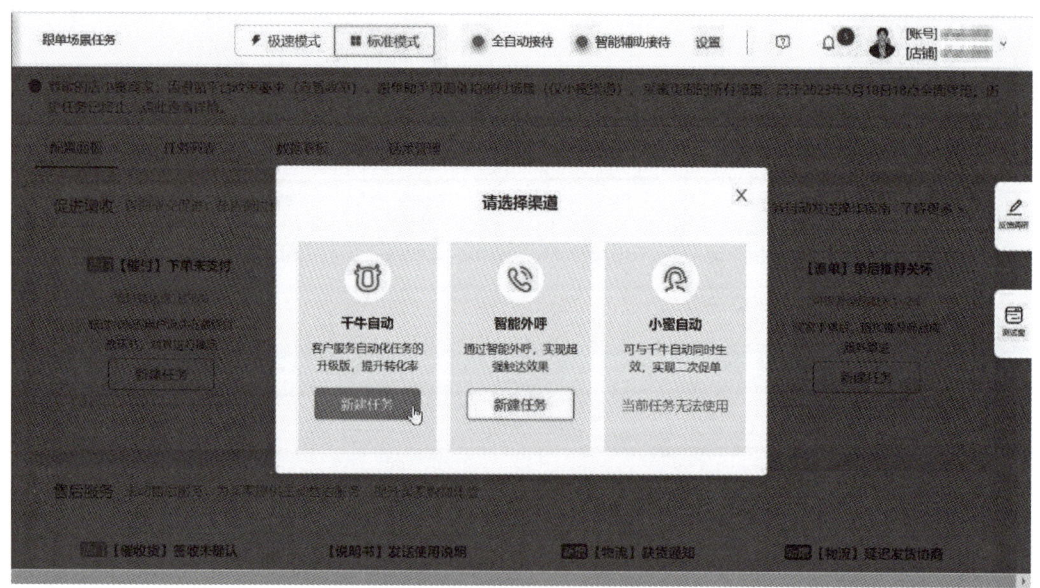

图 6-2-48　单击“千牛自动”栏中“新建任务”按钮

● 步骤 4　跳转至“新建任务”对话框，根据店铺实际情况，设置“任务设置”项下“任务名称”“有效期”“开启自动催付”等内容，如图 6-2-49 所示。然后单击右下方“开始任务”按钮即可完成。

新建任务

该功能是跟单助手自有催付，可设置多个策略针对不同商品设置不同话术，请查看使用说明 ×

任务设置（该功能需先到千牛自动化任务关联店小蜜后才可生效，需在千牛客户端操作 去设置）

任务名称：20230926下单未支付挽回千牛自动

有效期：◉ 长期有效 ○ 定时　开始日期 ~ 结束日期

开启自动催付：☑ 对有过咨询行为的订单自动催付（由买家最近联系的客服账号发送）

☑ 对静默或全自动订单自动催付，并指定后续跟进账号

◉ 由服务助手跟进（无服务助手时由主账号跟进）○ 指定客服跟进

自动催付时机：针对下单超过 3分钟 未付款的订单进行自动催付

自动催付时段：每天 8点 ~ 次日8点

目标人群：◉ 自定义人群

☐ 涉及特定商品的客户　☐ 特定订单金额的客户

不勾选特定条件时，即为全店通用催付话术。

勾选特定条件时，任务优先级高于全店通用催付话术，可设置多个特定任务。

* 话术：亲，您好，我们已经在安排发货了，看到您的订单还没有支付，这里提醒您一下，现在付款的话，我们会优先发货哦！

智能策略：☐ 宣传商品对应卖点 ⓘ

☐ 宣传商品参加的活动 ⓘ

转人工策略：☑ 自动催付失败后转人工

转人工时间：自动催付失败后 3分钟

转人工账号：☑ 有咨询行为的客户，默认以最近联系人跟进

☐ 对静默下单或由全自动接待的买家，指定后续跟进账号

图 6-2-49　设置新建任务

4. 智能商品推荐

智能商品推荐功能可以帮助阿里店小蜜在不同场景下推荐大概率会成交的商品给客户，最终提高客单价。同时，当客户发来一个商品链接时，阿里店小蜜可以推荐与之搭配的商品，建议客户一起购买，从而增加关联销售，提高全店销量。

智能商品推荐包括求购推荐、搭配推荐、无货推荐、凑单推荐、爆款推荐等。下面介绍智能商品推荐的设置方法，具体操作如下。

● 步骤 1　进入阿里店小蜜首页后，单击左侧“营销增收”菜单，在下拉列表中选择“智能商品推荐”选项，如图 6-2-50 所示。

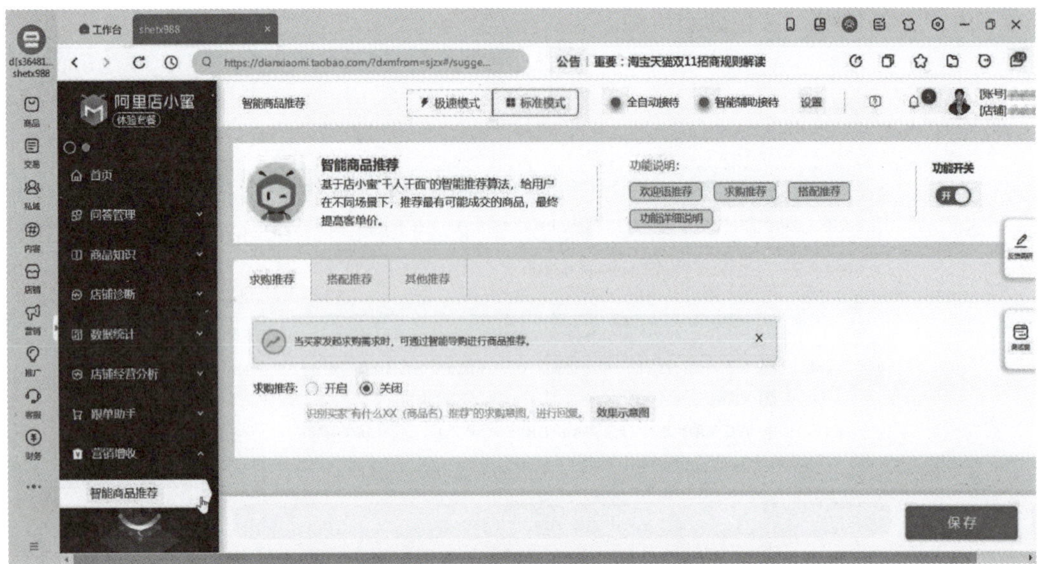

图 6-2-50　选择“智能商品推荐”按钮

● 步骤 2　打开“智能商品推荐”页面，并勾选“求购推荐”栏中的“开启”单选框，然后单击“保存”按钮，如图 6-2-51 所示。

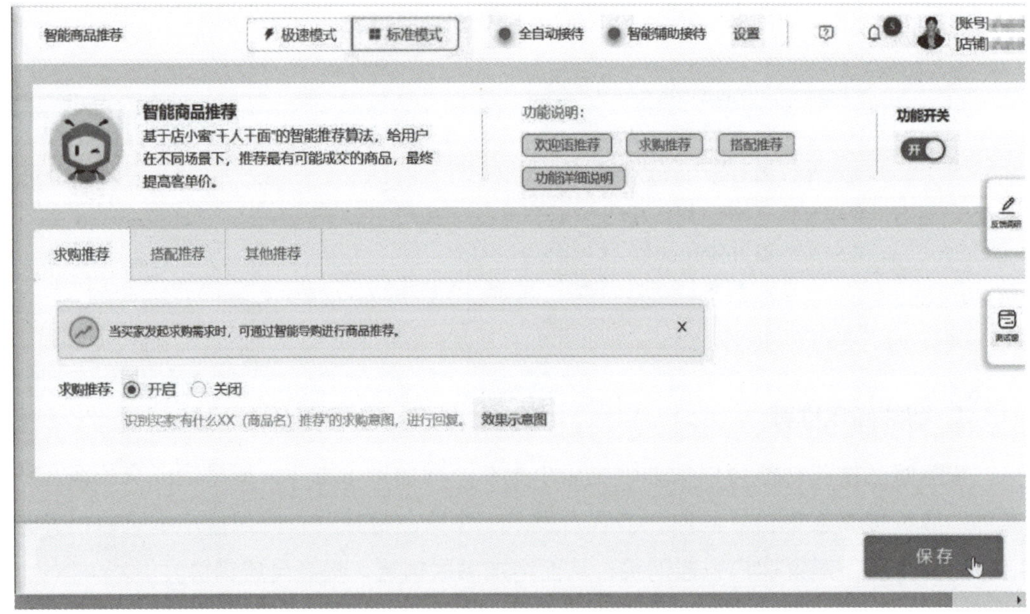

图 6-2-51　设置求购推荐

当客户进店咨询并表达想要购买 ×× 商品的意图时，阿里店小蜜就会自动推荐有可能成交的商品，如图 6-2-52 所示。

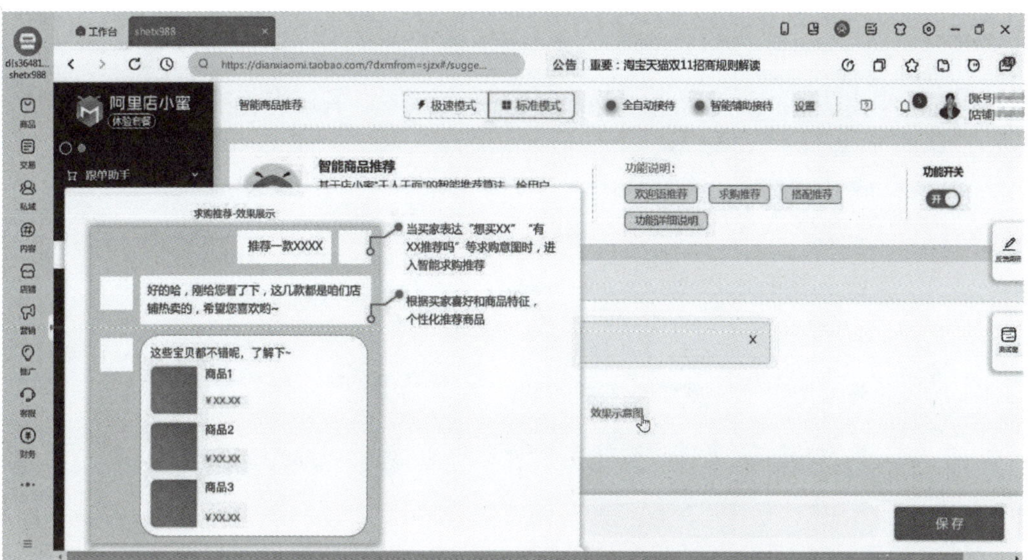

图 6-2-52　求购推荐示例

● 步骤 3　返回"智能商品推荐"页面，选择上方"搭配推荐"选项卡，如图 6-2-53 所示。

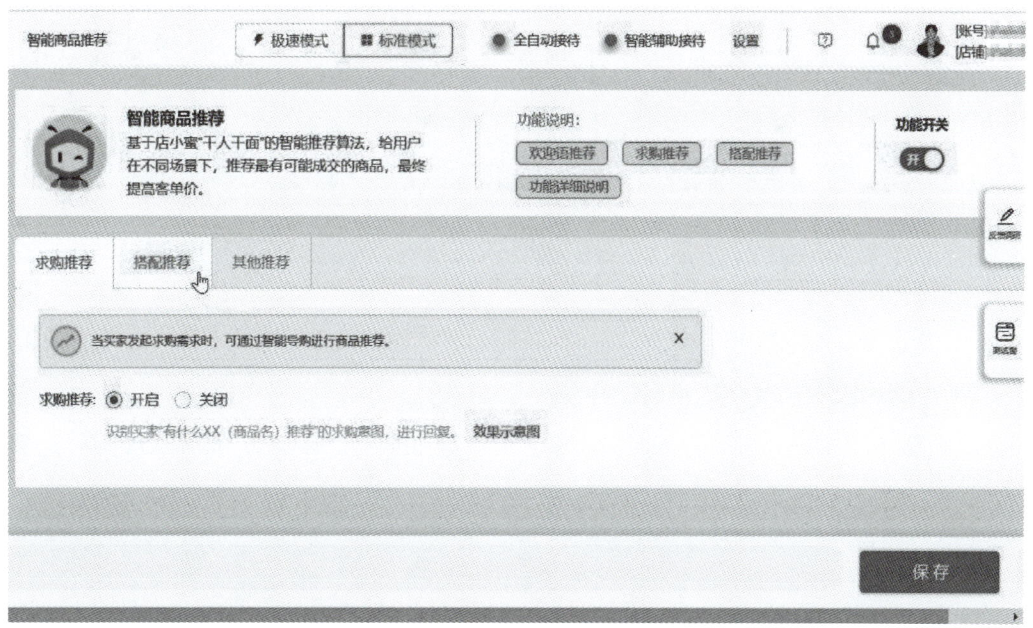

图 6-2-53　选择"搭配推荐"选项卡

● 步骤 4　勾选"搭配推荐"栏中"开启"单选框，然后在"推荐场景"列表中勾选搭配对应的复选框，如图 6-2-54 所示。

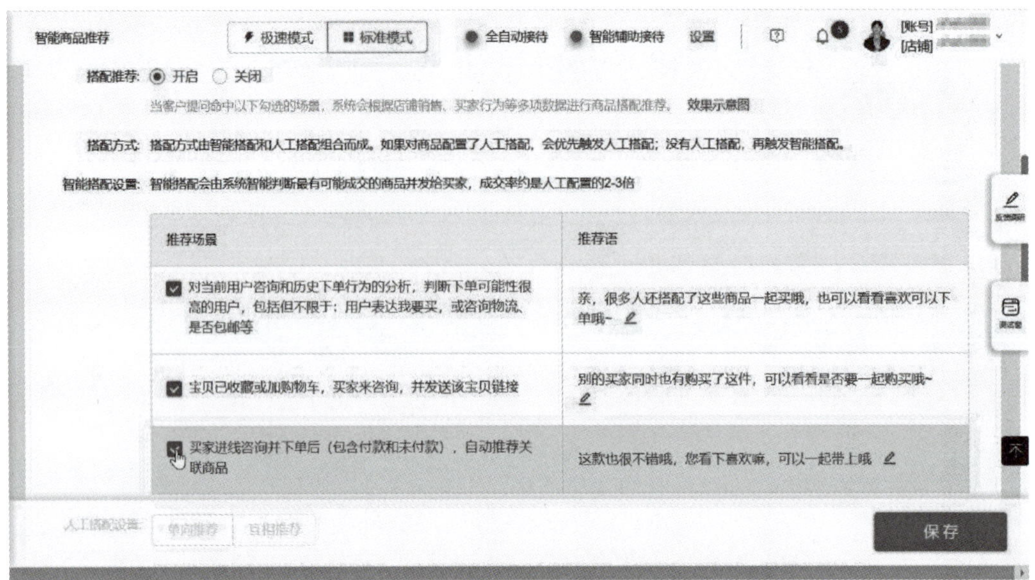

图 6-2-54 设置搭配推荐

● 步骤 5 根据店铺实际情况，选择“人工搭配设置”栏中“单向推荐”或“互相推荐”，并单击下方“+ 新增推荐商品”按钮，如图 6-2-55 所示。

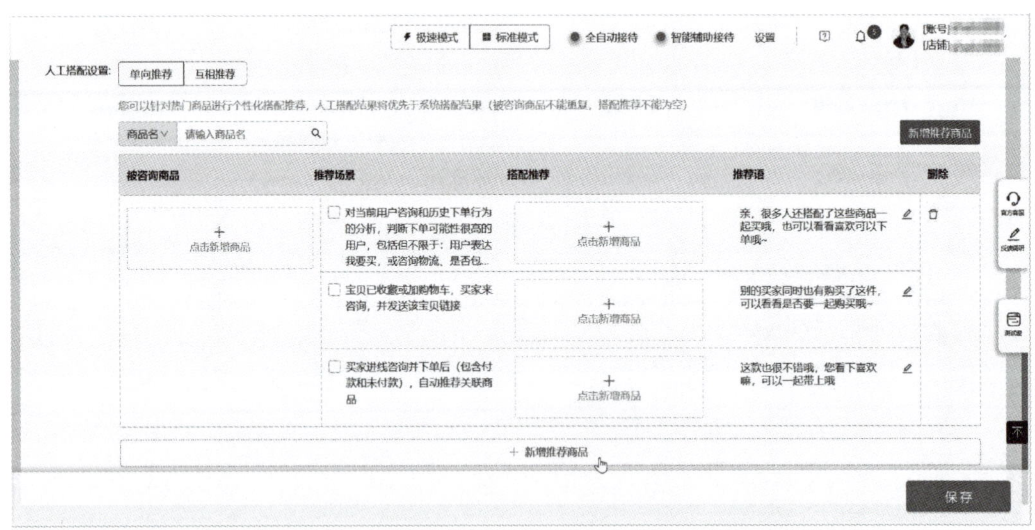

图 6-2-55 人工搭配设置（一）

● 步骤 6 根据店铺实际情况，设置“被咨询商品”“推荐场景”“搭配推荐”“推荐语”等内容，然后单击“保存”按钮即可，如图 6-2-56 所示。

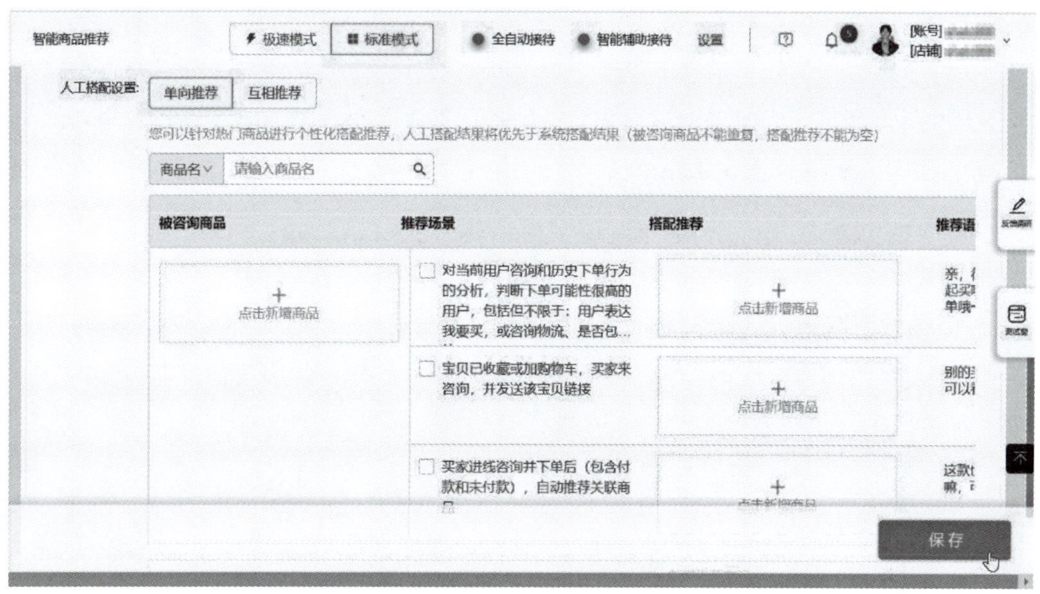

图 6-2-56　人工搭配设置（二）

当客户发来商品链接并表达想要购买该商品的意图时，阿里店小蜜就会根据网店销量、客户行为等多项数据进行商品搭配推荐，如图 6-2-57 所示。

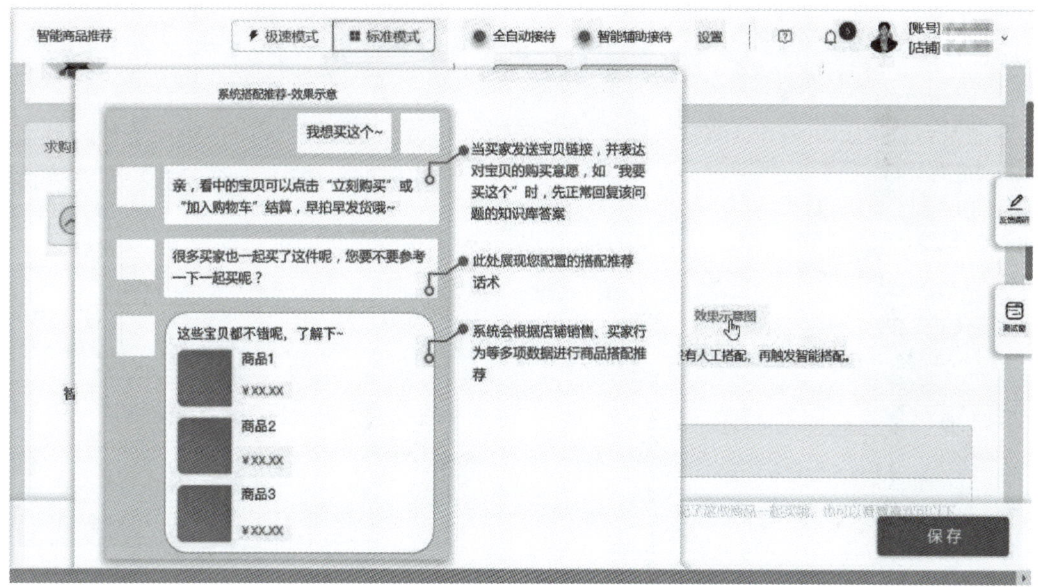

图 6-2-57　搭配推荐示例

● 步骤 7　返回“智能商品推荐”页面，选择上方“其他推荐”选项卡，如图 6-2-58 所示。

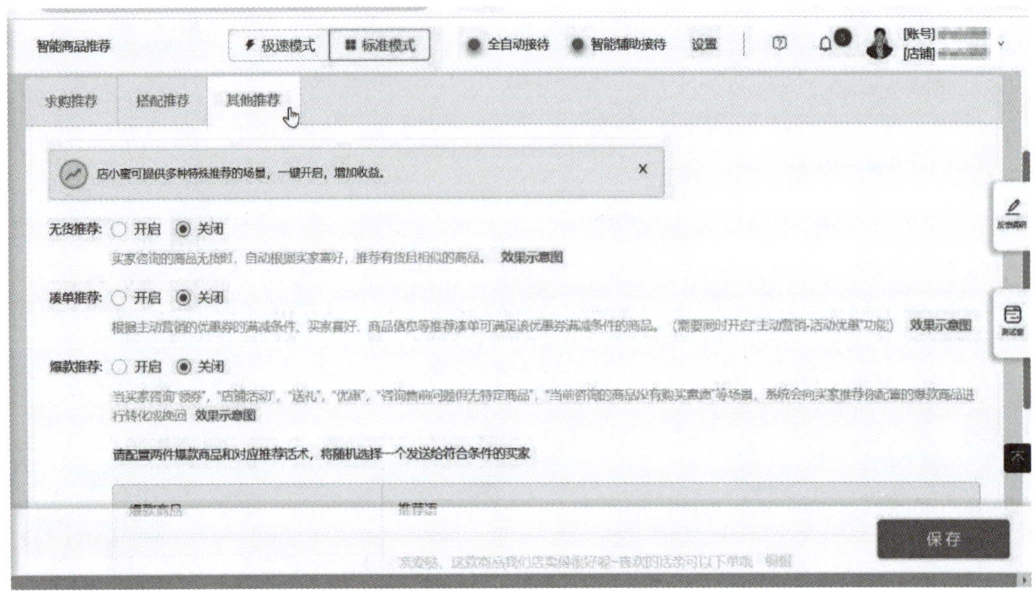

图 6-2-58　选择“其他推荐”选项卡

● 步骤 8　依次勾选“无货推荐”“凑单推荐”“爆款推荐”栏中“开启”单选框，然后单击“保存”按钮即可，如图 6-2-59 所示。

图 6-2-59　设置其他推荐

开启“无货推荐”后，当客户咨询的商品无货时，阿里店小蜜就会根据客户的喜好向其推荐相似的有货商品，如图 6-2-60 所示。

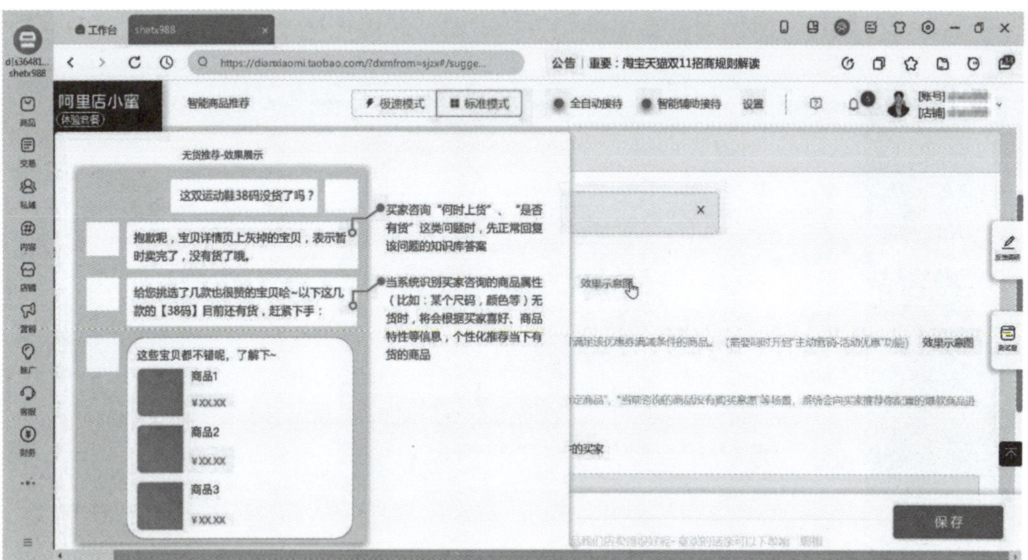

图 6-2-60　无货推荐示例

开启“凑单推荐”后，阿里店小蜜就会主动根据优惠券满减条件、客户喜好、商品信息等推荐凑单商品，如图 6-2-61 所示。

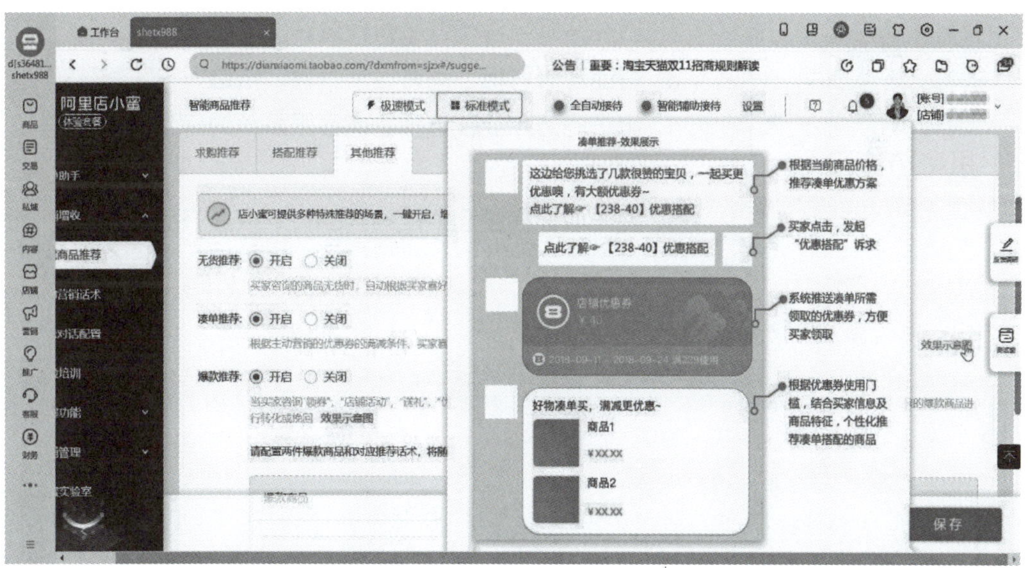

图 6-2-61　凑单推荐示例

开启“爆款推荐”后，当客户咨询“网店活动”“优惠”“送礼”等问题时，阿里店小蜜就会向客户推荐配置的爆款商品进行转化挽回，如图 6-2-62 所示。

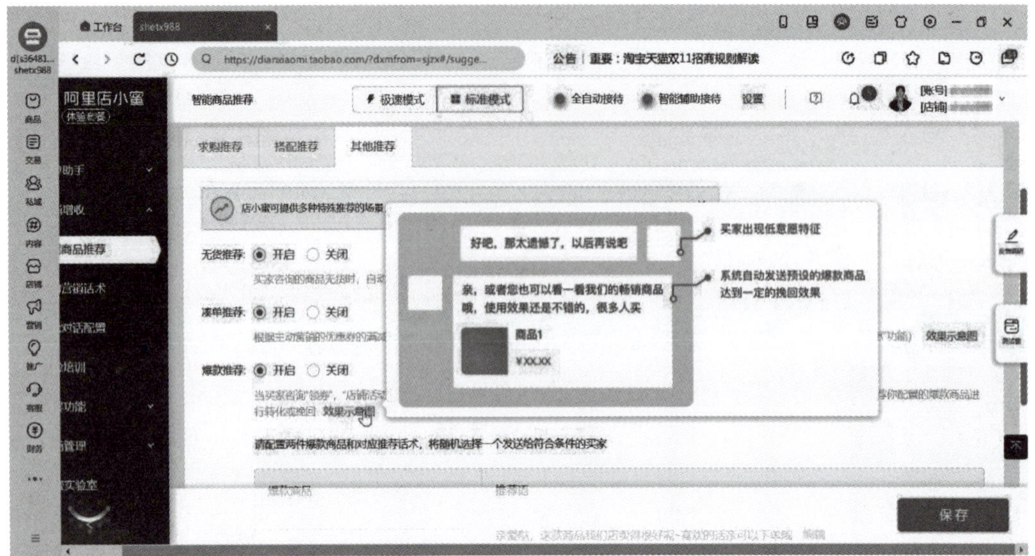

图 6-2-62　爆款推荐示例

思考与练习

1. 什么是智能客服？
2. 智能客服与传统客服有什么区别？
3. 智能客服对电子商务运营有什么价值？
4. 电子商务企业在选择智能客服系统时应当考虑哪些因素？
5. 说一说你在生活中接触到的智能客服产品。